Sky Trade
Finance
Series

天九湾贸易金融丛书

天九湾贸易金融圈研究团队 著

天九湾单证案例
2014年度汇编

厦门大学出版社 国家一级出版社
XIAMEN UNIVERSITY PRESS 全国百佳图书出版单位

图书在版编目(CIP)数据

天九湾单证案例 2014 年度汇编/天九湾贸易金融圈研究团队著.—厦门：厦门大学出版社,2015.1
(天九湾贸易金融丛书)
ISBN 978-7-5615-5345-9

Ⅰ.①天…　Ⅱ.①天…　Ⅲ.①国际结算-凭证-案例-莆田市　Ⅳ.①F832.757.3

中国版本图书馆 CIP 数据核字(2014)第 297423 号

官方合作网络销售商：

厦门大学出版社出版发行

(地址：厦门市软件园二期望海路 39 号　邮编：361008)
总编办电话：0592-2182177　传真：0592-2181253
营销中心电话：0592-2184458　传真：0592-2181365
网址：http://www.xmupress.com
邮箱：xmup@xmupress.com

厦门大嘉美印刷有限公司印刷
2015 年 1 月第 1 版　2015 年 1 月第 1 次印刷
开本：787×1092　1/16　印张：21　插页：1
字数：452 千字　印数：1~3 000 册
定价：45.00 元

本书如有印装质量问题请直接寄承印厂调换

序 言

如果说 2009 年启动的人民币国际化进程是中国货币输出的话,那么,2001 年"入世"则是中国货物输出,而 2014 年 APEC 会议上中国的亚太自贸区构想和"一带一路"战略则是中国产业输出和中国资本输出。而比货物、货币、产业、资本输出更重要的是背后的规则输出。显然,中国的规则输出必须基于两个前提:

一是规则必须充分彰显对外的公信力;

二是规则必须充分反映中国的价值观。

于是,当前这一时代背景下,对于中国国际国内贸易金融规则的研究,已经极其必要,也极为迫切。

天九湾贸易金融圈研究团队,立足中国,起于草根,肩负使命,秉持"人人参与、人人共享"的公益原则,致力于对中国国际国内贸易金融规则的前瞻性和系统性研究,在研究中汇聚和培养中国贸易金融专家人才,并通过自身的微信自媒体平台向海内外传播专业影响,打造中国贸易金融研究品牌。

如今,2014 年度天九湾单证研究成果——《"天九湾"单证案例 2014 年度汇编》顺利结集出版了,可喜可贺。

祝福天九湾!

天九湾贸易金融圈研究团队联合创始人
北京天九湾投资咨询有限公司董事长
国际商会国际结算裁决专家
中国国际商会信用证专家
《中国外汇》副刊《金融与贸易》特约撰稿专家
林建煌
2014 年 12 月 22 日

引　言

　　天九湾贸易金融圈研究团队，起于草根，肩负使命。她创立于2014年2月14日，是一个跨行业、跨银行、跨领域的松散型研究团队，定位于"公益、开放、专业、研究"，专注于贸易金融研究，研究内容涵盖惯例、法律、政策、利率、汇率、产品及产品组合、风险管理、创新型商业模式，以及宏观趋势等领域。

　　"天九湾贸易金融圈"微信公众号，是天九湾贸易金融圈研究团队的微信自媒体。本书主要包括了自其成立以来至2014年9月30日对外推送的116篇单证结算案例，书中案例均独立成章，包括案例简介、案例剖析、结论和启示等部分。在部分案例中，作者还提出了一些存有疑问之处，供读者进一步研究。此外，本书附录还囊括了天九湾贸易金融圈研究团队成员撰写的信用证结算类论文共28篇。本书内容具有以下三个特点：

　　一是"原创性"。每一案例均是根据各家银行近年来发生的真实案例原创而成。

　　二是"实务性"。本书中的案例均来自商业银行单证结算实务一线，是难得的实务第一手资料。

　　三是"专业性"。本书为ISBP745正式生效后出版的单证结算案例集，不仅运用了最新的国际惯例和国际商会意见，对于商业银行业务中最具专业性的单证结算技术进行深入分析，而且对于从事进出口业务的企业也具有较强的借鉴和指导作用。

　　本书116篇单证结算案例的撰写工作主要由以下天九湾贸易金融圈研究团队成员完成：

　　——天九湾贸易金融圈研究团队联合创始人、核心成员、北京天九湾投资咨询有限公司董事长林建煌先生；

　　——天九湾贸易金融圈研究团队联合创始人、核心成员、江西财经大学副教授王善论先生；

"天九湾"单证案例 2014 年度汇编

——天九湾贸易金融圈研究团队核心成员、交通银行首席国际结算专家张明伟先生；

——天九湾贸易金融圈研究团队高级成员、中国银行单证中心（上海）高级经理李钦先生；

——天九湾贸易金融圈研究团队高级成员、澳大利亚注册会计师谭永华先生；

——天九湾贸易金融圈研究团队成员、中国工商银行国际结算单证中心（合肥）副总经理黄莉女士；

——天九湾贸易金融圈研究团队成员、中国银行单证中心（广州）郭松涛先生；

——天九湾贸易金融圈研究团队成员、纽约银行上海分行薛霞女士；

——天九湾贸易金融圈研究团队成员、河北银行国际业务部高级经理张涛先生；

——北京银行分团队成员：天九湾贸易金融圈研究团队联合创始人、核心成员、北京银行杭州分行国际业务部副总经理王栋涛先生，天九湾贸易金融圈研究团队成员、北京银行杭州分行国际业务部陈滟女士、谢莉莉女士、陈凌峰先生、冯紫琳女士，天九湾贸易金融圈研究团队成员、北京银行南京分行国际业务部单证中心吴小羽女士等。

本书由天九湾贸易金融圈研究团队成员、北京银行杭州分行国际业务部李智娟女士、冯晓女士等进行文字整理和全文校对。

天九湾贸易金融圈研究团队
2014 年 12 月 17 日

目　录

1. 信用证要求所有单据注明唛头,提单只显示集装箱号。可以吗? 1
2. 信用证要求多式运输提单,但只规定装卸货港 2
3. 提单显示承运人了吗? 4
4. 发票短支了吗? 5
5. 保单显示迟保吗? 7
6. 货物接收日期,是货物收据日期吗? 8
7. 签字以打印为之,是否可以接受? 9
8. 受益人证明日期可以早于其他单据日期吗? 11
9. 显示两个价格条款的发票,可以接受吗? 13
10. SUPPLIER 作为出具人时,是否需要表明身份? 15
11. 箱单上的出具人与函头不一致,可以吗? 16
12. 香港交单跟 Expiry in China 是否冲突? 18
13. 46A 中的特殊条款要求通知行出具单据的效力 19
14. MT799 是信用证的更正电,还是修改电? 20
15. 信用证规定的贸易术语错了吗? 22
16. 受益人要求撤证下,开证行是否需要申请人同意? 24
17. 信用证规定起运港 ZHONGSHAN,同时规定 FOB NINGBO CHINA,可以吗? 26
18. 部分装运和部分支款? 27
19. 信用证周日到期,提单是否可以顺延至下周一出具? 29
20. 信用证要求全套 2/2 提单,实际提交全套 3/3 提单,可以吗? 31
21. 发票显示箱数相符,件数少了,可以吗? 33
22. 发票是否需要显示 TOTAL ORDER AMOUNT? 34
23. 保险单和提单是否不需要出具日期了? 36
24. 信用证要求所有单据修改需要证实的情况下,单据副本的修改是否要证实? 37
25. 保险单据同时显示了不同的出具日、生效日和副签日,用哪个日期与装运日比较? 39
26. LC 要求临时发票,提交了 TAX INV。可以吗? 40

27. 单据交单日超过了汇票到期日,开证行是否仍然有 5 个工作日的单据
    处理时间? ………………………………………………………………… 41
28. 为跨境担保而开立的国内反担保,是涉外保函吗? ……………………… 42
29. 开证行在信用证修改书中规定"不通知是否接受即视为修改失效",有用吗? … 43
30. 信用证要求的是海运提单,而提交运输单据显然是多式运输提单,可以
    接受吗? ………………………………………………………………… 45
31. 转开保函下反担保人破产,担保人是否可以直接向指示方要求赔付? ……… 47
32. ISBP745 对"from"一词的解释,是否与 UCP600 冲突? ………………… 49
33. ISBP745 第 B12 段内容,是否与 UCP600 冲突? ………………………… 50
34. ISBP745 第 A11 段是否随意解读 UCP? ………………………………… 52
35. 发票和箱单上均显示分项量和总量。二者之间的分项量需要匹配审核吗? … 53
36. 大学的学院是否能代表大学盖章? ……………………………………… 55
37. 信用证规定了货物以 KGS 等为单位,发票显示多装了 5% 以内的货物必须是
    免费的吗? ……………………………………………………………… 57
38. 何谓"CLAUSED B/L"? …………………………………………………… 60
39. 信用证中的制裁免责条款,有什么用处? ………………………………… 61
40. 数量证明显示的数量比发票多,可以吗? ………………………………… 63
41. 信用证允许多式运输单据但只规定装卸港,可以接受吗? ……………… 65
42. 正本提单上显示 ONE OF THE SIGNED ORIGINAL BILLS OF LADING
    MUST BE SURRENDERED DULY ENDORSED IN EXCHANGE FOR
    THE GOODS OR DELIVERY ORDER。可以接受吗? ………………… 68
43. 桑塔德总行开证规定总行付款,并要求单寄 BANCO SANTANDER
    S.A.,HONGKONG,效期计算以香港分行收到为准吗? ………………… 70
44. 付款保函是融资性保函吗? ……………………………………………… 72
45. 信用证允许 FREIGHT FORWARDER B/L,提交了以代理人身份签署的单据,
    没有被代理人,是否不符? ………………………………………………… 73
46. 进口开证应如何理解和把握"交单地点"和"兑用银行"? ………………… 75
47. 转开保函下,反担保人指示担保人所开保函适用 URDG758,而担保人所开保函
    没有适用任何惯例。可以吗? …………………………………………… 76
48. 发票显示的额外的"LCL charges",可以接受吗? ……………………… 77
49. 信用证受益人为"ABC C/O DEF",实际受益人为谁? …………………… 78
50. 提单上签章表明的承运人的代理人名称与印就的代理人名称不同,是否不符? … 80
51. 船公司另外出具证明对提单的内容进行更正,并表明其为提单的附件,
    可否接受? ……………………………………………………………… 81
52. 提单的收货人应如何填制? ……………………………………………… 83

目 录

53. 信用证要求：＋ANY DOCUMENTS ISSUED IN LANGUAGE OTHER THAN ENGLISH NOT ACCEPTABLE. 提交的提单和产地证显示部分的 MARK 内容非英文。可以吗？ …… 84

54. 受益人公司签署的索赔书，使用集团公司的函头。可以吗？ …… 86

55. 信用证规定 B/L issued and or signed by freight forwarder is not acceptable，提交的提单带有 A 公司抬头纸，由 A 公司签字并表明身份是 freight forwarder，不符点成立吗？ …… 88

56. expiry event 是对应于一个时刻，还是一个日期吗？ …… 90

57. 广西壮族每年农历三月初三放假，2014 年正好是 4 月 2 日和 3 日假日，有信用证下远期 4 月 3 日到期付款，是否可以顺延至 4 月 4 日工作日？ …… 92

58. 贸易付款保函规定失效事件为：The buyer pays to seller all moneys guaranteed under this letter of guarantee. 这意味着什么？ …… 94

59. 保函下索赔书，可以由申请人出具并提交吗？ …… 95

60. 保函规定：Demand must be presented within 15 days after the date of bill of lading. 那么，在提单日提交索赔可以吗？ …… 96

61. 信用证下发生改单，那么审单期限 5 个工作日是从收到原单起算，还是收到改单起算？ …… 98

62. 信用证在 46 场中要求保单，并要求 transshipment risks must be covered if goods are subject to transsshipment. 提交的保单没有显示 transshipment risks 可以吗？ …… 99

63. 信用证货物数量使用单位 SET，单价也对应 SET。提交的发票显示 0.5SET，这个是不符点吗？ …… 100

64. 信用证要求提单被通知人 LEFT BLANK，来单显示 NOTIFY TO ORDER，可以吗？ …… 101

65. 开证行无理拒付，交单行怎么办？ …… 102

66. 分项货物"超支"是否为不符点？ …… 103

67. 已承兑尚未到期汇票，可否直接提前付款？ …… 105

68. 信用证要求：certificate of quality signed by staff of the Beneficiary. 受益人签署时需要显示 staff 的身份吗？ …… 106

69. 备用证撤销需要通知受益人吗？ …… 108

70. 保函规定索赔次数为三次。前两次索赔正常赔付。第二次索赔被拒，之后能否再次提交索赔？ …… 109

71. 信用证要求保险条件：ICC(A), 2009 version。提交的保单填写 ICC(A), 2009 version，同时印就文字中一般条款显示 ICC(A), 1982 version。可以吗？ …… 111

72. 信用证规定货描：item No. B001 basket. 提交的发票货描中只显示 basket，而在唛头中显示了 item No. B001。可以吗？ …… 113

73. 发票日期"不符点"案 …… 115
74. 不符点会因开证行接受单据而消失吗? …… 117
75. 保单上的 Date of Commencement,是保险生效日期吗? …… 118
76. 保函要求支持性声明显示:The applicant has defaulted under contract No. 001. 提交的支持性声明仅完全照抄了上述措辞。可以吗? …… 121
77. 信用证要求海运提单,提交的单据显示规定的航程外使用了两种或两种以上的运输方式,是否可接受? …… 123
78. 海运提单 or 多式联运单据? …… 127
79. 关于提单卸货港的"不符点" …… 129
80. 公司内设部门能代表该公司背书提单吗? …… 131
81. 保险单据的背面条款银行审核吗? …… 133
82. UCP600 第 20 条所谓的转运,是未来事件吗? …… 134
83. 公司能代表该公司内设部门背书提单吗? …… 135
84. 共同保险下出具同一份保单只有牵头保险人签署,可以吗? …… 136
85. 一笔托收业务处理模式的简析 …… 137
86. 发票日期与发票内容中的普氏报价日期矛盾吗? …… 139
87. 提单签署人身份手写是不符点吗? …… 142
88. 商检出的 FORM E 在盖章中有 FORM A 字样,可以吗? …… 145
89. 提单显示收货地与装货港相同、前程船与海运船同名,装船批注是否必须包含船名和装货港? …… 146
90. 国外出口商提交的保单显示正本份数为 1,却提交 2 份正本保单,这可以提不符吗? …… 148
91. 信用证规定提单要注明"freight prepaid",而实际提单上写得的是 freight advance. 意思是相同的,这样可以吗? …… 149
92. 船长代理人签署需要显示船长名称吗? …… 150
93. 交单被拒付后相当于交单不存在 …… 151
94. 同一证下同时两套交单,开证行可以自主选择审单顺序吗? …… 152
95. 船公司证明的船公司名称打印上去,算签署吗? …… 155
96. 45A 的内容,都是货物描述吗? …… 156
97. 付款保函要求 unpaid signed commercial invoice issued by the beneficiary, 提交的发票仅由商会签署。可以吗? …… 158
98. "不延即付"下如何确定相符索赔 …… 160
99. 付款保函要求 signed commercial invoice,提交的发票仅由商会签署。可以吗? …… 162
100. 保函失效之后,可以展期吗? …… 163

目 录

101. "不延即付"索赔下担保人展期短于受益人的要求期限? …… 164
102. CFR Shanghai Yangshan 与 CFR Shanghai WAIGAOQIAO,一样吗? …… 165
103. 两种货物下是否超支? …… 166
104. 代理托运人提单如何背书? …… 167
105. ICC DOCDEX 259 号决定:汇票上没有显示出具日期,可以拒付吗? …… 168
106. 保函日期早于基础合同签订日期,可以吗? …… 171
107. 保函效期 2014 年 3 月 1 日,但担保人处突发洪水,效期将延展至 3 月 31 日吗? …… 172
108. 保单注明 DUPLICATE,这是正本,还是副本? …… 174
109. 信用证要求 FOB SHANGHAI,提交的提单显示"freight paid"。可以吗? …… 175
110. 提交影印本可满足 C/O in 1 copy 的要求吗? …… 176
111. 纸质快递收据上的条形码是签字吗? …… 178
112. 何时为"银行 5 个工作日的起算日"? …… 180
113. 使用 MT999 格式发送拒付通知,是否有效? …… 182
114. 提单和船证明签署者需要一致吗? …… 185
115. 电放提单下的交单期限 …… 186
116. 最迟交单日可否延展? …… 188

附 录

1. 祝福"天九湾贸易金融圈"微信平台的诞生 …… 193
2. UCP600 实施两周半评论 …… 194
3. 揭开"信用证欺诈"的神秘面纱 …… 197
4. 日本松本光春不符点提法不足案点评 …… 203
5. 信用证独立性可以撼动吗? …… 207
6. 审单义务引发的离奇案
   ——青岛凯扬诉华夏银行信用证审单义务案点评 …… 211
7. 单据上的公司印章一定构成签字吗? …… 218
8. 以案说法:禁反规则 …… 221
9. 货代提单之辩 …… 225
10. 直击国内证议付欺诈案 …… 228
11. 别忘了提单停运权 …… 234
12. 信用证下汇票"不符点"可以拒付吗? …… 237
13. 表提不符点与拒付(译文) …… 246

14. 评《国内信用证结算办法》新版修订第9稿 …… 249
15. 信用证下单据可以"神秘"地收到吗？ …… 252
16. 争议大宗商品信用证 …… 256
17. 检验证如何显示检验结果？ …… 259
18. 单据日期如何审核？ …… 265
19. 新版ISBP745修订综述 …… 271
20. 提单如何签署？ …… 278
21. 如何确定远期汇票的见票日？ …… 285
22. 再话开证行审单义务 …… 290
23. 正本提单的份数 …… 296
24. 如何判断单据货描？ …… 299
25. 信用证可以"短路"付款吗？ …… 304
26. 安特卫普属于"北欧港口"吗？ …… 310
27. 由"毛重"引发的争议 …… 314
28. 保单正本份数引发的纠纷案 …… 320

1.信用证要求所有单据注明唛头，提单只显示集装箱号。可以吗？

作者：林建煌
现单位：通九湾金融信息服务（上海）有限公司
原单位：兴业银行

背景：
案中，信用证要求集装箱运输，同时规定：一切单据必须注明唛头。
受益人提交的发票、箱单等显示唛头："◇"。
提交的提单在"唛头"栏中显示了集装箱号码，而没有显示唛头"◇"，可以吗？

分析：
根据本段，信用证的规定优于ISBP的规定。信用证既然要求所有单据注明唛头，包括提单在内的所有单据便必须满足。

结论：
这样的单据理应不可接受，因为运输单据上的集装箱号毕竟不是唛头本身。

点评：
旧版中无类似规定，实务中的理解就很混乱，有人认为可以接受，有人认为不可接受。可以接受的理由是：

ISBP681 第 36 段：
Transport documents covering containerized goods will sometimes only show a container number under the heading "Shipping marks". Other documents that show a detailed marking will not be considered to be in conflict for that reason.集装箱货物的运输单据有时在"唛头"栏中仅仅显示集装箱号，其他单据则显示详细唛头，如此并不视为矛盾。

这一规定在新版中，也有对应的段落，精神一样。
尽管这种理解不无道理，还是有失偏颇，新版ISBP第Ⅱ段规定就是对这一类误解的澄清。

2. 信用证要求多式运输提单，但只规定装卸货港

作者：林建煌

背景：

案中，信用证要求：
44E：NANSHA, CHINA
44F：ANY MAIN PORT IN THE NORTHEN PART OF EUROPE
同时，46A 要求：ocean bill of lading for multimodal transport.

问题：

这是在要求提单，还是在要求多式运输提单？

分析：

信用证要求港至港运输路线，却同时要求多式运输提单。

国际商会在 R638/TA629"信用证要求多式运输单据但只规定装卸港"中的意见中说：

"信用证要求多种方式运输单但只规定装卸港，开证行风险自担。The text of the query states that the presenter argued that the documentary credit was ambiguous by allowing a document covering at least two different modes of transport and requiring transport between two (sea) ports. Unfortunately, the manner of drafting the documentary credit in question is not uncommon, in that it lacks precise details of the shipment routing in the event of the alternative transport document, a multimodal transport document, being presented. In such circumstances, it can only be the issuing bank (and ultimately, the applicant) that bears the risk of such ambiguity, provided the document covers the routing stated in the documentary credit."

结论：

显然，受益人可以根据信用证46场的规定提交多式运输提单，此时，收货地可以是

2.信用证要求多式运输提单,但只规定装卸货港

44E 中规定的港口对应的地点,最终目的地可以是 44F 中规定的港口对应的地点;也可以根据信用证 44 场的港至港运输路线提交港至港提单,而无需理会 46 场对多式运输提单的要求。

3.提单显示承运人了吗?

作者:林建煌

背景:

案中,提单显示"SIGNED FOR THE CARRIER"并在旁边签署,或者显示"SIGNED ON BEHALF OF THE CARRIER"并在一旁签署,如下:

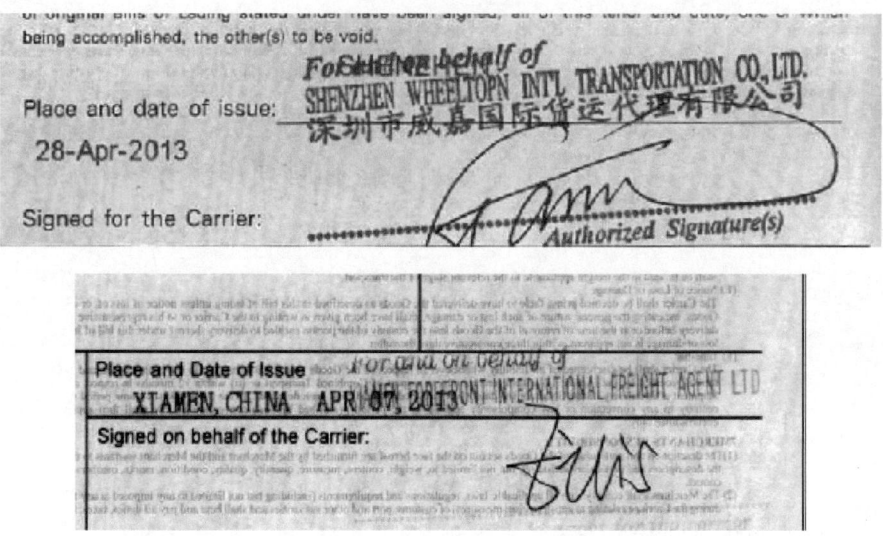

分析:

在提单签署的当事人代理关系的表达中,"for"与"on behalf of",既有内部代理之意,也有外部代理之意。如果是内部代理,则比较简单,无需额外的措辞;如果是外部代理,则比较复杂,必须带"agent"字样。

就本案而言,这里的签署代理人,应该视为内部代理。

所以,第一张图中,作为签署人的"SHEN WHEELTOPN INTL TRANSPORATION CO.,LTD",实施签署的是该签署人的工作人员。第二张图的情况与此相似。

结论:

不符点不存在。

4.发票短支了吗？

作者：林建煌

背景：

案中，信用证要求金额3%以内短支和数量3%之内短装可接受，不允许分批装运。规定的货描中没有单价。如下：

```
:32B: USD    39,945.60
:39A: 0/3
:41D: CREDIT ISSUING OFFICE
      BY PAYMENT
:43P: NOT ALLOWED
:43T: NOT ALLOWED
:44E: SHENZHEN, CHINA
:44F: RIO DE JANERIO, BRAZIL
:44C: 2013.03.20
:45A: FOB SHENZHEN, CHINA
      11,754 PCS BABIES AND BOY'S CARGO BERMUDA AS PER PURCHASE ORDER
      NO. CONT SK 01 071112A AND CONT SK 02 071112A.
      .
      QUANTITY    STYLE NO.           PURCHASE ORDER NO.
       (PCS)
      ......      ............        ...............
       3,006      CONT-CARGO-01-BBO   CONT SK 01 071112A
       3,600      CONT-CARGO-01-PPO   CONT SK 01 071112A
       5,148      CONT-CARGO-01-INFO  CONT SK 02 071112A
```

实际交单时，发票显示货物数量在－3%短装范围内，但是货物总价值短支幅度超过规定的－3%下限。

结果，开证行拒付：短支。

分析：

信用证对支款金额的浮动幅度作出规定，直接目的是为了约束货物价值，间接目的或许是为了约束货物价值对应的品质和规格。

就本案而言，信用证禁止部分装运的情况下，发票金额所代表的实际支款金额，确实已经超过了在信用证允许支款金额的-3%下限,由于没有涉及金额扣减,可能让人怀疑货物的品质和规格。

结论:
我们认为,不符点成立。

5.保单显示迟保吗?

作者:林建煌

背景:

信用证下所提交的提单显示装船日期 2013.6.23,保单出具日期 2013.6.25,但保单写明:VOYAGE INSURED,DATE:2013.6.14。如下:

```
Voyage insured:
Date: Jun 14, 2013
From                          Port of Shipment
BORNHEIM / GERMANY            ANTWERP EUROPEAN PORT / BELGIUM
Port of Discharge             Final Destination
XIAMEN CHINA / CHINA          XIAMEN / CHINA
Conveyance/Vessel
OCE (VESSEL, RIVERSHIP) - OCE (VESSEL, RIVERSHIP): HANNOVER BRIDGE
```

问题:

保单所载"VOYAGE INSURED,DATE:2013.6.14",这表示什么?

分析:

从字面看,这只是表明所保的航次日期为 20130614,但并没有说明保险自该日起生效。

这一道理类似于保单显示"仓至仓"条款,但保险出具日期晚于装船日期,根据 ISBP745 第 K10 段 c 款,这并不表明保险生效日期不晚于装船日期。

结论:

由于本案保单出具日期晚于装船日期,所以,构成了迟保。

6. 货物接收日期,是货物收据日期吗?

作者:林建煌

背景:
信用证规定:

> 3. ORIGINAL CARGO RECEIPT ISSUED AND SIGNED BY AUTHORISED PERSON(S) OF APPLICANT STATING THE AMOUNT OF BILL, <u>DATE AND QUANTITY OF GOODS RECEIVED</u>, UNIT PRICE AND TOTAL VALUE, WITH FULL DESCRIPTION AND THIS L/C NUMBER CERTIFYING THAT THE GOODS HAVE BEEN RECEIVED IN GOOD ORDER AND CONDITION AND HELD IN TRUST ON BEHALF OF HBZ FINANCE LIMITED HONG KONG. SIGNATURE(S) THEREON TO BE VERIFIED BY H B Z FINANCE LIMITED BEFORE NEGOTIATION/PRESENTATION.

提交的C/R显示:"The goods have been received in good order and condition and …"同时显示出具日期:11 SEP 2013。可以吗?

结果,开证行拒付:"CARGO RECEIPT NOT SHOWING DATE OF GOODS RECEIVED THAT NOT COMPLY WITH CLAUSE 3 OF 46A"。C/R没有显示DATE OF GOODS RECEIVED 收到货物的日期。

分析:
请注意,无论如何,这些日期都只是单据的日期,而与单据所对应的功能性事件没有直接关系。

结论:
就本案而言,信用证所要求的是"date of goods received",这是指单据所对应的功能性事件——收货行为所发生的日期。而所提交的货物收据只显示出具日期,显然没有满足这一点。

7. 签字以打印为之，是否可以接受？

作者：北京银行杭州分行　王栋涛

背景：

信用证要求提交制造商检验证明，受益人提交的制造商检验报告的右下方显示"ABC Co., Ltd. as MFR authorized signature Wang Ming"其中 Wang Ming 明显以打印为之。开证行以"制造商检验证明未被签署"为不符点，提出拒付。受益人认为，UCP600 Article3(3)的规定——"A document may be signed by handwriting, facsimile signature, perforated signature, stamp, symbol or any other mechanical or electronic method of authentication."显然，案中打印的名称应属于"any other mechanical method of authentication"（其他机械证实方式）的一种，从而理应是签署的一种，可以接受。

问题：

开证行和受益人哪一方观点正确？

分析：

根据 UCP600 Article3(3)，签字的形式可以有多种多样，但无论哪种形式，它首先必须应是一种证实方式。所谓"证实"，应为"证明其真实性"之意，而签字就是通过在单据中记载专属于签署人的证实符号或标记，使得签署人和经签署的单据之间建立联系，即使签署人确认单据的真实性，进而使得经签署的单据具备法律上的证据效力。

在这里必须强调签字的"专属性"特征，即只有签署人本人才能实施的证实行为，必须能够与其他主体实施的签字行为相区别，手签就是典型的例子，甲的手签一般与乙的手签不相同；只有如此，才能表明是签署人而非其他人确认了单据的真实性。

结论：

由于任何人均可在单据中打印 Wang Ming，因此该案例中制造商的授权签署人名称——Wang Ming 以打印方式为之，不具备"专属性"这一特征，不是 UCP 下的证实方式，从而不属于签字，开证行所提的不符点成立。

延伸：
在单据只打印了签字人名称或姓名不是一种证实方式,因此,除非信用证另有约定,单据中的签字不能以打印为之。

8.受益人证明日期可以早于其他单据日期吗？

作者：林建煌

背景：
案中，信用证规定：

```
+1 ORIGINAL AND 1 COPY BENEFICIARY CERTIFICATE STATING THAT ONE
FULL SET OF NON NEGOTIABLE DOCUMENTS MARKED TO THE ATTENTION OF
DAVID WILSON HAVE BEEN FORWARDED TO THE APPLICANT WITHIN 4
WORKING DAYS AFTER BILL OF LADING DATE.
```

提交的提单，提单日是2013.8.9，提交的受益人证明如下：

BENEFICIARY'S CERTIFICATE

DATE: AUG 06, 2013

INVOICE NO.:   U213251JU
S/C NO.:   13AR47-02
L/C NUMBER: LMP5903723073

WE: RT CO., LTD.

WE HEREBY CERTIFY THAT ONE FULL SET OF NON NEGOTIABLE DOCUMENTS MARKED TO THE ATTENTION OF D. HAVE BEEN FORWARDED TO THE APPLICANT WITHIN 4 WORKINGS DAYS AFTER FREIGHT FORWARDERS RECEIPT ISSUED.

开证行拒付：BENEFICIARY CERTIFICATE DATED PRIOR TO BILL OF LADING DATE.

分析：

一个单据的出具行为，完整地说，通常包括制作、签署和发出三个步骤。单据上载明的日期，通常是制作日期和签署日期，而没有显示发出日期——即出具日期。具体如下：

1. 如果单据只有制作日期，而没有签署日期，则通常视制作日期为签署日期和发出日期——即出具日期。

2. 如果单据上没有制作日期，而只有签署日期，则通常视签署日期为制作日期和发出日期——即出具日期。

3. 如果单据既有制作日期，又有签署日期，则根据ISBP745第A13段的规定——"A document indicating a date of issuance and a later date of signing is deemed to have been issued on the date of signing. 注明出具日期和较晚的签署日期的单据，应当被视为在签署之日出具"（这里的issuance date，即为ISBP681第15段下的"a date of preparation制作日期"），则以签署日期视为出具日期。

就本案而言，受益人证明上的日期，应该是制作日期或签署日期，而未必是发出日期——出具日期。在这个意义上，提前缮制或签署的受益人证明所载的制作日期或签署日期早于提单日期，是完全可能的。更重要的是，受益人证明的内容已经满足了信用证的要求，其完全可以不显示任何一个日期。

结论：

就R449中的问题——"检验证明的出具日期早于检测日期是否可以接受"，国际商会发表了如下意见："银行没有义务审核检验证明上的出具日期与检测日期的关系，单据无不符点，只要其在检验日期1998年1月23日当天或之后提交即可。"

与此同理，受益人证明日期早于提单日期，应该不存在不符点。

9.显示两个价格条款的发票，可以接受吗？

作者：林建煌

背景：

信用证条款：

```
:45A: Description of Goods and/or Services :
+ SHIPPING TERMS : FOB ZHONGSHAN PORT, (ICC INCOTERMS 2010)
```

改证，增加运费另付船公司条款：

```
:79: Narrative :
PLEASE ADD UNDER FIELD 47A:
AS FOLLOW SEPARATELY
.
PRICE OF FOB :USD 1 749 693,00          ← 信用证金额
PRICE OF FRET :USD 219 000.00 MUST BE TRANSFERED
BANK NAME:BNP PARISBAS
AGENCE/BRANCHE LA DEFENSE ENTR(01328) SAGA FRANCE
RIB/ID:30004 01328 00010089577 41
IBAN:FR76 3000 4013 2800 0100 8957 741
BANK SWIFT:BNPAFRPPPTX
.
READ IN FIELD 47A ITEM 05:
+ SHIPPING MUST BE WITH COMPANIE :SAGA FRANCE
MARSEILLE   ONLY
```

问题：

提交了以下发票，可以吗？

ITEM	DESCRIPTION	QTY(PCS)	UNIT PRICE (USD) FOB ZHONGSHAN	TOTAL PRICE	REMARKS
		5680	US$105.000	US$596,400.00	
	SEA FREIGHT CHARGE			US$60,000.00	
Total:	CFR ALGIERS PRICE			US$656,400.00	

COMMERCIAL INVOICE

TO: _____ EXPORT COMMUNAL
Invoice No.: ____003
Date: AUG 13th, 2013

SAY TOTAL: US DOLLAR SIX HUNDRED AND FIFTY-SIX THOUSAND FOUR HUNDRED ONLY

REMARKS:
1. PAYMENT TERM: L/C AT SIGHT
2. ORIGIN OF GOODS : CHINA
3. PORT OF LOADING : ZHONGSHAN PORT, CHINA
4. PORT OF DESTINATION : ALGIERS PORT, ALGERIA
5. THE GOODS ARE IN STRICT CONFORMITY WITH PROFORMA INVOICE NO _____ 1 DATED 08/07/2013, SHIPPING TERMS : FOB ZHONGSHAN PORT (ICC INCOTERMS 2010)

分析：

从表面上看，发票上包含了两个价格术语：一个是 FOB，一个是 CFR。

从上下文看，发票大小写金额对应的价格术语是：CFR；而 FOB 只是作为计算发票金额的依据出现，尽管在发票下方再一次表明了价格术语 FOB。

结论：

在这个意义上，发票上显示的价格术语 CFR，没有满足信用证的要求 FOB。

退一步说，发票上显示两个互不兼容的价格术语 FOB（发票下方）和 CFR（发票金额），本身就构成了 UCP600 第 14 条 d 款的规定中的数据矛盾，从而不可接受。

10. SUPPLIER 作为出具人时，是否需要表明身份？

作者：林建煌

背景：

信用证要求提交：

SUPPLIER'S CERT STATING THAT FOLLOWING CONDITIONS FROM A /TO E/ ARE STRICTLY FULFILLED…

提交的是受益人证明，受益人未表明其 SUPPLIER 的身份。

开证行拒付：BENEFICIARY'S CERTIFICATE: ISSUER NOT IDENTIFIED AS SUPPLIER.

分析：

《柯林斯高阶英汉词典》："供应者；供应商；供货方 A supplier is a person, company, or organization that sells or supplies something such as goods or equipment to customers."

就贸易实务来说，贸易合同下的卖方(seller)，也称供货商(supplier)。

然而，在信用证实务中，受益人(beneficiary)，指的是信用证下获得利益的一方，它可能是贸易合同下的卖方，也可能是贸易合同下的卖方的代理人，所以，二者并不完全等同。

结论：

开证行拒付的不符点成立。换言之，信用证要求的 supplier's certificate 上按理需显示作为出具人的"supplier"这一身份。

11. 箱单上的出具人与函头不一致，可以吗？

作者：林建煌

背景：

案中，信用证对箱单的格式、内容和出具人并无要求。

提交的箱单显示函头为申请人名称，并在左上角显示收件人（"TO："）为申请人名称，同时在左上角显示出具人（"issuer："）为受益人名称，并在右下方由受益人签署。如下：

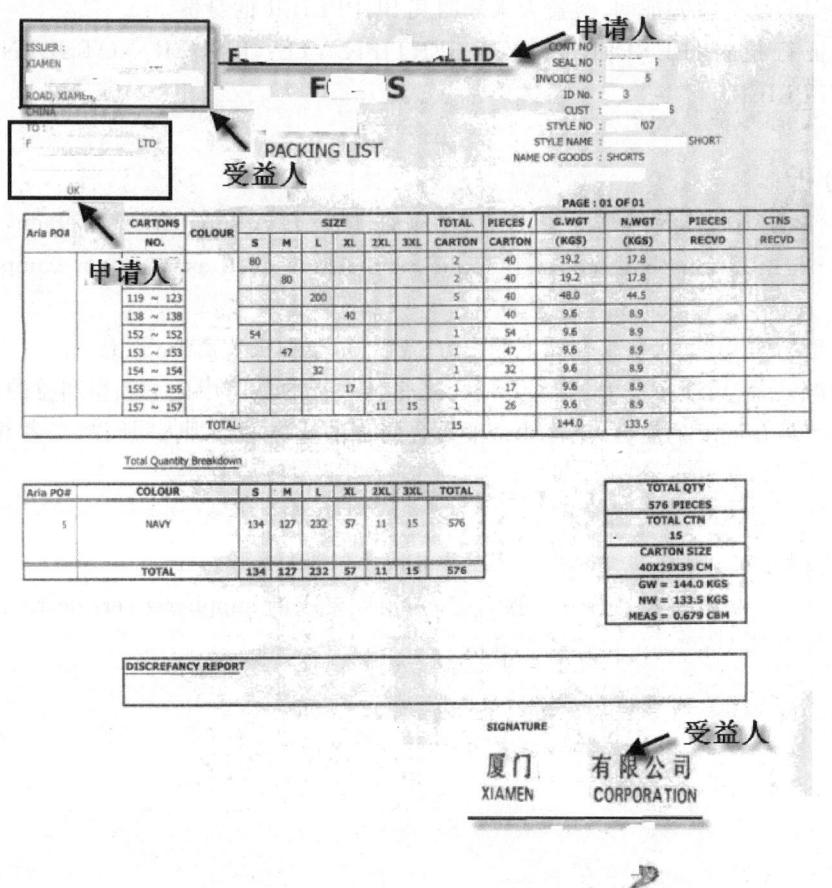

11. 箱单上的出具人与函头不一致，可以吗？

分析：

由于信用证对装箱单的格式、内容和出具人并无要求，根据 UCP600 第 14 条 d 款和 f 款的规定，只要提交的装箱单"满足功能"且数据"没有矛盾"即可接受。

实际上，国内的发票实务存在由申请人出具发票的情况，如向农户收购农产品。

结论：

提交的箱单没有不符点。

争议：

如果信用证规定装箱单由申请人 F 公司出具，提交的装箱单还可以接受吗？

ISBP745 第 A20 段：

"如果信用证要求单据由具名个人或实体出具，单据看似由该具名个人或实体使用其函头出具，或者当没有函头时，单据看似已由该具名个人或实体或其代表完成或签署，即满足要求。"

根据上述规定，这份装箱单的函头是申请人 F 公司，所以申请人即为出具人。但实际上，装箱单的签署是受益人厦门公司作出，装箱单本身也直接标明了"issuer"为受益人。

在这个意义上，申请人只能认定为名义出具人，而受益人才是实际出具人，无论如何，二者都会成为出具人。

我们认为，如此，则提交的装箱单仍可以接受。

提醒：

本案分析及结论存在争议，建议慎重把握。

12. 香港交单跟 Expiry in China 是否冲突？

作者：江西财经大学　王善论

背景：
信用证条款：
31D：140225 CHINA
41D：ANY BANK
BY NEGOTIATION
受益人在大陆，通知行也是深圳汇丰银行。

问题：
这份证可以直接在香港交单议付吗？

分析：
　　信用证下的交单地点除受 41D 场的约束外，还受 31D 场（EXPIRY PLACE）的约束。换言之，上述信用证并非真正意义上的可在任何银行（ANY BANK）议付，而是限 ANY BANK IN CHINA 议付。
　　国际商会在 TA770Rev2 中回答"HONGKONG 是否满足 ANY CHINESE PORT 的要求"的问题时，其答案是肯定的。香港在政治上、地理上都属中国的一部分，信用证业务也不例外。

结论：
　　上述信用证中的受益人可直接在香港交单议付。

13.46A 中的特殊条款要求通知行出具单据的效力

作者：林建煌

背景：

案中，出口信用证在 46A 中规定：

> (I). NO CLAIM CERTIFICATE FROM THE ADVISING BANK REGARDING ADVISING CHARGE OF THE CREDIT AND SUBSEQUENT AMENDMENT IF ANY THEREOF.

译成中文即，信用证要求提交由通知行出具的不会索要信用证和改证（若有）通知费的证明。

问题：

如果受益人交单时，缺少该证明是不符点吗？

分析：

信用证对单据的要求，有两种：一种指向受益人，如 45A 和 46A 中的要求；另一种指向收报行或指定银行，如 72 场和 78 场。

前者，是对受益人交单的要求，只要不是非单据化条件，交单人交单中都必须予以满足。

后者，是对银行的要求，属于银行间事项，不影响受益人交单相符的判断，因为这不是对受益人交单的要求。

结论：

就本案而言，信用证在 46A 中要求了必须由通知行出具的"不索要通知费"的证明，该证明仍然是对受益人交单的要求。换言之，受益人交单中必须包含该证明，只是该证明由通知行出具后，并交由受益人与其他单据一并交单，或由通知行代受益人直接在受益人提交好其他单据后合并，从而构成受益人交单。

所以，不符点成立。

14. MT799 是信用证的更正电，还是修改电？

作者：王善论

背景：

开证行开出信用证（MT700）之后，发现问题后立即发出 MT799 电报予以更正，并在 MT799 中加入如下措辞："KINDLY TREAT THIS AS A CORRECTING MESSAGE ONLY AND NOT AS AN AMENDMENT TO THE ABOVE CREDIT"。

问题：

1. 修改信用证只能用 MT707 吗？
2. 开证行意在将该 MT799 电报作为一份 CORRECTION。那么对受益人而言，是将该 MT799 电报视为此前 MT700 信用证的一部分，还是依然将其视为一份 AMENDMENT，可以接受，也可以拒绝？

分析：

1. UCP600 第 11 条 a 款规定，以经证实的电讯方式发出的信用证或修改即被视为有效的信用证或修改文据，任何后续的邮寄确认书应不予理会。MT707 仅为方便而言设计的格式，但并非绝对或唯一。国际商会意见 R742 亦明确 MT799 当然可用于修改信用证。

2. UCP600 第 7 条 b 款规定，开证行自开立信用证之时起即不可撤销地承担承付责任。换言之，信用证一旦开出（脱离开证行控制），即便存在"错误"，开证行亦应不可撤销地受其约束。由于信用证不可撤销的属性，任何一方不得单方面撤销或修改一份已经生效的信用证。根据 UCP600 第 10 条的规则，受益人有权接受或拒绝信用证的修改。

结论：

1. 尽管建议开证行尽可能使用 MT707 特定格式修改信用证，但 MT707 并非唯一可行的方式，MT799 当然可用于修改信用证。

14.MT799 是信用证的更正电,还是修改电?

2.开证行在 MT799 加入了意在将其作为 CORRECTION 的措辞无效,无法改变该电报依然属于一份 AMENDMENT 的事实,受益人可以接受,也可以拒绝。

林建煌点评及声明:

极端的状况,比如信用证已开出,但通知行还未将信用证通知给受益人,此时,案中的更正电与原证,应当视为一个整体,而不是单独的信用证修改。

因为通知行是开证行的通知代理,UCP600 第 7 条 b 款规定的信用证的不可撤销性适用的是信用证一旦开出,即脱离开证行控制的情况,而通知行作为开证行的通知代理,其在还未将信用证通知给受益人的时候收到更正电,只要仍在开证行的控制之中即可以更正。

重新经过审慎考虑,本人在此声明,本人原在《品读 UCP600》(厦门大学出版社,2008 年 7 月出版)一书中的观点有所改变。请以此为准。

15. 信用证规定的贸易术语错了吗？

作者：林建煌

背景：

案中，信用证规定价格术语 CIF SHANGHAI, CHINA，同时要求：

44A：（空白）
44E：ANY PORT OF GERMANY
44F：SHANGHAI, CHINA
44B：WUHAN, CHINA
46A：要求提交 FULL SET OF CLEAN ON BOARD OCEAN BILLS OF LADING …

实际提交的运输单据显示为：
PORT OF LOADING：HAMBURG
PORT OF DISCHARGE：SHANGHAI

实际提交的发票显示价格术语 CIF SHANGHAI, CHINA。

问题：

信用证 44B 栏位规定的 WUHAN, CHINA 没在运输单据中体现，是否为不符点呢？

分析：

根据信用证描述的运输路径和运输单据类型来看，提交的提单可以有两种：

一为多式运输提单，对应的运输路径是：汉堡海运到上海，上海陆运或空运到武汉，依据为 ISBP745 第 D1 段 c 款的规定及武汉可能是个内陆点。

二为单一海运提单，对应的运输路径是：汉堡海运经上海再河运到达武汉；依据为武汉也可能是个具有国际航线的内河港口，而信用证要求的就是海运提单。

结论：

无论如何，就案中的情况来看，提单存在不符点：未显示末段运输路程（上海至武汉）。所以，可以拒付。

15.信用证规定的贸易术语错了吗？

引申：

根据国际商会在 TA765 中就"空运单下信用证要求 FOB,发票显示为 FCA"一案所发表的意见,在本案中,银行必须同时在提交的发票显示信用证规定的价格术语 CIF SHANGHAI,CHINA,而无需理会运输目的地是否为上海。

16. 受益人要求撤证下，开证行是否需要申请人同意？

作者：林建煌

背景：

国内一家开证行，收到了受益人来报要求撤证。开证行决定直接撤销后再通知申请人结果，而没有事先征询申请人的同意。可以吗？

分析：

信用证直接约束的是开证行和受益人。

UCP600 第 10 条 a 款：

Except as otherwise provided by article 38, a credit can neither be amended nor cancelled without the agreement of the issuing bank, the confirming bank, if any, and the beneficiary. 除第38条另有规定者外，未经开证行、保兑行（如有的话）及受益人同意，信用证既不得修改，也不能撤销。

根据上述规定，只要开证行和受益人两个当事人（严格地说，不直接涉及保兑行）同意，那么，信用证便可撤销。

这里没有涉及申请人，为什么？因为申请人并不是信用证的当事人，即：申请人在信用证下并不直接享有权利或承担义务。换言之，申请人并不直接介入到信用证安排中，所以，上述规定没有提及申请人。

结论：

众所周知，开证行是某种意义上的申请人的代理。如果申请人没有在开证申请书或信用证开立合同事先授权开证行直接接受信用证的修改，那么，便需要承担开证申请书下对申请人的越权代理的责任。

质疑1：

有些人说，既然受益人都主动提出撤证了，那么，这个信用证就不会再使用，所以，是否征求申请人意见显得无关紧要。

在我们看来，这个观点值得商榷。因为如果受益人单方面提出撤证申请，而没有事

16.受益人要求撤证下,开证行是否需要申请人同意?

先征得基础合同下申请人的同意的情况下,这已经构成了基础合同受益人对申请人的违约。当然,如果申请人已经事先同意,或事后追认,开证行如此行事并非不可,但那完全依赖于开证行的运气了,特别是在基础合同限定了信用证是唯一的结算方式时。

质疑2:

有些人说,保函下撤销为什么担保人不需要指示方同意呢?以适用于 URDG758 的见索即付独立性保函为例。

URDG758 第 25 条"减额与终止":

b. 无论保函文件是否退还担保人,在下列情况下保函均须终止:

iii. 受益人签署的解除保函责任的文件提交给担保人。

e. 如果担保人知悉保函由于上述 b 款规定的任一原因而终止,则除非因失效日届至,担保人应将该情况毫不延迟地通知指示方,或者适用情况下的反担保人,在后一种情况下,反担保人也应将该情况毫不延迟地通知指示方。

显然,在上述保函下,保函的撤销只需受益人和担保人的同意,而撤销前后担保人对指示方的责任仅限于通知,而不需要指示方的同意。

要说其中原因,则与保函或备用证本身是基于违约事件的单纯担保功能有关,担保功能不同于商业信用证下基于履约事件的结算功能。前者是小概率事件,后者是大概率事件。

换言之,在保函下,不可能存在商业信用证的特有前提——"基础合同限定了信用证是唯一的结算方式"。

17. 信用证规定起运港 ZHONGSHAN，同时规定 FOB NINGBO CHINA，可以吗？

作者：林建煌

背景：

案中，出口来证要求：
44E：装货港：ZHONGSHAN
45A：货物描述：FOB NINGBO CHINA
提交的发票显示 FOB ZHONGSHAN。可以吗？

分析：

银行审单人员认为，证开错了。但实际上证背后基础合同的约定，银行无须理会。

TA765 案——"信用证要求空运且要求 FOB，而提交发票显示为 FCA。可以吗？"对此，国际商会回答道："上述不符点成立。根据 UCP600 第 4 条信用证独立性原则和第 18 条 C 款的规定，发票显示货描必须跟信用证一致，受益人提交的发票应该显示价格术语 FOB SINGAPORE。"

背后的原因很可能是基础合同中对标准的 INCOTERMS 术语作了变形解释。所以，银行不能想当然地认为，这是错的。

结论：

不符点成立。
如果受益人不想改证，我们认为发票上应如实显示 FOB NINGBO。

18.部分装运和部分支款？

作者：林建煌

背景：

案中，信用证金额 30 元，没有规定溢短装，允许部分装运，同时要求：
CONTRACT A 下运 10 吨，单价 1 元；
CONTRACT B 下运 10 吨，单价 1 元；
CONTRACT C 下运 10 吨，单价 1 元。
实际第一次交单出运情况如下：
CONTRACT A 运 10.1 吨，单价 1 元；
CONTRACT B 运 10.1 吨，单价 1 元。
合计 20.2 元。

问题：

开证行拒付说 OVER SHIPMENT。理由是：UCP600 31 条(b)不适用于此，因为在 CONTRACT A 和 B 下超支，而导致超支的原因即超装。
不符点存在吗？

分析及结论：

超装和数量有关，显然，不存在超装，依据就是 UCP600 30 条(b)。因为 UCP600 31 条(b)正是针对此种情况而作的规定。

质疑 1：

如果信用证的规定货描中对分项的金额做规定，如下：
CONTRACT A 下运 10 吨，单价 1 元，金额 10 元；
CONTRACT B 下运 10 吨，单价 1 元，金额 10 元；
CONTRACT C 下运 10 吨，单价 1 元，金额 10 元。
交单情况相似：
CONTRACT A 运 10.1 吨，单价 1 元，金额 10.1 元；
CONTRACT B 运 10.1 吨，单价 1 元，金额 10.1 元。
这还是不符点吗？

"天九湾"单证案例 2014 年度汇编

众所周知,信用证中规定的金额,分成两种:一为可支款金额,二为货物价值。两种金额的不同,从 UCP600 的以下规定中可以很容易看出:

UCP600 第 18 条 b 款:

A nominated bank acting on its nomination, a confirming bank, if any, or the issuing bank may accept a commercial invoice issued for an amount in excess of the amount permitted by the credit, and its decision will be binding upon all parties, provided the bank in question has not honoured or negotiated for an amount in excess of that permitted by the credit. 按照指定行事的指定银行、保兑行(如有)或开证行可以接受金额大于信用证所允许金额的商业发票,其决定对各有关方均有约束力,只要该银行对超过信用证允许金额的部分未作承付或者议付。

按照上述规定的上下文来看,分项金额应该是货物价值(直接指向发票金额),而不是支款金额,起码这种表述是模糊不定的。如果认定是货物价值,则可随数量浮动而自动浮动不受规定价值的约束;如果认定为模糊不定的,则开证行风险自担。

总之,不符点仍然不成立。

质疑 2:

案中,如果信用证金额 20 元,没有规定溢短装,允许分批装。具体如下:

CONTRACT A 下运 10 吨,每吨 1 元。

CONTRACT B 下运 10 吨,每吨 1 元。

之后发生增额改证,金额增加 10 元,信用证总金额增到 30 元,货描做了修改,如下:

增加:CONTRACT C 下运 10 吨,每吨 1 元。

交单不变。

这也不算超支或超装,是吗?

我们认为,道理同上,仍不是不符点,可以接受。当然,这一看法以接受修改为前提。

19.信用证周日到期,提单是否可以顺延至下周一出具？

作者：林建煌

背景：

案中,信用证到期日适逢节假日周日,单据顺延至下周一提交。下周一交单中包含了一份提单,提单显示出具日期为下周一当天。

可以吗？

分析：

UCP600 第 14 条 i 款：

A document may be dated prior to the issuance date of the credit, but must not be dated later than its date of presentation. 单据日期可以早于信用证的开立日期,但不得晚于交单日期。

UCP600 第 29 条：

a. If the expiry date of a credit or the last day for presentation falls on a day when the bank to which presentation is to be made is closed for reasons other than those referred to in article 36, the expiry date or the last day for presentation, as the case may be, will be extended to the first following banking day. 如果信用证的截止日或最迟交单日适逢接受交单的银行非因第 36 条所述原因而歇业,则截止日或最迟交单日,视何者适用,将顺延至其重新开业的第一个银行工作日。

b. The latest date for shipment will not be extended as a result of sub-article 29 (a). 最迟发运日不因第 29 条 a 款规定的原因而顺延。

虽然 UCP600 第 29 条的顺延只适用于信用证规定的有效日期,但是,UCP600 对单据日期的规定,仅表明不得晚于"交单日期"。

我们认为,这里所提及的交单日期,应该指"实际"交单日期,而与 UCP600 第 29 条 a 款规定的信用证有效期和交单期的顺延无关。换言之,当适用顺延时,提交的单据日期可能晚于信用证规定的未顺延之前的有效期或交单期,仍可接受。这一点,国际商会在 R46 中称："除装船单据外的其他单据的出具日期可以直到且包括展延的到期日。"

结论：

提交的提单出具日期与实际提交日期同一天。

因为交单日期适用于信用证规定的有效日期正常顺延，所以，提单可以接受，只要提交提单的出具日期不作为装船日期即可。例外的情况显然指向了已装船提单，且无另外装船批注的情况。

20.信用证要求全套2/2提单，实际提交全套3/3提单，可以吗？

作者：林建煌

背景：

案中，信用证在46场要求全套2/2提单。
实际提交了3份提单正本，并显示出具份数为：3 Originals.
可以吗？

分析：

信用证要求全套2/2提单，指的是要求提单必须显示出具2份正本，并实际提交2份正本，即出具份数和提交份数均为2份正本。
而实际提交的提单表明，出具份数和提交份数均为3份正本。

结论：

从提交的提单看，已经满足了信用证和UCP600第20条a款iv项的必须提交全套提单的要求。
至于多出具和多提交的提单份数，事实上对于申请人并无伤害。
所以，我们认为，没有不符点。

延伸：

反过来看，如果信用证要求3/3提单，而实际提交2/2提单，还可以吗？
我们认为，由于实际出具和提单的份数少于信用证的要求，应该不能接受。因为申请人可能对3份提单的使用各有安排。

佐证：

ISBP745 第A29段规定：

The number of originals to be presented is to be at least the number required by the credit or UCP600.提交的单据正本数量应至少为信用证或 UCP600 所要求的数量。

显然,上述规定印证了我们的看法。

21. 发票显示箱数相符，件数少了，可以吗？

作者：林建煌

背景：
案中，信用证规定如下：
TOLERANCE：10/10
PARTIAL SHIPMENT：ALLOWED
GOODS DESCRIPTION：5 000 PCS（6×20′ CONTAINER）CAR-PARTS
受益人交来单据，其中 INVOICES 显示如下：
4 200 PCS（6×20′ CONTAINER）CAR-PARTS
注意，件数少了，但 6 个 CONTAINER 已用完。
请问这是否构成不符点？

分析及结论：
信用证允许部分装运，所以，没有不符点，因为提不符点没有依据。允许部分装运，就意味着，可以装一部分也可以全部装完。

22. 发票是否需要显示 TOTAL ORDER AMOUNT?

作者：李钦

背景：

案中，信用证 45A 规定的货描显示：
ORDER NO.01 Amount：USD13 657.59
ORDER NO.02 Amount：USD10 000.00

Total amount：USD23 657.59

提交的发票显示：

ORDER NO.01
Item XXX，Amount：USD13 242.15
Item YYY，Amount：USD415.44
ORDER NO.02
Item ZZZ，Amount：USD10 000.00

Total amount：USD23 657.59

开证行提示不符点如下：
INVOICE：ORDER NO.01：TOTAL AMOUNT OF ORDER USD13 657.59 NOT MENTIONED ON THE INVOICE.

分析：

信用证 45A order 1 后面跟的金额构成货描一部分，适用于 UCP 十八条关于货描相符非镜像规则，而不是 ISBP 关于数学计算规则。所出具的发票虽然没有镜像地显示订单 1 金额，而是分货品各自显示金额，并无矛盾之处，不应该成为拒付理由。

结论：

不构成不符。

22.发票是否需要显示 TOTAL ORDER AMOUNT?

引申:
如发票没出现 TOTAL AMOUNT,则构成不符。因为货描中 TOTAL AMOUNT 后的金额审核适用数学计算规则,而银行不负责此类计算。所以,按理发票上必须显示订单总金额。

林建煌点评:
如果案中,信用证规定不变,而一个面函下提交三套发票,如下:
发票 1 显示:
ORDER NO.01
Item XXX,Amount:USD13 242.15
发票 2 显示:
ORDER NO.01
Item YYY,Amount:USD415.44
发票 3 显示:
ORDER NO.02
Item ZZZ,Amount:USD10 000.00

显然,每套发票应该有发票金额。而银行有义务去计算合并金额,并确认相符。原案中的情况与此相似,只是体现在同一个发票下。

23. 保险单和提单是否不需要出具日期了？

作者：林建煌

背景：

保险单显示了生效日期，是否可以不显示出具日期？提单显示了装船批注日期，是否可以不显示出具日期？

分析：

ISBP745 第 A11 段 a 款：

Even when a credit does not expressly so require：即使信用证没有明确要求：

i. drafts are to indicate a date of issuance；汇票也应注明出具日期；

ii. insurance documents are to indicate a date of issuance or effectiveness of the insurance coverage as reflected in paragraph K10(b) and K11；and 保险单据也应注明出具日期或第 K10 段 b 款和第 K11 段中所反映的保险生效日期；以及

iii. original transport documents, subject to examination under UCP600 articles 19—25, are to indicate a date of issuance, a dated on board notation, a date of shipment, a date of receipt for shipment, a date of dispatch or carriage, a date of taking in charge or a date of pick up or receipt, as applicable.按照UCP600第19条至第25条审核的正本运输单据，也应相应地显示出具日期，注明日期的装船批注、装运日期、收妥待运日期、发送或运送日期、接管日期、取件日期或收件日期。

从上述第 ii 项的规定来看，保险单据必须注明日期，可以是出具日期，也可以是保险生效日期。换言之，如果保险单据注明了保险生效日期，可以不显示出具日期。

与此相似，从上述第 iii 项的规定来看，提单必须注明日期，可以是装船批注日期，也可以是出具日期。换言之，如果提单注明了装船批注日期，可以不显示出具日期。

结论：

保险单据和提单必须注明日期，这个日期可以不是出具日期。

24.信用证要求所有单据修改需要证实的情况下,单据副本的修改是否要证实?

作者:林建煌

背景:

案中,信用证 47 场要求所有单据修改必须需要证实。提交的单据副本上的修改是否需要证实呢?

分析:

从表面上看,信用证的规定优于 UCP 和 ISBP 的规定,即:既然信用证要求一切单据修改均需证实,那么,便理应包括副本单据。

然而,经过仔细斟酌,将会发觉其实不然。

ISBP745 第 A7 段 c 款:

Any correction of data in a copy document need not be authenticated. 副本单据上数据的任何更正无需证实。

ISBP745 第 A31 段 b 款:

Copies of documents need not be signed nor dated. 单据副本无需签署,也无需注明日期。

上述规定表明,副本单据默认无需签署,因为副本单据在法律上无独立的证据效力。相应地,副本单据如有更正,也默认更正无需证实。

结论:

在一种单据同时提交正本的情况下,我们认为,或许,信用证规定一切单据更正必须证实的要求,只是指向了正本单据本身,而不涉及正本单据所对应的副本。因为副本单据本身无需签署,如果副本单据上仅仅更正部分需要证实,则并不会改变"副本单据在法律上无独立的证据效力"。

当然,如果信用证特别规定一切单据包括副本上的数据更正均需证实,或信用证特别要求经签署正本单据的复印件时,则另当别论。

引申:
信用证规定一切单据需要签署,与此同理。

印证:
信用证要求 signed invoices in triplicate,这里的签署仍然只是指向了正本需要签署,而其他份数的副本则无需签署。

25.保险单据同时显示了不同的出具日、生效日和副签日,用哪个日期与装运日比较?

作者:林建煌

背景:

案中,保险单据同时显示了出具日3月5日,生效日3月3日,副签日3月7日,提单显示装运日3月3日。那么,迟保吗?

分析:

ISBP745 第 K11 段:

In the absence of any other date stated to be the issuance date or effective date of insurance coverage, a counter signature date will be deemed to be evidence of the effective date of the insurance coverage. 在保险单据没有注明其他任何日期作为出具日期和保险生效日期的情况下,副签日期将被视为保险生效日期的证明。

显然,副签日期用于证明保险生效日期,只适用于没有保险单据没有显示出具日期,也没有显示保险生效日期的情况。

就本案而言,由于显示了保险出具日期3月5日和生效日期3月3日,则需以生效日期3月3日,与提单显示的装运日3月3日作比较。

结论:

迟保不符点不成立。

李钦点评:

如果副签日期对应于生效时,上述结论还成立吗?我们觉得应该不成立。因为此时,副签只是触发保险单据生效,但是,保险责任生效由保险合同触发。UCP600 第 28 条所要求的是"保险责任"生效日期不得晚于装运日期。

26. LC 要求临时发票,提交了 TAX INV。可以吗?

作者:林建煌

背景:

案中,LC 要求临时发票,提交了 TAX INV。可以吗?

分析及结论:

我们认为可以。因为正式发票的效力优于临时发票。

参照:

与此相似,信用证要求副本发票,默认可以提交正本发票。

27. 单据交单日超过了汇票到期日，开证行是否仍然有5个工作日的单据处理时间？

作者：林建煌

背景：

如果汇票到期日为发票日后15天，而单据交单日超过了汇票到期日，开证行是否仍然有5个工作日的单据处理日期？

分析及结论：

我们认为，开证行仍有5个工作日的审单时间，因为5个工作日是其权利，不受其他因素影响。

印证：

可以换个角度看，如果单据经过审核发现不符点，决定是否拒付，不也有5个工作日的期限。如果最终第5个工作日决定付款，难道银行需要倒起息吗？显然不会。

参照：

UCP600 第 14 条 b 款：

A nominated bank acting on its nomination, a confirming bank, if any, and the issuing bank shall each have a maximum of five banking days following the day of presentation to determine if a presentation is complying. This period is not curtailed or otherwise affected by the occurrence on or after the date of presentation of any expiry date or last day for presentation. 按指定行事的指定银行、保兑行（如有的话）及开证行各有从交单次日起的至多5个银行工作日用以确定交单是否相符。这一期限不因在交单日当天或之后信用证截止日或最迟交单日届至而受到缩减或影响。

严格地说，上述5个工作日的审单期限，也不受付款到期日届至而缩短或受到影响。

28. 为跨境担保而开立的国内反担保，是涉外保函吗？

作者：林建煌

背景：

在内保外贷业务中，由于各种原因需要转开保函。先由一家境内 A 银行向另一家境内 B 银行开立一个反担保函，再由境内 B 银行向境外出具一个担保函。反担保函约定遵循 URDG758。

问题：

上述反担保函申请人与受益人均为境内法人，这属于国内保函吗？是独立保函吗？是否也必须遵循国内的担保法，保函到期必须退回正本吗？

分析及结论：

案中的反担保函还是算涉外保函。因为按理基础合同和反担保函或保函本身有涉外的当事人或涉外交易，都算涉外保函。

至于国内法下最高法正在起草独立保函的司法解释，基本上能达成共识，国内保函也可以是独立保函。既然反担保函适用 URDG758，自然是独立保函。

反担保函的担保人是国内银行，默认必须遵循国内法和 URDG758，国内法仅涉及强制性规定中 URDG758 没有与之冲突的部分。

所以，根据 URDG758 保函到期是不必退回正本的。

引申：

最高法所认为的"非涉外保函不是独立保函"的观点，或许有点不合时宜。

事实上，"非涉外保函不是独立保函"的观点，本来就不是立法机构——全国人大的看法。全国人大制订并发布实施的国内《担保法》第 5 条，本来就允许当事人之间对五种典型担保方式进行另外的约定，从而产生各种各样的非典型担保方式。这是金融服务实体的需要。

29. 开证行在信用证修改书中规定"不通知是否接受即视为修改失效",有用吗?

作者:林建煌

背景:

案中,信用证金额 USD10 000.00,允许部分装运。不久之后,信用证修改增额至 USD30 000.00,修改书中载明:"受益人不通知是否接受本次修改,即视为本次修改失效"。受益人并未发出任何能表明其接受或拒绝修改的通知。

受益人第一次交单,发票金额为 USD10 000.00。开证行没有发现不符点,且认为受益人已经拒绝修改,在对外付款后将信用证注销。

受益人第二次交单,发票金额为 USD20 000.00,遭开证行拒付,理由是超支,信用证余额为零。

不符点存在吗?

分析:

(一)

信用证的修改,在法律上属于一种撤销行为。UCP600下信用证默认不可撤销,便有了以下规定:

UCP600 第 10 条 c 款:

在受益人告知通知修改的银行其接受该修改之前,原信用证(或含有先前被接受的修改的信用证)的条款对受益人仍然有效。受益人应提供接受或拒绝修改的通知。如受益人未能给予通知,当交单与信用证以及尚未表示接受的修改的要求一致时,即视为受益人已作出接受修改的通知,并且从此时起,该信用证被修改。

换言之,由于修改是开证行单方面发出的,受益人同意的情况下修改才会正式生效,而如果受益人拒付的情况下修改便会因此失效。

本案中的第一次交单既与修改前的信用证一致,也与修改后的信用证一致。国际商会在 TA638rev 针对第 5 个问题的结论中说:"没有受到尚未被接受的信用证修改的交单不构成对信用证个性的自动接受。"显然,案中的修改尚未被受益人接受。尚未被受益人接受,意味着受益人事后还可以表态接受或拒绝,选择权在受益人手里。

(二)

请注意,案中的修改书载明了一个特殊条款:"受益人不通知是否接受本次修改,即视为本次修改失效。"显然,其背后潜台词是,受益人不通知便意味着拒绝修改,修改因被拒绝而失效。

那么,这案中的修改被拒绝了吗?我们认为,这种条款赋予了修改的可撤销性。

UCP600 第 10 条 b 款:

开证行自发出修改之时起,即不可撤销地受其约束。保兑行可将其保兑扩展至修改,并自通知该修改之时,即不可撤销地受其约束。但是,保兑行可以选择将修改通知受益人而不对其加具保兑。若然如此,其必须毫不延误地将此告知开证行,并在其给受益人的通知中告知受益人。

如此,案中的修改书载明的条款效力似乎优于 UCP600 的上述规定,所以,该条款是有效的。这意味着该修改是可撤销的修改。

然而,修改书载明的条款效力优先,必须基于案中的修改书的生效为前提。对于受益人来说,如果接受修改书,这一条款才有效力;换言之,修改书载明的条款实际上剥夺了受益人以交单表态是否接受修改的权利,也剥夺了受益人延迟表态是否接受修改的权利。

UCP600 第 10 条:

f. A provision in an amendment to the effect that the amendment shall enter into force unless rejected by the beneficiary within a certain time shall be disregarded. 修改中关于除非受益人在某一时间内拒绝修改否则修改生效的规定应被不予理会。

参照上述规定,我们认为,修改书载明的条款实际上无效。

结论:

交单表明受益人接受了修改,所以,单据无不符点。

30.信用证要求的是海运提单,而提交运输单据显然是多式运输提单,可以接受吗?

作者:林建煌

背景:

案中,信用证要求提交 FULL SET OF CLEAN ON BORAD OCEAN BILL OF LADING,

并规定运输路线为:
44E:BUSAN PORT,SOUTH KOREA
44F:ANY SEAPORT,CHINA

提交的运输单据上预先印就"SHIPPED ON BOARD"字样,并显示:
PRECARRIAGE BY:TRUCK
PLACE OF RECEIPT:SEOUL,SOUTH KOREA
PORT OF LOADING:BUSAN PORT,SOUTH KOREA
OCEAN VESSEL:STAR SKIPPER 0084E
PORT OF DISCHARGE:TIANJIN PORT,CHINA
PLACE OF DELIVERY:BEIJING,CHINA

同时载有如下装船批注:
LADEN ON BOARD JAN 25,2014
STAR SKIPPER 0084E
BUSAN PORT,SOUTH KOREA

问题:

信用证要求的是海运提单,而提交运输单据显然是多式运输提单,可以接受吗?

分析及结论：

信用证审单中，海运提单和多式运输提单的区分，是以"信用证规定"的运输路线来判断所交提单属于哪一类，而不是以所交提单上"实际显示"的运输路线来判断。

所以，提交的运输单据可以接受。

31.转开保函下反担保人破产，担保人是否可以直接向指示方要求赔付？

作者：林建煌

背景：

案中，B银行应指示方和申请人A公司的要求向C银行开立反担保函，C银行向受益人D公司开立见索即付保函。保函及反担保函均适用URDG758。D公司在保函下提交相符索赔，担保人C银行付款。C银行进而在反担保函下提交相符索赔，但是反担保人B银行倒闭。

接着，C银行直接向指示方和申请人A公司要求付款。可以吗？

分析：

URDG758 第5条"保函和反担保函的独立性"：

b. 反担保函就其性质而言，独立于其所相关的保函、基础关系、申请及其他任何反担保函，反担保人完全不受这些关系的影响或约束。反担保函中为了指明所对应的基础关系而予以引述，并不改变反担保函的独立性。反担保人在反担保函项下的付款义务，不受任何关系项下产生的请求或抗辩的影响，但反担保人与担保人或该反担保函向其开立的其他反担保人之间的关系除外。

显然，C银行作为反担保函的受益人，与指示方之间没有直接的合约关系，所以，指示方在保函开立申请书下没有义务向C银行付款。

但是请注意，根据担保法的原理，担保人一旦在保函下向受益人付款，则相应地取得基础合同的一方——保函受益人的代位权，从而有权要求基础合同的另一方——保函申请人，基于基础合同赔付。

结论：

C银行虽然不能基于反担保函和申请书向A公司直接要求付款，但可以基于保函和基础合同对受益人的代位权，要求A公司要求付款。

引申：

案中，XXX 银行应指示方 YYY 公司的申请，开立了一份保函，申请人为 ZZZ 公司。之后，受益人提交相符索赔，XXX 银行付款。

此时，指示方 YYY 公司破产，XXX 银行作为保函开立行要求申请人 ZZZ 公司付款，可以吗？

显然，申请人 ZZZ 公司在开立申请书下是没有直接的付款义务，但是，XXX 银行基于保函和基础合同可以代位受益人，要求申请人 ZZZ 公司付款。

32.ISBP745对"from"一词的解释，是否与UCP600冲突？

作者：交通银行　张明伟

背景：

《中国外汇》副刊《金融与贸易》2014年第一期3月期上，有文章认为：UCP600第3条已经明确"from"一词用于确定发运日期时包含提及的日期的情况下，而ISBP745第A15却规定："from"当用于确定装运日期时，将不包括该日期。这是否冲突呢？

分析：

为讨论这一问题，我们不妨先引用文中所提及的相关内容全文。

UCP600第3条，"from"一词的相关内容是：

The words "to", "until", "till", "from" and "between" when used to determine a period of shipment include the date or dates mentioned.

ISBP745第A15段，"from"一词的相关内容是：

The words "from" and "after" when used to determine a maturity date or period for presentation following the date of shipment, the date of an event or the date of a document, exclude that date in the calculation of the period.

通过比较，我们看到，UCP600第3条中的"from"一词，是针对将其用于确定发运的情况；ISBP745T第A15段中的"from"一词，是针对将其用于确定到期日或交单期限的情况，而非该文提到的"当用于确定装运日期时"。

结论：

UCP与ISBP相关内容表明，"from"一词适用范围并不相同，两者分别做出"包括"和"排除"提及日期的规定/解释并不冲突。

33. ISBP745 第 B12 段内容,是否与 UCP600 冲突?

作者:张明伟

背景:

《中国外汇》副刊《金融与贸易》2014 年第一期 3 月期上,有文章认为:根据 UCP600 第 6 条和第 7 条,当被指定银行拒绝接受开证行的指定,不对受益人的交单承兑时,开证行有义务对受益人的交单承兑。此时,受益人必须出具以开证行为付款人的汇票,以要求开证行进行承兑,进而提出反问:"不向开证行提交以其为付款人的汇票,开证行承兑什么?"

分析:

ISBP745 第 B12 段称:

"当信用证指定由被指定银行承兑的情况下,如果被指定银行拒绝承兑,受益人可以选择要求将单据按照交单原样转递给开证行,无论是否随附以开证行为付款人的汇票。"

UCP600 第 6 条规定:

"信用证必须规定可在其处兑用的银行,或是否可在任一银行兑用。规定在被指定银行兑用的信用证同时也可以在开证行兑用。"

对于 UCP600 第 6 条,文中作者注意到,基于"规定在被指定银行兑用的信用证同时也可以在开证行兑用",开证行对受益人赋有"某种义务",这是正确的。但将这种义务(UCP600 的原文是"available")确定为"承兑",并进而得出要求"受益人必须出具以开证行为付款人的汇票,以要求开证行进行承兑"的结论,就是有失偏颇了。

为了说明问题,我们不妨按 B12 的条件复原相关情形,即:某信用证的开证行为 A 银行,41A 指定由 B 银行承兑,未规定提交或在何时提交以 A 银行为付款人的汇票。受益人向 B 银行提交相符的发运单据和以 B 银行为付款人的远期汇票。B 银行拒绝承兑汇票。这种情形下,受益人只能要求 B 银行或其他银行将单据转交开证行。

从实务角度看,受益人要求转交的单据,可能出现以下四种情况(至于 B 银行或其他银行,在 B 银行拒绝承兑的情况下,为何仍然同意向 A 银行提交以其为付款人汇票的问题,本文不予讨论):

33.ISBP745 第 B12 段内容,是否与 UCP600 冲突?

1. 发运单据
2. 发运单据+以 B 银行为付款人的远期汇票
3. 发运单据+以 A 银行为付款人的远期汇票
4. 发运单据+以 B 银行为付款人的远期汇票+以 A 银行为付款人的远期汇票

鉴于信用证未规定提交或在何时提交以 A 银行为付款人的汇票的事实,我们认为,如果 A 银行坚持国际标准银行实务,其没有任何理由不接受上述四种情况中的任意一种。

实质上,UCP600 第 6 条的相关内容是强调开证行的义务,但这一义务并不是以受益人必须提交以开证行为付款人的远期汇票为前提。我们应注意到,UCP600 第 7 条(开证行责任)中规定:"……开证行必须承付,如果信用证为以下情形之一……信用证规定由指定银行承兑,但其未承兑以其为付款人的汇票……"UCP 在这里未要求受益人必须提交以开证行为付款人的远期汇票,但在相应情况下,开证行的依然必须承付(这里没有必要去纠结承付的定义,UCP 的起草者和主要用户并非法律专家,术语定义不会使用接近咬文嚼字的法言法语)。

至于"不向开证行提交以其为付款人的汇票,开证行承兑什么"的反问,与其认为这是向受益人发问,还不如理解为这是向开证行的质问。开证行自己不知道承兑什么的困境,完全是由其自身造成——谁让开证行授权的指定银行不给力,不愿意在交单相符的情况下承兑汇票呢?开证行没有任何道理,更没有任何权利,因自己授权的指定银行的不作为而强制受益人承担责任——必须额外提交以开证行为付款人的远期汇票。即使真的因缺少汇票而导致任何风险和损失(这种可能性几乎没有),负责任的开证行也应当是"打掉牙,和血吞"。

结论:

ISBP745 B12 段的内容体现了特定情况下的国际标准银行实务,完全符合 UCP600 的精神和要求。

34. ISBP745 第 A11 段是否随意解读 UCP?

作者：张明伟

背景：

《中国外汇》副刊《金融与贸易》2014 年第一期 3 月期上，载了以下案例：

ISBP745 第 A11 段：

"保险单据应注明出具日期或第 K10 段 b 款和第 K11 段中所反映的保险生效日期。"

UCP600 第 28 条仅仅规定：

"除非保险单据表明保险责任不迟于发运日生效，否则保险单据日期不得晚于发运日期。"

文中作者认为，该条款（UCP600）强调的是保险单据中不能有保险生效日期晚于装运日期，并不能解读出保险单据必须注明签发日期或保险生效日期，从而认为，ISBP745 有随意解读 UCP 之嫌。是这样的吗？

分析：

这个问题确实可能仁者见仁、智者见智。这里从常识出发，谈谈看法。

ISBP745 先期问题中指出，"本出版物所描述的实务，重点强调的是在信用证或修改没有排除适用 UCP600 相关条款的情况下，如何对 UCP600 相关条款进行解释（interpreted）或适用。"我觉得这里的中文翻译"解释"，非常精确。作为国际商会官方认可的出版物，ISBP745 是可以"解释"UCP600 的。而 UCP600 某些词语确实很难有统一的理解，比如，保险单据日期。而 ISBP745 对其进行了解释，即，实务中的保险单据日期就是指"保险单据注明的出具日期"或"第 K10 段 b 款和第 K11 段中所反映的保险生效日期"。

虽然未查询专业词典，但我认为解释和解读是有本质的区别的。我们通过以下的两个例子，应当可以明显感受到其中的差异：最高人民法院发布的是司法解释而非司法解读；信用证专家阎之大、林建煌先生的著作均称为"解读"或"品读"而非解释。

结论：

我们相信，ISBP745 是根据实务对 UCP600 进行解释，绝不是随意解读。

35.发票和箱单上均显示分项量和总量。二者之间的分项量需要匹配审核吗?

作者:兴业银行 赵怡

背景:

案中,信用证45A场规定:Batteries,未显示明细数量、价格和金额等。

提交的发票显示了20多项明细的规格、数量。

提交的箱单同样显示20多项明细规格、数量、毛净重和尺码等。部分内容如下:

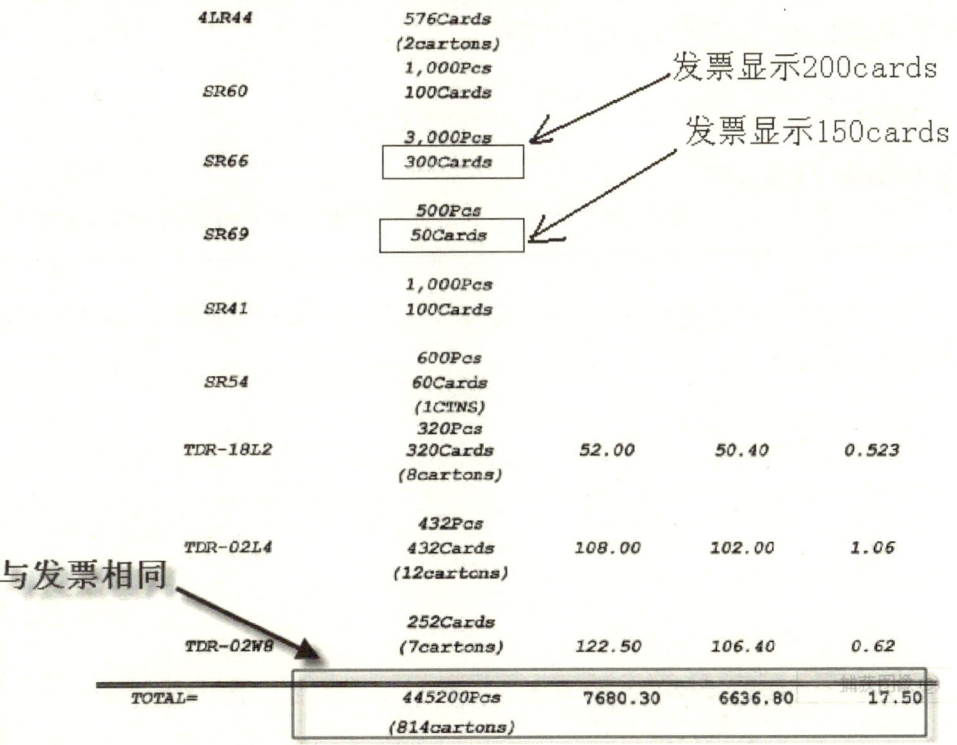

"天九湾"单证案例 2014 年度汇编

开证行拒付,认为箱单上述标注的一些明细项数量与发票的不一致。不符点存在吗?

分析:

请注意,ISBP745 涉及装箱单的总量和数学计算核对,包括两个段落:

ISBP745 的"装箱单"部分第 M6 段规定:

"银行只审核总量,包括但不限于总数量、总重量、总尺寸或总包装件数,以确定相关的总量与信用证中和任何其他规定单据上显示的总量没有矛盾。"

ISBP745"总则"部分第 A22 段规定:

"当提交的单据显示数学计算时,银行仅确定如金额、数量、重量或包装件数的总量,与信用证及其他规定的单据不相矛盾即可。"

显然,以上规定互相呼应,必须参照解读。这些规定,旨在保护议付行,以避免议付行忽略了受益人在单据上的较复杂的计算错误时开证行会要求议付行负责。比如上述发票中数量乘以单价等于总价,以及对总价格的汇总计算,银行可以不去审核。当然,审核了则别当别论。

就本案而言,箱单除了最后 TOTAL 总量的汇总涉及数学计算外,其他的单项数量没有涉及数学计算。实际上,TOTAL 汇总量算是总量,而单项数量其实也是一个"总量"的概念,所以,银行有义务互相核对。

结论:

UCP600 14 条 d 款:

单据中数据,在与信用证、单据本身以及国际标准银行实务参照解读时,无须与单据本身的数据、其他要求的单据或信用证中的数据等同一致,但不得矛盾。

案中箱单的个别单项货物的数量与发票不一致,违反 UCP600 第 14 条 d 款规定,构成了不符。

36.大学的学院是否能代表大学盖章?

作者:林建煌

背景:

案中,厦门大学出口专利权,信用证要求受益人提交经签署的发票。

厦门大学作为服务贸易出口商,提交的发票函头显示为"厦门大学 Xiamen University",而签署时显示 signed for Xiamen University,并由"厦门大学嘉庚学院"盖章。可以吗?

分析及结论:

根据 UCP600 第 18 条 a 款的规定,发票默认由受益人出具。相应地,信用证要求签署的发票,默认也由受益人签署。

ISBP745 第 A36 段:

a. A signature on the letterhead paper of a named person or entity is considered to be the signature of that named person or entity unless otherwise stated. The named person or entity need not be repeated next to the signature. 除非另有说明,在具名个人或实体的函头信笺上的签字,将被视为该具名个人或实体的签字。在签字旁无需重复该具名个人或实体的名称。

b. When a signatory indicates it is signing for [or on behalf of] a branch of the issuer, the signature will be considered to be that of the issuer. 当单据的签署人表明其代表出具人的分支机构签署时,该签字将被视为由出具人作出。

显然,根据上述 a 款的规定,该发票由厦门大学出具,并由其代理人"厦门大学嘉庚学院"代理厦门大学签署。按理可以接受。

延伸 1:

如果上述发票签署时并没有载明:signed for Xiamen University。上述结论还成立吗?

我们认为,按理不可以接受。因为如果是厦门大学的分支机构,惯常的名称应为"厦门大学 XXXX 分校"。

事实上,"厦门大学嘉庚学院",不是厦门大学的分支机构,而是厦门大学参与共建的独立法人。

延伸 2:

如果上述发票签署时并没有载明:signed for Xiamen University,而由"厦门大学国际学院"签署,还可以吗?

我们认为,按理不可以接受。因为如果是厦门大学的分支机构,惯常的名称应为"厦门大学 XXXX 分校"。

事实上,"厦门大学国际学院",相当于厦门大学的一个内设部门,而不是分支机构。

当然,如果上述发票由"厦门大学国际学院"签署,并载明:signed for Xiamen University,则仍然可以接受。因为作为类似内设部门的"厦门大学国际学院",其是否有代理权,根据 UCP600 第 34 条"单据有效性免责"的规定,银行无需理会。

37.信用证规定了货物以 KGS 等为单位,发票显示多装了 5% 以内的货物必须是免费的吗?

作者:林建煌

背景:

案中,信用证规定了货物描述:XXX,100MTS,USD10 000/MT。
提交的发票显示如下:
XXX,100MTS,USD10 000/MT,
XXX,5MTS,free of charge,

total amount:USD1 000 000.00

问题:

上述发票显示多装了 5% 以内,且为免费。可以接受吗?

分析:

ISBP745 第 C6 段:

An invoice is to indicate 发票应当显示:

a.the value of the goods shipped or delivered, or services or performance provided. 所装运或交付的货物,或所提供的服务或履约行为的价值。

b.unit price(s), when stated in the credit. 单价(当信用证有规定时)。

c.the same currency as that shown in the credit. 信用证中表明的相同币别。

d.any discount or deduction required by the credit. 信用证要求的任何折扣或扣减。

ISBP745 第 C12 段:

An invoice is not to indicate:
发票不应显示:

a. over-shipment (except as provided in UCP600 sub-article 30(b)), or 超装 (UCP600 第 30 条 b 款规定除外),或者

b. goods, services or performance not called for in the credit. This applies even when the invoice includes additional quantities of goods, services or performance as required by the credit or samples and advertising materials and are stated to be free of charge. 信用证未规定的货物、服务及履约行为。当发票包含信用证所规定货物、服务或履约行为的额外数量，或者样品和广告材料，且注明为免费时，这仍然适用。

UCP600 第 30 条：

b. A tolerance not to exceed 5% more or 5% less than the quantity of the goods is allowed, provided the credit does not state the quantity in terms of a stipulated number of packing units or individual items and the total amount of the drawings does not exceed the amount of the credit. 在信用证未以包装单位件数或货物自身件数的方式规定货物数量时，货物数量允许有 5% 的增减幅度，只要总支取金额不超过信用证金额。

显然，根据 UCP600 第 30 条的规定，发票以 MT 为单位，允许溢装不超过 5% 的幅度。发票显示的总支取金额没有超过信用证规定的金额。

然而，100 吨之外的 5 吨显示单价和金额为免费，与 ISBP745 第 C6 段 b 款的规定不符。

结论：

所以，提交的发票显示超装 5%，但显示免费与信用证规定的单价不符，不可接受。

质疑：

有人会认为，发票显示的 5 吨为免费货物，似乎可以接受。根据第 C12 段 b 款的规定——"当发票包含信用证所规定货物、服务或履约行为的额外数量，或者样品和广告材料，且注明为免费时，这仍然适用"，发票显示的 5 吨免费货物就会成为信用证所规定的额外数量，仍不可接受。

延伸：

变形 1：受益人可以按照以下形式开出发票：

XXX	105MTS	10 000/MT	USD1 050 000
Less discount			−50 000
Total			USD1 000 000

变形 2：以下的发票会否被接受：

XXX	105MTS	10 000/MT	USD1 050 000
Less 5MTS free of charge			−50 000
Total			USD1 000 000

37.信用证规定了货物以 KGS 等为单位,发票显示多装了 5%以内的货物必须是免费的吗?

以上两种变形,实际上在商业上可能有不同的含义,如保险金额的计算,或报关金额的计算会有所不同。所以,我觉得仍不可以接受。

变形 3:又或可开出 105MTS 的发票,不扣除任何折扣,然后要求银行按照 UCP 第 18 条 b 款予以承付或议付。当然在这情况下,承付或议付与否的决定,便落在银行手上。

38. 何谓"CLAUSED B/L"？

作者：张明伟

背景：

有银行结算人员问，CLAUSED B/L 仅指不清洁提单吗？有没有一个确切的定义？

分析及结论：

CLAUSED B/L 为专用术语，UCP 中并未明确提及。

根据权威的《布莱克法律词典》（第八版）解释，CLAUSED B/L 与 UNCLEAN B/L 同意，又称 FOUL B/L。

ISBP681 第 107 段的规定也可以从侧面印证这一点：If the word "clean" appears on a bill of lading and has been deleted, the multimodal transport document will not be deemed to be claused or unclean unless it specifically bears a clause or notation declaring that the goods or packaging are defective.

我们也注意到，实务中某些银行审单人员并不清楚该术语的具体含义，往往将显示某些对收货不利条款的提单统称为 CLAUSED B/L，并凭以拒付。例如，提单显示承运人可不凭正本提单释放货物；承运人可凭自身判断对其认为有权收货的释放货物。虽然从信用证下单证审核角度看，含有此类条款的提单不可接受，但提单并非 UCP 所定义的不清洁。

另外，为尽量减少 CLAUSED B/L 被误用和滥用的情况，ISBP745 的相关段落中已经删除了 CLAUSED 字样。

39. 信用证中的制裁免责条款，有什么用处？

作者：张明伟

背景：

许多银行开出的信用证通常都包括反洗钱条款，最近某些通知行要求我行删除相关条款，其依据为 ICC GUIDANCE PAPER NO.470/1129 REV. DATED MARCH 26,2010。不知道这种情况下，开证行是否必须删除相关条款还是坚持保留相关条款？

分析：

为了更好地遵守国内外针对特定国家、组织、实体和个人的制裁，结合自身的单证业务经验，国内外很多银行都在对外开出的跟单信用证中，统一增加了反洗钱条款或称制裁免责条款。

相关条款不仅是银行主张在涉及制裁情况下免除责任，而且更重要的是向监管当局、交易当事方表明银行严格遵守适用法律法规或司法判决的立场。实践表明，绝大多数信用证交易的相关方能够理解和接受这一条款。但是，我们也注意到一些特殊情况。如，部分（受益人通过）申请人要求信用证不显示或者删除制裁免责条款；更有个别国外通知银行单方面要求直接删除该条款。

申请人或受益人之所以要求不增加该条款，可能是因为条款令受益人和指定银行感到不安。信用证中滥用制裁条款可能会遭到强势受益人的退证或者修改，影响信用证的后续融资业务，降低信用证的可接受性，进而影响开证行的信用。因此，对于这种情况，如果开证行对信用证基础交易背景调查清楚，确定相关交易/单据不会涉及制裁，那么经客户申请、银行审批后，客户的需求应可以得到满足。同时，制裁措施属于适用法律、政府法令以及司法判决范畴，对相关当事方具有强制性。因此，即使信用证中不单独列明相关条款，开证行若发现违反制裁内容的交单时，仍应严格遵守适用法律、承担法定义务。

ICC Guidance Paper No.470/1129 rev——国际商会 2010 年 3 月发布的《有关适用 ICC 规则的贸易相关产品（如：信用证，跟单托收和保函）使用制裁条款的指导文件》指出，信用证中使用制裁免责条款不应影响信用证付款的确定性，不应影响信用证作为付款工具的功能,但同时也强调说"信用证和保函的规定,UCP、ISP、URDG 等国际惯例的规定都受制于适用法律"。

结论:
因此,信用证中是否使用制裁免责条款,完全取决于开证行对相关问题的理解与考量。

40. 数量证明显示的数量比发票多，可以吗？

作者：林建煌

背景：

根据 ISBP745 的内容设置，Q 部分的全称是"分析、检验、健康、植物检疫、数量、质量和其他证明（统称'证明'）ANALYSIS, INSPECTION, HEALTH, PHYTOSANITARY, QUANTITY, QUALITY AND OTHER CERTIFICATES（'certificate'）"，显然，这涵盖了数量证明。

ISBP745 的"检验类证明"部分第 Q6 段：

A certificate may indicate 证明可以显示：

b. a quantity that is greater than that stated in the credit or on any other stipulated document; or 数量多于信用证或任何其他规定单据上所显示的数量；或者

c. more hold, compartment or tank numbers than that stated on the bill of lading or charter party bill of lading. 货舱（hold）、厢柜（compartment）或罐桶（tank）数目多于提单或租船提单上所显示的数目。

根据上述规定，检验类证明可以显示多于信用证或其他规定单据，包括提单上的货物数量或数目。

问题：

那么，数量证明显示的数量比发票多，可以吗？

分析及结论：

数量证明的功能性要求便是证明货物数量，如果说数量证明上显示的数量或数目与信用证和其他单据不一样。这本身便意味着矛盾。

所以，我们认为，这样的数量证明不可接受。

宝哥引申：

换一个例子：如果货物装箱封箱前经指定的检验或公证机构核实了集装箱内的货

物数量,并出具了相应的数量证明。证明中列明了 2 个集装箱的编号/封箱号以及对应的每箱内的商品数量,如果在信用证下某批发运只涉及其中一箱,并且相应的单据也能够指向该编号的集装箱/封箱号,我想,根据 Q6 段的说明,这样的检验证明在该信用证下交单,银行是没有理由拒付的。

41.信用证允许多式运输单据但只规定装卸港，可以接受吗？

作者：中国银行广州单证中心　郭松涛

背景：

案中,信用证要求提交 PORT TO PORT ON BOARD OCEAN BILL OF LADING MADE OUT TO ORDER AND BLANK ENDORSED, NOTIFY APPLICANT. 同时要求：

44E PORT OF LOADING：SINGAPORE

44F PORT OF DISCHARGE：HAIPHONG PORT

又在 47A 中规定：

+MULTIMODAL TRANSPORT DOCUMENTS ACCEPTABLE.

+B/L SHOWING TRANSHIPMENT AT CAILAN PORT ACCEPTABLE.

受益人提交了一份运输单据,显示信用证规定的货物在新加坡已装船,PORT OF DISCHARGE CAILAN PORT, FINAL DESTINATION HAIPHONG PORT.

结果开证行拒付,理由为：MULTIMODAL B/L SHOWING PORT OF DISCHARGE DIFFERENT FROM L/C 44F。

那么,不符点成立吗？

分析：

显然,案中提交的运输单据不符合以下 ISBP745 多式运输单据部分的相关规定中以下两款的任何一款：

ISBP745 第 D12 段：

a. In a multimodal transport document, when a credit requires shipment to be effected to a port, the named port of discharge should appear in the port of discharge field.

当信用证要求货物运送至一港口时,多式运输单据的具名卸货港应显示在卸货港栏位。

b. However, the named port of discharge may be stated in the field headed "Place of final destination" or words of similar effect provided there is a notation evidencing that the port of discharge is that stated under "Place of final destination" or words of similar effect. For example, when a credit requires shipment to be effected to Felixstowe, but Felixstowe is shown as the place of final destination instead of the port of discharge, this may be evidenced by a notation stating "Port of discharge Felixstowe".

然而,该具名卸货港也可以显示在"最终目的地"或类似栏位中,只要该多式运输单据载有批注证明卸货港为"最终目的地"或类似栏位中的港口。例如,当信用证要求货物运送至费利克斯托港,但费利克斯托港显示为最终目的地而非卸货港时,可以通过"卸货港:费利克斯托"的批注予以证明。

那么,案中的不符点的存在,是不是可以说铁板钉钉了呢?

根据提交的提单显示"FINAL DESTINATION HAIPHONG PORT",而并无批注表明"HAIPHONG PORT 即是卸货港"的情况,那么,"HAIPHONG PORT"应该认定为多式运输的最终目的地。

在这个意义上,我们认为,既然信用证接受多式运输单据,根据 UCP600 第 19 条 b 款的规定,那么,多式运输下的转运可以是不同的运输方式,而 HAIPHONG 港作为最终目的地可以接受。

至于多式运输单据显示的 HAIPHONG 港作为最终目的地,与其出现在信用证的 44F—卸货港栏位表面看似矛盾,这是开证互相矛盾引发。如此,按照 ISBP745 预先考虑事项部分第 v 段的规定,开证行和开证申请人应承担风险。

结论:
受益人提交的多式运输单据覆盖了运输全程,可以接受。

印证:
在国际商会 R638/TA629"信用证要求多式运输单据但只规定装卸港,可以接受吗?"一案中,信用证要求全套提单,同时规定多式运输单据可接受,并规定:

Field 44E:装货港:Umea, Sweden

Field 44F:卸货港:Port Jebel Ali, Dubai by vessel

提交的运输单据显示为收妥待运格式,且未显示已装船批注,起讫地点如下:

Place of receipt: Umea, Sweden
Ocean vessel: "vessel XX"
Port of Loading: Hamburg
Port of discharge: Port Jebel Ali, Dubai by vessel

开证行拒付,理由为:B/L doesn't show port of loading as required under L/C field 44E.

国际商会在分析中说:信用证要求多种方式运输单但只规定装卸港,开证行风险自

41. 信用证允许多式运输单据但只规定装卸港,可以接受吗?

担。(The text of the query states that the presenter argued that the documentary credit was ambiguous by allowing a document covering at least two different modes of transport and requiring transport between two (sea)ports. Unfortunately, the manner of drafting the documentary credit in question is not uncommon, in that it lacks precise details of the shipment routing in the event of the alternative transport document, a multimodal transport document, being presented. In such circumstances, it can only be the issuing bank (and ultimately, the applicant) that bears the risk of such ambiguity, provided the document covers the routing stated in the documentary credit.)

国际商会在结论中说:案中运输单据,适用多式运输单据来审核,可以接受。(Based on the structure of the documentary credit and the fact that a document was presented to cover a multimodal transport between Umea and Jebel Ali, the multimodal transport document complies. The fact that Umea is not shown as the port of loading but as place of receipt reflects the nature of the multimodal transport that occurred. Hamburg, being shown as the port of loading, correctly reflects the transport from that port to Jebel Ali. Due to the fact that a multimodal transport has occurred, the transport document marked "received for shipment" and dated as of that date is acceptable.)

42. 正本提单上显示 ONE OF THE SIGNED ORIGINAL BILLS OF LADING MUST BE SURRENDERED DULY ENDORSED IN EXCHANGE FOR THE GOODS OR DELIVERY ORDER。可以接受吗？

作者：张明伟

背景：

信用证要求全套正本提单，提交的正本提单上显示 ONE OF THE SIGNED ORIGINAL BILLS OF LADING MUST BE SURRENDERED DULY ENDORSED IN EXCHANGE FOR THE GOODS OR DELIVERY ORDER。有人问，此条款可以成为开证行拒付的理由吗？对信用证各方会有怎样的影响呢？会有什么风险产生吗？

分析：

从字面上看，此段文字意在强调，（提货人）必须提供一份已签署、恰当背书的正本提单以换取货物或交货单。这是提单作为权利凭证的必然要求，也是与其他运输单据相互区别的本质所在。

因此，提单显示该条款，从单证审核角度看，完全相符，开证行没有任何理由拒付；对信用证交易各方而言，船公司释放货物要求规范，安全更有保证，没有任何额外的风险。

延伸：

实务中我们会看到此类条款前，往往还带有"IF REQUIRED BY THE CARRI-

42.正本提单上显示 ONE OF THE SIGNED ORIGINAL BILLS OF LADING MUST BE SURRENDERED DULY ENDORSED IN EXCHANGE FOR THE GOODS OR DELIVERY ORDER。可以接受吗?

ER"字样。某些开证行基于相关文字的推理,可能会得出"如承运人不需要,则无需提单,货物直接释放"的推论,并因而拒付。

虽然我们不赞同此种推论和此种做法,但在出口业务中,还是应善意提醒受益人,以避免或减少不必要的争议和纠纷。

43. 桑塔德总行开证规定总行付款，并要求单寄 BANCO SANTANDER S.A., HONGKONG，效期计算以香港分行收到为准吗？

作者：林建煌

背景：

案中，国内通知行收到西班牙桑塔德银行巴塞罗那总行开来的 MT700 格式信用证，相关描述如下：

52A：BSCHESMMXXX（桑塔德银行巴塞罗那总行）
31D：2014.01.23 SPAIN
41A：BSCHESMMXXX（桑塔德银行巴塞罗那总行）BY PAYMENT
信用证同时要求：单据寄到 BANCO SANTANDER S.A., HONGKONG

国内出口商交单，单据于 1 月 23 日寄到桑塔德银行香港分行。桑塔德银行香港分行转寄单据，单据于 1 月 26 日到达开证行西班牙桑塔德银行巴塞罗那总行。

问题：

那么，交单过效期吗？

分析：

既然信用证要求单寄 BANCO SANTANDER S.A., HONGKONG，那么，BANCO SANTANDER S.A., HONGKONG 就是 BSCHESMMXXX 的收单代理，这相当于 BSCHESMMXXX 收到了单据，效期以 BANCO SANTANDER S.A., HONGKONG 收到为准。

至于 BANCO SANTANDER S.A., HONGKONG 是否把单据转寄给开证行，开

43.桑塔德总行开证规定总行付款,并要求单寄 BANCO SANTANDER S.A.,HONGKONG,效期计算以香港分行收到为准吗?

证行何时收到,那是开证行与其代理收单行之间的事,不会导致效期的重新计算。

结论:
交单没有过效期。

44. 付款保函是融资性保函吗？

作者：林建煌

背景：

境内 A 公司向香港 B 公司进口一批矿石，使用托收结算货款。

为了保障货款的正常支付，香港 B 公司要求境内 A 公司通过境内 I 银行开立付款保函。香港 B 公司收到付款保函后，向当地银行申请订单融资或应收账款融资。

那么，上述付款保函是融资性保函吗？

分析：

不管是外汇局还是银监会的相关文件中所涉及的融资性担保，还是非融资性担保，首先均是一种担保。

2010 年银监会、发改委、工信部、财政部、商务部和工商总局公布《融资性担保公司管理暂行办法》第 2 条规定：

"本办法所称融资性担保，是指担保人与银行业金融机构等债权人约定，当被担保人不履行对债权人负有的融资性债务时，由担保人依法承担合同约定的担保责任的行为。"

简言之，如果被担保的债务是融资性债务，则对应于融资性担保。换言之，如果被担保的债务是非融资性债务，则对应于非融资性担保。

从担保法理的角度看，如果被担保合同是融资性合同，那么，对应的债务就是融资性债务，则对应于融资性担保。换言之，被担保合同是非融资合同，那么，对应的债务就是非融资性债务，则对应于非融资性担保。

结论：

案中境内 A 公司通过境内 I 银行所开立的保函，担保的是贸易合同的货款支付，这属于非融资性合同下的非融资性债务。所以，该保函属于非融资性保函。

引申：

相应地，该非融资性保函一旦开出，境外 B 公司可以据此向当地银行去申请融资，也可以不申请融资。无论境外 B 公司是否向当地银行申请相关融资，都不影响该保函的基础合同和基础债务，即贸易合同和贸易货款的存在，也不改变该保函的性质。

45. 信用证允许 FREIGHT FORWARDER B/L，提交了以代理人身份签署的单据，没有被代理人，是否不符？

作者：林建煌

背景：

案中，信用证允许 FREIGHT FORWARDER B/L。

提交的提单函头显示：ABC co., Ltd.，同时签署栏显示：ABC co., Ltd. as agent，但并没有载明被代理的实体。

可以吗？

分析：

显然，这属于借签提单的情形。

ISBP745 第 A20 段：

When a credit requires a document to be issued by a named person or entity, this condition is satisfied when the document appears to be issued by the named person or entity by use of its letterhead, or when there is no letterhead, when the document appears to have been completed or signed by, or for [or on behalf of], the named person or entity. 当信用证要求单据由具名个人或实体出具时，单据看似由该具名个人或实体使用其函头出具，或者当没有函头时，单据看似已由该具名个人或实体或其代表完成或签署，即满足要求。

根据提单的函头来看，显然，ABC 公司是出具人，而根据签署来看，由于 ABC 公司是以代理人的身份来签署，那么，被代理人是谁呢？

法律上，被代理人与货代之间是属于隐名的直接代理，其签署的责任归属于被代理人。

ISBP745 第 E3 段：

b. When a credit indicates "Freight Forwarder's Bill of Lading is acceptable" or "House Bill of Lading is acceptable" or words of similar effect, a bill of lading may be signed by the issuing entity without it being necessary to indicate the capacity in which it has been signed or the name of the carrier. 当信用证规定"货运代理人提单可接受（Freight Forwarder's Bill of Lading is acceptable）"，或"运输行提单可接受（House Bill of Lading is acceptable）"，或类似措辞时，提单可以由出具人签署，且不必注明其签署身份或承运人名称。

案中的提单似乎是由货代以出具人的代理人身份签署，而不是作为出具人直接签署，显然与上述规定相违背。

结论：
我们认为，提交的提单不可接受。

46.进口开证应如何理解和把握"交单地点"和"兑用银行"？

作者：张明伟

背景：

Z银行单证人员称，实务经常遇到客户开证申请书中"截止地点"和"兑用银行"随意填写或者空白的情况。请问，从进口开证角度，开证行应如何理解和把握？

分析与结论：

UCP600第6条d款ii项规定：可在其处兑用信用证的银行所在地即为交单地点。这实际上确立了一个基本原则，即信用证规定的31D—"交单地点"和41A—"兑用银行"应保持一致。

对于进口开证，建议开证行应按以下要求行事：

一、严格执行银行内部操作规程，正确选用信用证兑用银行和交单地点。一般的即、远期信用证宜采用"available with 兑用银行 in beneficiary's country by 兑用方式"的语句，以明确开证行收到的单据是从哪里交来的。开证时，应确保交单地点与兑用银行保持一致，即注意SWIFT MT700 FIELD 31D、41A的表述要相匹配，不得有矛盾。

二、当开证申请书中规定的31D、41A不匹配时：

开证行应积极向分行和客户了解实际情况，并提示客户相关风险，劝说客户对申请书内容进行修改。

如果申请人给出合理解释，坚决要求不匹配开证，那么开证行应在信用证当中将客户的意见用更加清晰的措辞进行表示，避免受益人或指定银行产生不必要的争议。

如果申请人没有给出合理解释，仍然坚持要求不匹配开证，开证行要么拒绝，要么与申请人另行约定，告知其审单将按有利于受益人的尺度掌握。

三、在信用证中31D与41A地点不匹配的情况下，一旦发生相关争议，开证行应按照UCP600和国际商会意见来对待和处理，并积极咨询相关法律人员的意见，坚决维护开证行自身利益和商业形象。

47. 转开保函下，反担保人指示担保人所开保函适用URDG758，而担保人所开保函没有适用任何惯例。可以吗？

作者：林建煌

背景：
转开保函下，反担保人指示担保人所开保函适用URDG758，而担保人所开保函适用URDG458。可以吗？

分析：
担保人受人之托，必须根据反担保人的指示行事。

结论：
如果发生索赔，担保人可能无法在反担保函下获赔。

48.发票显示的额外的"LCL charges",可以接受吗?

作者:林建煌

背景:

信用证对发票的费用,没有特别要求。

提交的发票显示的额外的"LCL charges",可以接受吗?

分析:

ISBP745 第 C9 段:

Additional charges and costs, such as those related to documentation, freight or insurance costs, are to be included within the value shown against the stated trade term on the invoice.

与单据、运费或保险费之类相关的额外费用和成本,应包含在发票上所显示的与贸易术语相对应的价值之内。

显然,提交的发票显示额外的"LCL charges"是否可以接受,取决于该费用是否包括在贸易术语的范围之内。

结论:

如果提交的发票显示的"LCL charges"与发票总金额相关联,而总金额与贸易术语相关联,则可以接受。否则,不可接受。

49. 信用证受益人为"ABC C/O DEF",实际受益人为谁?

作者:北京银行杭州分行　陈凌峰

背景:

信用证 59 场规定受益人为"ABC C/O DEF",在这种情况下,谁是信用证的实际受益人?

分析:

从该案例的背景来看,想要解决上述问题,核心在于如何正确理解"C/O"的意思。根据《21世纪英汉大词典》的解释,"C/O"为"care of"的缩写,《牛津高阶英汉双解词典》的解释为"for distribution by the named intermediary",意为"由具名中间人转交"。例如:Could you please send this package to Mr. John Smith, care of the Microsoft Corporation?(你能否将这个包裹寄给微软公司,由他们转交给约翰·史密斯先生?)。从例句中可以看出,包裹的实际收件人为 Mr. John Smith,Microsoft Corporation 仅承担转交人的角色。

据此分析,信用证在受益人栏位规定 ABC C/O DEF,实际上是在表达"please inform the credit to ABC C/O DEF"这样的含义,即表明该信用证应先行通知给 DEF,再由 DEF 作为转交人将信用证转交给 ABC。

结论:

所以,按照这个逻辑,ABC 为信用证项下实际受益人,单据应由 ABC 提交。

延伸:

在实务中,我们还会在信用证的措辞当中见到"ABC A/C DEF"以及"ABC O/B DEF"。那么,这里的 A/C 和 O/B 怎么解释呢?其实,"A/C"即"for account of","O/B"即"on behalf of",所以,"ABC A/C DEF"以及"ABC O/B DEF"的意思就是 ABC 作为 DEF 的代理人。与"C/O"不同的是,ABC 和 DEF 是代理关系,ABC 是代理人,DEF 则为被代理人。例如,提单上显示的发货人名称为:COMPANY A A/C COM-

49. 信用证受益人为"ABC C/O DEF",实际受益人为谁？

PANY B,收货人为:to order,该如何背书？ICC R491 给出的结论认为,提单的背书可以由 B 完成,也可以由 A 完成,但是需要表明身份(as agent for company B)。

50. 提单上签章表明的承运人的代理人名称与印就的代理人名称不同，是否不符？

作者：工总行国际业务专家委员会专家、
中国工商银行国际结算单证中心（合肥）副总经理　黄莉

背景：

提单使用的是带有 A CO. 函头的格式提单，右下角签署栏印就：A CO. AS AGENT FOR THE CARRIER C LINES CO.，同时在该栏位的空白处加盖一带有签字的签章：B CO., AS AGENT FOR THE CARRIER C LINES CO.。

开证行拒付，称：提单上显示两个不同的承运人代理，印就的承运人代理与签署提单的承运人代理名称不一致。该不符点是否成立？

分析：

这是一种典型的借签提单，运输实务中，并不是所有的 forwarder 都有自己的格式提单，借签提单是一种常见现象。

ICC Opinion TA684 的意见也印证了这一点：表明签署运输单据的实体名称及身份的加盖的签章或其他形式的批注，可以代替任何预先印就的文字。

而且在运输实务中，同一提单下的承运人对应于多个代理人也属正常现象，如收货代理人、卸货代理人、出单代理人、更正代理人等。所以，提单上显示两个不同的承运人的代理人，不足为奇。

结论：

本案中，B CO. 借用 A CO. 的格式提单，加盖的 B CO. 的签章可以代替预先印就的 A CO. 的名称，B CO. 为签署提单的承运人的代理，提单的签署符合 UCP600 第 20 条 a 款的要求，开证行提出的不符点不成立。

51.船公司另外出具证明对提单的内容进行更正,并表明其为提单的附件,可否接受?

作者:黄莉

背景:

提交的单据中包括全套提单和一份船公司证明,提单上显示的 shipper 为:ABC CO.,提单号为:XXX,由 CARRIER 的代理 A CO. 代理 CARRIER D SHIPPING LINE CO.签署。

提交的船公司证明显示:ADDENDUM TO/INTEGRAL PART OF BILL OF LADING NO.XXX,并注明:WE, A CO. AS AGENT FOR AND ON BEHALF OF THE CARRIER D SHIPPING LINE CO., HEREBY CONFIRM THAT THE SHIPPER IS TO READ ABC INT'L CO. I/O ABC CO.,证明由 CARRIER 的代理人 A CO.签署并注明身份。

那么,该更正可否接受?

观点 1:

船公司另外出具证明对提单的内容进行更正,只要其表明为提单的附件或一部分,且由承运人或其代理通过签署对更正进行了证实,该更正则可以接受。

观点 2:

船公司另外出具证明对提单的内容进行更正,仅证明中表明其为提单的附件,而提单并未注明另有附件的情况下,该更正不可接受。

分析:

案中的关键在于判断船公司证明与提单是否属于同一份单据。

ISBP745 第 A24 段:

如单据包含不止一页,必须能够确定这些不同页属于同一份单据。除非单据另有说明,否则无论其名称或标题如何,多页被装订在一起、按序编号或含有内部交叉援引即满足要求,并将作为同一份单据进行审核,即便有些页张被视为附件或附文。

何为"交叉援引"?从字面上看,应指单据之间相互引用有关数据内容。

本案中,仅船公司证明表明其为提单的附件,而提单并未注明其另有附件,可否算作交叉援引?

ICC Opinions R351 案例中,信用证要求全套正本海运提单,交单中包括未注明正本份数的 3/3 正本海运提单及一份证明提单出具了 3 份正本的船公司证明。开证行提出提单未注明正本份数的不符点拒付。ICC 的建议是:该证明应由承运人出具并表明其为提单的正式附件,例如,可以注明:the docment is an integral part of B/L NO … DATED …。意指,在此情况下,单据可以接受。

笔者认为 R351 中国际商会的建议可以看做对"交叉援引"的延伸解释,即仅船公司证明中表明其为主体提单的一部分即可,只要该船公司证明由提单上的承运人出具。这种观点也更贴近于实务。实务中,出具提单时若可以知晓需要额外的附件对提单内容进行补充或更正,就可以直接在提单上进行补充或更正,无需再出具额外的附件。只有在出具提单之后发现内容缺少或有误,才会另外出具附件加以补充或更正。因此,这种情况下,要求提单本身注明另有附件缺乏实务意义。

结论:

本案中,船公司证明明确表明其为提单的附件,属于提单的一部分,根据 ISBP745 第 A24 段 和 R351 中的国际商会意见,应可看作与主体提单共同构成一份完整的提单。且船公司证明的内容清楚表明了对主体提单内容的更正,并由承运人的代理人代表承运人签署对更正进行证实,符合 ISBP745 第 A7 段 b 款 i 项对于单据更正证实的要求。

因此,笔者同意观点 1,船公司另外出具证明对提单内容进行更正,只要其表明为提单的附件或一部分,且由承运人或其代理通过签署对更正进行了证实,该更正则可以接受。

52.提单的收货人应如何填制?

作者:张明伟

背景:

某信用证规定提单,TO ORDER OF OR ENDORSED IN FAVOUR OF PUNJAN NATIONAL BANK,MANORAMAGANJ BRANCH,INDORE ACC.APPLICANT。问题是,实际提交提单的 CONSIGNEE 应如何填制?提单需要背书吗?

分析及结论:

当信用证对提单有此要求时,实际提交提单的 CONSIGNEE 应使用如下两种方式填制:

① TO ORDER OF PUNJAN NATIONAL BANK ,MANORAMAGANJ BRANCH,INDORE ACC.APPLICANT

② TO ORDER 或者 TO ORDER OF SHIPPER

收货人如按①填制,则提单无须 SHIPPER 背书;收货人如按②填制,则提单须由 SHPPER 背书,且背书中写明 IN FAVOUR OF PUNJAN NATIONAL BANK,MANORAMAGANJ BRANCH,INDORE ACC.APPLICANT 字样。

此外,ACC APPLICANT 中的 APPLICANT 应用申请人实际名称显示。

53.信用证要求：＋ANY DOCUMENTS ISSUED IN LANGUAGE OTHER THAN ENGLISH NOT ACCEPTABLE. 提交的提单和产地证显示部分的MARK内容非英文。可以吗？

作者：林建煌

背景：

信用证并非单据必须显示唛头，但要求：＋ANY DOCUMENTS ISSUED IN OTHER LANGUAGE OTHER THAN ENGLISH NOT ACCEPTABLE.

提交的提单和产地证显示部分的MARK内容非英文，如下：

소비자상담실
경기도 평택시 청북면 현곡리 409-1
T.070-4659-3324 ~ 7

问题：

可以接受吗？

53.信用证要求：+ANY DOCUMENTS ISSUED IN LANGUAGE OTHER THAN ENGLISH NOT ACCEPTABLE.提交的提单和产地证显示部分的 MARK 内容非英文。可以吗？

分析：

ISBP745 第 A21 段 a 款：

When a credit stipulates the language of the documents to be presented, the data required by the credit or UCP600 is to be in that language.

当信用证规定提交的单据所应使用的语言时，信用证或 UCP600 要求的数据应以该语言显示。

显然，这意味着信用证规定单据使用语言，仅适用于信用证或 UCP600 要求的数据，而不适用于"未要求"的数据。

结论：

由于信用证未要求唛头，所以，参照上述规定，提单和产地证上显示的唛头信息非英文，可以接受。

54. 受益人公司签署的索赔书，使用集团公司的函头。可以吗？

作者：林建煌

背景：

URDG758下保函，受益人是A公司。由于项目违约，受益人决定索赔，提交索赔书要求担保人付款。

保函开立行拒付，理由是：索赔书出具人不是受益人A公司。

经查明，受益人索赔书没有使用受益人A公司的函头，而是使用集团公司的函头。

分析：

在日常公务和私人往来中，单据默认必须使用自己的函头，以示对外负责。

在保函实务中，单据的函头人，是名义上就单据内容对外承担责任的一方，即出具人。

URDG758 第2条"定义"：

"Demand means a signed document by beneficiary demanding payment under a guarantee.""索赔书，指在保函项下受益人签署的要求付款的文件。"

虽然上述规定只提到了索赔书的签署人，而并没有直接提到索赔书的出具人，但是，从上下文来看，我们认为，索赔书的签署人默认必须为出具人。

结论：

ISBP745 第A20段：

When a credit requires a document to be issued by a named person or entity, this condition is satisfied when the document appears to be issued by the named person or entity by use of its letterhead, or when there is no letterhead, when the document appears to have been completed or signed by, or for [or on behalf of], the named person or entity.

当信用证要求单据由具名个人或实体出具时，单据看似由该具名个人或实体使用其函头出具，或者当没有函头时，单据看似已由该具名个人或实体或其代表完成或签署，即满足要求。

54.受益人公司签署的索赔书,使用集团公司的函头。可以吗?

显然,参照信用证实务中的上述规定,受益人公司签署的索赔书使用集团公司的函头,只能算由集团公司出具。在某种意义上,这未满足 URDG758 第 2 条的要求,所以,不可接受。

55. 信用证规定 B/L issued and or signed by freight forwarder is not acceptable，提交的提单带有 A 公司抬头纸，由 A 公司签字并表明身份是 freight forwarder，不符点成立吗？

作者：林建煌

背景：

案中，信用证规定 B/L issued and or signed by freight forwarder is not acceptable，提交的提单带有 A 公司抬头纸，由 A 公司签字并表明身份是 freight forwarder。可以吗？

分析：

ISBP745 第 E4 段：

A stipulation in a credit that "Freight Forwarder's Bills of Lading are not acceptable" or "House Bills of Lading are not acceptable" or words of similar effect has no meaning in the context of the title, format, content or signing of a bill of lading unless the credit provides specific requirements detailing how the bill of lading is to be issued and signed. In the absence of these requirements, such a stipulation is to be disregarded, and the bill of lading presented is to be examined according to the requirements of UCP600 article 20. 当信用证规定"货运代理人提单不可接受 Freight Forwarder's Bills of Lading are not acceptable"，或"运输行提单不可接受 House Bills of Lading are not acceptable"类似措辞时，除非信用证对提单如何出具和签署作出明确要求，否则，该规定在提单的名称、格式、内容或签署方面没有

55.信用证规定 B/L issued and or signed by freight forwarder is not acceptable，提交的提单带有 A 公司抬头纸，由 A 公司签字并表明身份是 freight forwarder,不符点成立吗？

任何含义。当没有这些要求时，该规定将不予理会，提交的提单应按照 UCP600 第 20 条的要求予以审核。

结论：

参照上述规定,显然信用证对提单的出具和签署已经作出了明确要求。所以,不符点成立。

56. expiry event 是对应于一个时刻,还是一个日期吗?

作者:林建煌

背景:

Exipiry event 是什么?
Expiry date 又是什么?

分析:

保函实务中,经常见到保函失效事件的约定。以适用 URDG758 的保函为例:

URDG758 第 2 条:

Expiry means the expiry date or the expiry event or, if both are specified, the earlier of the two. 失效指失效日或失效事件,或两者均被约定情况下的较早发生者;

Expiry date means the date specified in the guarantee on or before which a presentation may be made. 指保函中指明的最迟交单日期;

Expiry event means an event which under the terms of the guarantee results in its expiry, whether immediately or within a specified time after the event occurs, for which purpose the event is deemed to occur only: 指保函条款中约定导致保函失效事件,无论是在该事件发生之后立即失效,还是此后指明的一段时间内失效。失效事件只有在下列情况下才视为发生:

a. When a document specified in the guarantee as indicating the occurrence of the events presented to the guarantor, or 保函中指明的表明失效事件发生的单据向担保人提交之时;或者

b. If no such document is specified in the guarantee, when the occurrence of the event becomes determinable from the guarantor's own records. 如果保函中没有指明该种单据,则当根据担保人自身记录可以确定失效事件已经发生之时。

对比失效日和失效事件的规定,可以知道:

失效日的着眼点是"最迟交单日期"之后失效。换言之,失效日是 2014 年 4 月 10 日,最后交单的日期便是 4 月 10 日,4 月 11 日起保函便失效。

56. expiry event 是对应于一个时刻,还是一个日期吗?

失效事件的着眼点,一是"事件发生"之后失效,二是此后指明的一段时间内失效。前者,比如留置金保函规定凭申请人所提交的工程师最终验收证明而失效,而最终验收证明于 2014 年 4 月 10 日上午 11 点收到,自这一刻起保函失效。换言之,11 点之后的所有交单都过效期。后者,比如留置金保函规定凭申请人所提交的工程师最终验收证明后 10 个日历日而失效,而最终验收证明于 2014 年 4 月 10 日上午 11 点收到,4 月 20 保函有效,4 月 21 日保函失效。

结论:

保函的 expiry event,对应于一个事件。但是,用于判断实际失效时,如果是规定立即失效,则是事件发生的准确时刻失效;如果是规定事件发生后一段期间失效,则是期满后次日失效。

57. 广西壮族每年农历三月初三放假，2014年正好是4月2日和3日假日，有信用证下远期4月3日到期付款，是否可以顺延至4月4日工作日？

作者：林建煌

背景：

远期信用证下，国内开证行南宁分行对外承兑，到期日是2014年4月3日。而广西壮族每年农历三月初三放假，2014年正好是4月2日和3日假日，当地银行放假。

那么，开证行应该是在放假之前的4月1日付款，还是在4月3日加班只为了付款，抑或是在放假之后的4月4日付款呢？

分析：

本案涉及信用证下付款到期日展延。

ISBP745 第 B7 段：

Payment is to be made in immediately available funds on the due date at the place where the draft or documents are payable, provided that such due date is a banking day in that place. When the due date is a non-banking day, payment is due on the first banking day following the due date. Delays in the remittance of funds, for example, grace days, the time it takes to remit funds, etc., are not to be in addition to the stated or agreed due date as defined by the draft or documents.

款项应于到期日在汇票或单据的付款地以立即能被使用的资金支付，只要该到期日为付款地的银行工作日。当到期日为非银行工作日时，付款将顺延至到期日后的第一个银行工作日。资金汇划中的延迟，如宽限期、汇划所需时间等，不得超过汇票或单据所载明或约定的到期日。

57. 广西壮族每年农历三月初三放假,2014 年正好是 4 月 2 日和 3 日假日,有信用证下远期 4 月 3 日到期付款,是否可以顺延至 4 月 4 日工作日?

请留意上述的"付款地"字样,言外之意,付款到期日的顺延基于"付款地"是否恰逢节假日。

那么,信用证下汇票的付款地或单据的付款地是哪里呢?应该是汇票上的付款行所在地或单据兑用银行所在地。

结论:
案中的开证行,只要在 4 月 4 日发出付款电文即可。

58. 贸易付款保函规定失效事件为：The buyer pays to seller all moneys guaranteed under this letter of guarantee. 这意味着什么？

作者：林建煌

背景：

贸易付款保函规定失效如下：
The guarantee shall expire on whichever of the following first occur：
i) 10th March, 2014；
ii) The buyer pays to seller all moneys guaranteed under this letter of guarantee.
那么，保函到底是什么时候失效的呢？

分析及结论：

案中的保函既规定了失效日，也规定了失效事件，而且失效事件对应的不是保函指明的指数，也不是该失效事件发生的单据。那么，该失效事件，是否担保人自身记录呢？

URDG758 第 2 条：

Guarantor's own records means records of the guarantor showing amounts credited to or debited from accounts held with the guarantor, provided the record of those credits or debits enables the guarantor to identify the guarantee to which they relate. 担保人自身记录，指在担保人处所开立账户的借记或贷记记录，这些借记或贷记记录能够让担保人识别其所对应的保函。

显然，根据上述规定，要认定案中失效事件是否为担保人自身记录，需依买方对卖方的付款是否通过担保人处所开立的账户划转，而且划拨之时需在相关凭证上注明对应的保函编号等，以识别其所对应的保函。

59. 保函下索赔书，可以由申请人出具并提交吗？

作者：林建煌

背景：

实务中的保函，常常与其他产品捆绑使用。有人问："为了操作便利，保函下索赔书，是否可以规定由申请出具并提交？"

分析：

实务中的索赔书，默认由受益人出具、签署并提交。

URDG758 第 2 条：

索赔，指在保函项下受益人签署的要求付款的文件；……

案中的索赔书，显然修改了这一默认。

UDDG758 第 1 条 a 款：

见索即付保函统一规则（简称"URDG"）适用于任何明确表明适用本规则的见索即付保函或反担保函。除非见索即付保函或反担保函对本规则的内容进行了修改或排除，本规则对见索即付保函或反担保函的所有当事人均具有约束力。

显然，这一修改是允许的。

结论：

我们认为，保函下索赔书，可以由申请人出具、签署并提交。

60. 保函规定：Demand must be presented within 15 days after the date of bill of lading. 那么，在提单日提交索赔可以吗？

作者：林建煌

背景：

案中，保函适用 URDG758，要求凭索赔书、支持声明和副本提单赔付，并规定：Demand must be presented within 60 days after the date of bill of lading。

3月19日受益人提交索赔，索赔书日期为3月19日，而所附的副本提单显示提单日也是2014年3月19日。

可以吗？

分析：

URDG758 第 3 条 e 款：

The term "within", when used in connection with a period after a given date or event, excludes that date or the date of that event but includes the last date of that period.

词语"在……之内"（within），用来描述某个日期或事件之后的一段期间时，不包括该日期或该事件的日期，但包括该期间的最后一日。

根据上述规定，显然，最早的索赔日期是3月20日。

结论：

如此，案中的索赔日期和索赔书日期均为3月19日，存在不符点。

引申：

如果信用证适用 UCP600，要求全套正本提单，有效期 2014 年 3 月 19 日，并规定：Documents must be presented within 15 days after the date of bill of lading.

60. 保函规定：Demand must be presented within 15 days after the date of bill of lading. 那么，在提单日提交索赔可以吗？

3月19日受益人交单，而提单日也是2014年3月19日。

可以吗？

参照URDG758的上述规定，表面看来3月19日交单似乎是不符点，早交单。因为信用证规定的交单期自提单日的次日，即3月20日起算。而如果等到3月20日交单可以吗？仍然是不符点，过效期。因为信用证的效期是3月19日。

请注意，根据下述规定，可以确切地知道，3月19日的信用证交单根本就不构成不符点：

ISBP681 第16段 a款：

Phrases often used to signify time on either side of a date or event：经常用来表示在某日期或事件之前或之后时间的用语：

a. "within 2 days after" indicates a period from the date of the event until 2 days after the event. "在……后的2日内"(within 2 days after)指从事件之日起至事件后两日的期间。

虽然ISBP745没有相关规定，我们仍然认为，在信用证下这个实务没有变化。因为提单当日出当日交，如果不允许这么操作则违背常理。

疑惑：

同一短语"within … days after …"的解释，保函与信用证的这一不同，实在让人疑惑。或许，是因为保函与信用证的适用背景实在不同，保函中本来这一短语就用得少，如果整个期间少1天可能关系不大。

61.信用证下发生改单，那么审单期限5个工作日是从收到原单起算，还是收到改单起算？

作者：林建煌

背景：

案中，进口信用证项下，开证行收到单据，因金额有误，交单行随后发电文纠正。

那么，开证行的5个工作日是否可以从接到纠正电文的第二天开始算？也就是说，交单行的纠正电文是否可以视为重新交单？

分析及结论：

是的。

因为一旦修改，不管是换单，还是改单，还是通过电文修改，这便相当于原单据不复存在。

62. 信用证在 46 场中要求保单，并要求 transshipment risks must be covered if goods are subject to transshipment. 提交的保单没有显示 transshipment risks 可以吗？

作者：林建煌

背景：

信用证要求提单和保单，并要求 transshipment risks must be covered if goods are subject to transshipment。

提交的提单没有显示转运。

提交的保单也没有显示转运险。

可以吗？

分析及结论：

由于银行只负责表面审核，而所交提单表面上并未表明转运，所以，案中的保单，可以不显示转运险。

争议：

本案结论存在争议。部分朋友认为，案中的保单仍应显示转运险。提单上没有显示转运，并不意味着一定不会发生转运。因为承运人保留转运的权利。

为此，建议秉持"进口从宽、出口从严"的原则掌握，以避免争议。

63. 信用证货物数量使用单位 SET，单价也对应 SET。提交的发票显示 0.5SET，这个是不符点吗？

作者：林建煌

背景：
信用证 45 场中要求：computer 1 000 sets，并允许部分装运。
实际所提发票显示：computer 500.5 sets。
可以吗？

分析及结论：
对于货物数量的计数单位来说，并不存在 0.5 套。所以，不符点成立。

64.信用证要求提单被通知人LEFT BLANK,来单显示NOTIFY TO ORDER,可以吗?

作者:林建煌

背景:

信用证要求提单被通知人:NOTIFY PARTY LEFT BLANK。

提交的提单显示托运人:ABC公司,收货人:TO ORDER,被通知人:NOTIFY TO ORDER。

这是否构成不符呢?

分析及结论:

信用证要求提单被通知人为空。在运输实务中,没有被通知人的提单下货物到港船方会通知托运人或收货人。这相当于被通知人作成了托运人或收货人。

提单显示被通知人为TO ORDER,显然,是照抄了收货人。

虽然提单显示与信用证规定不一样,但二者并没有矛盾,所以,笔者认为,应该可以接受。

65. 开证行无理拒付，交单行怎么办？

作者：河北银行国际业务部高级经理　张涛

背景：

客户 A 在通知行办理了信用证项下出口打包贷款的贸易融资业务，并按期交单。交单行审单后发现，在该信用证不允许分批及无溢短装条款的情况下，短装不到 5%，支取金额相应减少不到 5%，鉴于信用证中商品计量单位为吨，依据 UCP600 第 30 条 B 款，交单行认为"单证相符、单单一致"，并将单据寄送开证行，同时向偿付行索汇。偿付行即时将款项付至交单行，交单行为受益人办理了入账手续。但后来开证行却提出不符点：短装及短支，并要求交单行支付不符点费用和电报费。

问题：

交单行怎么办？

分析：

交单行随即联系 A 客户与进口商沟通不符点无效的事实，敦促进口商联系开证行撤销不符点，同时交单行依据惯例，据理力争，向开证行反驳不符点的无效，催促开证行撤销不符点。经过反复催促以及客户与进口商的沟通，开证行最终同意撤销不符点。告知 A 客户后，A 客户表示此结果大大超出了预期，为 A 客户避免了额外的费用支出。

点评：

为了确保反提不符点的成功，受益人银行除了谙熟国际惯例、遵循通常行业做法外，还须巧妙利用客户之间的关系、客户与银行之间的关系，辅助不符点抗辩的成功。

在本案中，交单行恰恰利用了这类关系，通过受益人间接地向买方施加压力，再由买方向开证行施压的方式，促成开证行不得不考虑与客户的关系以及不符点确不符合惯例的情况下，撤销了无效的不符点，放弃了相关费用的主张权。

66. 分项货物"超支"是否为不符点？

作者：北京银行杭州分行国际业务部 陈艳
审核：王栋涛

背景：

信用证 45A 中货描显示如下：

	QTY	UNIT PRICE	AMOUNT
货物 A	100MTS	USD100.00/MT	USD10 000.00
货物 B	100MTS	USD100.00/MT	USD10 000.00

信用证金额为 USD20,000.00，不允许分批装运，且未规定金额溢短支和数量溢短装条款。

而受益人提交的发票显示：

	QTY	UNIT PRICE	AMOUNT
货物 A	95MTS	USD100.00/MT	USD9 500.00
货物 B	105MTS	USD100.00/MT	USD10 500.00
TOTAL AMOUNT：USD20 000.00			

问题：

是否存在不符点？

分析：

通过讨论，形成以下三种观点：

观点1：

存在"分项货物 B 超支"的不符点，即发票载明的分项货物 B 金额 USD10 500.00 大于信用证规定可支用金额 USD10 000.00；同时认为，本案中若将汇票金额改为 USD19 500.00，则根据 UCP600 第 18 条 B 款，银行有权接受该发票。理据如下：一般情况下(即不考虑货款价值的增减额),发票金额等于货物价值,又从信用证作为支付工具而言,一般情况下(即不考虑部分索偿及其他额外增减额的情况),信用证金额＝信用证可支取金额＝信用证规定的货物价值;基于UCP600第18条b款规定,银行有权引用该款接受不符点——本案货物B的发票货物金额USD10 500.00大于信用证规定可支用金额USD10 000.00,但以实际支取金额不超过信用证金额为限。

观点2:

存在"分项货物价值超过信用证规定"的不符点,即发票载明的分项货物B价值USD10 500.00大于信用证规定的分项货物B价值USD10 000.00。理据如下:第一,根据UCP600第30条b款之规定,即使货物数量可有5%的增幅变动,也允许交单项下的支款金额超过信用证金额,可以类推涉及凡是金额的不符点判断标准,都有"不超过信用证规定金额"这一标准;第二,信用证货物描述栏位设置单项货物价值,意图控制单项货物的最大金额。

观点3:

不存在不符点。理据如下:第一,根据UCP600第30条b款,如果信用证未以包装单位或个体计数的方式规定货物的数量,只要支款金额不超过信用证金额,货物数量允许有5%的增减幅度。根据货物价值＝数量×单价(请注意,这也是信用证的规定),分项货物价值必须随数量的浮动而浮动,同时发票金额和支款金额又没有超过信用证允许的金额;第二,关于信用证金额、支款金额和货物价值,虽然表现为数值或金额,其功能和性质完全不同,这在本案中表现尤为明显,信用证金额直接关联银行付款责任,本案中货物价值则是信用证规定计算公式下的数学乘积结果,对于不同属性的事物,在观点2下直接类推"不超过信用证规定金额"这一标准恐不太合适。

分析及结论:

上述观点均具有一定合理性,言之有据;孰是孰非,本案最终结论留待进一步探讨。在实务操作中,由于存在争议,建议出口从严,进口从宽。

67. 已承兑尚未到期汇票，可否直接提前付款？

作者：张明伟

背景：

D/A 托收项下，客户已承兑汇票，到期日 2014 年 7 月 1 日。现客户向代收行咨询，其是否可以在 5 月底提前付款及有何风险？

分析及结论：

客户既已承兑汇票，应当承担到期付款的责任。

我国《票据法》第 58 条规定，对定日付款、出票后定期付款或者见票后定期付款的汇票，付款人在到期日前付款的，由付款人自行承担所产生的责任。也就是说，在远期汇票的到期日之前，付款人没有付款的义务，如果持票人要求付款，付款人可以拒绝付款；但是如果付款人进行了付款，则其应承担相应的不利后果。

假设持票人不是真正的票据权利人，则当正当权利人请求票据权利时，付款人不能以已经支付了票据金额为由进行抗辩，付款人的付款责任不能被免除。

因此，银行应向客户说明提前付款的相关风险，尽力进行劝阻。如客户坚持自担风险、提前付款，银行也应尽可能说服客户，事先与国外托收行联系，取得受益人或其他票据权利人的同意，然后再办理付款，将客户因期前付款而遭受损失的风险降到最低。

68. 信用证要求：certificate of quality signed by staff of the Beneficiary. 受益人签署时需要显示 staff 的身份吗？

作者：林建煌

背景：

信用证要求：certificate of quality signed by staff of the Beneficiary. 受益人签署时没有显示 staff 的身份。可以吗？

分析：

案中，信用证对质量证的签署要求，不仅指向了签署人——受益人，还指向了签署人的代理人的身份——staff。

我们认为，二者均理应满足。

结论：

受益人签署时需要显示代理人的 staff 的身份。

印证：

既然一个自然人是作为受益人的代理人来签署质量证，那么，该自然人代理人一定是 staff 吗？难道对于受益人来说，还有非 staff 的自然人代理人吗？显然这是可能的。

2012 年 3 月 7 日发布的《广东省高级人民法院民二庭民商事审判实践中有关疑难法律问题的解答意见》的第一部分"适用合同法疑难问题"：

"（八）买卖合同的送货单、对账单等交易凭证中仅有员工签名而无企业盖章，能否认定企业为合同当事人 应由收货企业举证证明签名人不是其员工，或者由法院主动调取员工社保资料等，查证签名人是否企业员工。如果没有相关社保、工资发放等资料，或相关资料不能反映签名人是企业员工，但有其他证据证明企业授权签名人收货的，或

68.信用证要求：certificate of quality signed by staff of the Beneficiary. 受益人签署时需要显示 staff 的身份吗？

者可构成表见代理的，亦应认定企业为债务人。"

上述意见表明了，代理受益人签署的自然人，可能是员工，也可能不是员工。

延伸：

当然，具体签署时，受益人的员工身份可以是员工、经理或主管等，理应均可接受。

69. 备用证撤销需要通知受益人吗？

作者：林建煌

背景：

预付款退款备用证适用 UCP600，并规定撤销条款："This letter of credit will be canceled upon the earliest of:…(II) copy of an original bill of lading submitted by ABC Corporation issued to the order of Taiwan Glass…dated not later than November 30, 2009 and indicating ABC Corporation as shipper."

12月8日，ABC公司向开证行提交正本提单复制件，开证行凭以撤销了保函，但没有告知受益人。12月底，受益人提交索赔，开证行拒付说保函已撤销。

问题：

开证行拒付有理吗？

分析：

案中的关键在于确认，开证行根据交单撤销保函是否必须告知受益人。

笔者认为，受益人在备用证项下交单，便意味着同意按照备用证条款处理相关事宜。备用证凭交单撤销，相当于备用证规定了一个失效事件。失效事件一旦触发，便意味着备用证自动失效。所以，备用证失效与是否通知受益人无关。

结论：

既然备用证失效与是否通知受益人无关，那么，开证行拒付便站得住脚。

70. 保函规定索赔次数为三次。前两次索赔正常赔付。第二次索赔被拒，之后能否再次提交索赔？

作者：林建煌

背景：

案中，分期装运下付款保函规定 1、2、3 月各索赔一次。1 月和 2 月索赔正常赔付。3 月份，受益人提交索赔。但由于索赔存在不符点被担保人拒付。

之后受益人修改不符点重新提交索赔。担保人拒付，理由是：URDG758 第 17 条 d 款不适用。

分析：

URDG758 第 17 条 d 款：

Where the guarantee provides that only one demand may be made, and that demand is rejected, another demand can be made on or before expiry of the guarantee. 如果保函规定仅能索赔一次，而该次索赔被拒付了，则在保函失效当日或之前可以再一次索赔。

显然，本案不适用上述规定。

那么，这是否意味着担保人可以基于上述规定再次拒付呢？我们认为，应该不能。因为原索赔一旦被拒付，便相当于不存在。所以，受益人可以再次提交索赔。

URDG758 第 18 条 a 款：

Making a demand that is not a complying demand or withdrawing a demand does not waive or otherwise prejudice the right to make another timely demand, whether or not the guarantee prohibits partial or multiple demands. 提交不相符的索赔或撤销索赔，并不放弃或影响提交另一按时索赔的权利，不论保函是禁止部分或多次索赔。

结论：

担保人再次拒付不成立。

71. 信用证要求保险条件：ICC(A)，2009 version。提交的保单填写 ICC(A)，2009 version，同时印就文字中一般条款显示 ICC(A)，1982 version。可以吗？

作者：林建煌

背景：

案中，信用证要求保单，并要求投保：ICC(A)，2009 version。

提交的保单填写 ICC(A)，2009 version，同时印就文字中一般条款中显示 ICC(A)，1982 version。

可以吗？

分析及结论：

ISBP745 第 K22 段：

Banks do not examine general terms and conditions in an insurance document.
银行不审核保险单据的一般条款和条件。

案中，保单上的印就文字属于一般条款，所以，银行可以不予审核。在这个意义上，提交的保单并没有不符点。

退一步说，即便银行审核了作为一般条款的印就文字，由于保单上默认填写的内容优于印就内容，提交的保单仍没有不符点。

延伸1：

信用证要求贸易条件：FOB as per INCOTERMS 2010。提交的发票在货描中显示 FOB as per INCOTERMS 2010，同时在右上角显示 FOB as per INCOTERMS 2000。可以吗？

UCP600 第 14 条 d 款：

Data in a document, when read in context with the credit, the document itself and international standard banking practice, need not be identical to, but must not conflict with, data in that document, any other stipulated document or the credit. 单据中数据，在与信用证、单据本身以及国际标准银行实务参照解读时，无须与单据本身的数据、其他要求的单据或信用证中的数据等同一致，但不得矛盾。

根据上述规定，由于 INCOTERMS 2010 与 INCOTERMS 2000 在许多地方的规定不同且互不兼容，如前者装船以装上船只为准，后者则以越过船舷为准，那么，该发票的同时显示贸易条件的两个版本则构成了单据上的数据之间矛盾。所以，不可接受。

延伸 2：

信用证要求适用：UCP latest version，同时，在 47A 场标明本信用证适用 UCP500。那么，审单期限是 5 个工作日，还是 7 个工作日？

显然，UCP 的最新版本是 UCP600，而 47A 中同时规定适用 UCP500，二者不同且互不兼容，如前者审单期限是 5 个工作日，而后者是 7 个工作日。

ISBP745 第 V 段：

The applicant bears the risk of any ambiguity in its instructions to issue or amend a credit. An issuing bank may, unless the applicant expressly instructs to the contrary, supplement or develop those instructions in a manner necessary or desirable to permit the use of the credit or any amendment thereto. An issuing bank should ensure that any credit or amendment it issues is not ambiguous or conflicting in its terms and conditions. 申请人承担其开立或修改信用证的指示模糊不清所带来的风险。开证行可以必要或合适的方式补充或细化那些指示，以便信用证或有关的任何修改书得以使用，除非申请人就此明确作出相反指示。开证行应确保其所开立的任何信用证或修改书的条款与条件没有模糊不清或互相矛盾。

根据上述规定，条款互相矛盾时的风险由开证行，继而转移由申请人承担。换言之，受益人可以选择适用对其最有利的审单期限，即 7 个工作日。

72.信用证规定货描:item No. B001 basket. 提交的发票货描中只显示 basket,而在唛头中显示了 item No. B001。可以吗?

作者:林建煌

背景:

案中,信用证规定货描:item No. B001 basket. 提交的发票货描中只显示 basket,而未显示 item No. B001,但在唛头中显示了 item No. B001。可以吗?

观点一:

ISBP745 第 C3 段:

The description of the goods, services or performance shown on the invoice is to correspond with the description shown in the credit. There is no requirement for a mirror image. For example, details of the goods may be stated in a number of areas within the invoice which, when read together, represent a description of the goods corresponding to that in the credit. 发票显示的货物、服务或履约行为的描述应与信用证中的描述相符,但不要求镜像一致。例如,货物细节可以在发票上的多处显示,当一并解读时,其表明的货物描述应与信用证中的描述相符。

根据以上规定,案中发票显示的货描是可以接受的。

观点二:

贸易上的货物唛头,仅针对货物外包装上的装运标记进行描述。而货物描述,则是针对实际装运的货物进行描述。二者功能显然是不同的。所以,不可接受。

分析及结论:

贸易上的货物唛头虽然只是在描述货物外包装上的装运标记,但理应与实际货物的装运信息保持一致。那么,在发票显示的唛头信息在没有与其他信息抵触的情况下,理应可以视为货物描述的一部分。

所以,笔者认为,案中的发票货描可以接受。

争议:

本案结论存在争议。为避免争议,建议实务操作中秉持"进口从宽、出口从严"的原则掌握。

73.发票日期"不符点"案

作者：冯紫琳
审核：王栋涛

案情：

信用证要求提交发票、运输单据、检验证，受益人实际提交的单据显示发票日期为1月11日，检验证上的生产日期为1月12日，检验证的出具日期为1月18日，运输单据显示装运日期为1月22日。信用证的开立日期为1月1日，交单日期为1月24日。开证行凭以下三个不符点拒付：

1.发票日期早于装运日期；
2.发票日期早于检验证出具日期；
3.发票日期早于检验证上的生产日期；

以上这三个关于发票日期的不符点，是否存在？

分析：

1.发票日期 VS 装运日期

第一，一般而言，发票日期代表发票的出具日期或签发日期，而装运日期指货物实际装载后发运的日期，除非信用证另有规定，两者之间没有谁先谁后的逻辑关系。

第二，在实务操作中，有些公司根据订单提前制订生产计划，然后签订正式出口合同，在收到信用证通知后不久，就先将发票等单据制作出来，然后开始实际生产，在这种实务操作中，存在发票日期早于生产日期这种情况。

第三，UCP600 Article 14(i)规定，A document may be dated prior to the issuance date of the credit, but must not be dated later than its date of presentation（单据日期可以早于信用证的开立日期，但不得晚于交单日期）。发票当然也属于上述单据，除非信用证另有要求，根据本条款，发票日期可以早于信用证的开立日期1月1日，当然更可以早于装运日期1月22日。

因此，发票日期早于装运日期这一不符点不存在。

2.发票日期 VS 生产日期

第一，发票日期，代表发票的出具日期或签发日期，而检验证上的生产日期，代表货物的实际生产日期，两个日期之间没有谁先谁后的逻辑关系。

第二，在实务操作中，很多出口企业公司都是先将发票等单据制作出来，然后开始组织出口商品的生产,在这种实务操作下,存在发票日期早于生产日期的合理性。

因此,发票日期早于检验证上生产日期的不符点不存在。

3.发票日期 VS 其他单据日期

检验证出具日期代表检验证制作后发出的日期,一般不早于实际检验日期,而发票日期代表发票的出具日期或签发日期。除非信用证另有规定,两个单据的出具日期之间没有谁先谁后的逻辑关系。发票日期早于检验证出具日期这一不符点不存在。

但是,如果信用证要求提交快递收据,以证实寄送发票在内的单据给申请人,结果提交的快递收据显示取件日期为1月10日,早于发票日期,显然这是不可以接受的,因为发票尚未出具或签发,何来已寄送包括发票在内的单据呢？两个日期反映的事实相互冲突,事件之间的逻辑关系相互矛盾,快递收据显示的取件日期早于发票日期将是不符点。

结论:

本案中关于发票日期的三个不符点,均不存在。

74. 不符点会因开证行接受单据而消失吗？

作者：澳大利亚注册会计师　谭永华

背景：
案中，信用证金额 USD50 000，受益人提交了 USD55 000 的单据。开证行和申请人商议后，同意接受单据超支，并支付受益人 USD55 000。

其后开证行修改信用证，加额 USD50 000，总金额增至 USD100 000。受益人根据修改书，提交 USD50 000 单据。开证行以单据超支 USD5 000 为由拒付。

问题：
开证行的拒付成立吗？

看法一：
信用证金额 USD50 000，开证行接受受益人提交的 USD55 000 的单据，信用证结余为 －USD5 000。加额 USD50 000 后，新的结余为 USD45 000。受益人第二次交单 USD50 000，超支 USD5 000，不符点成立。

看法二：
开证行接受受益人第一次提交 USD55 000 的单据，其中 USD50 000 属于信用证项下，余下的 USD5 000 为超出信用证金额的额外付款，信用证结余为零。修改加额 USD50 000，第二次交单 USD50 000，无不符。

分析及结论：
开证行接受不符点，实质上来说，是承诺放弃以不符点拒付的权利。不符点不会因开证行接受单据而消失。

在案例中超支的 USD5 000，因开证行接受了不符而变成了信用证项下的额外承付。

因此开证行应采用上述的看法二，受益人第二次提交的单据，并无不符。

75. 保单上的 Date of Commencement，是保险生效日期吗？

作者：郭松涛

背景：

信用证关于保险单据的条款如下：

Full set of original insurance policy/certificate for 110 pct of the invoice value showing claims payable in china in currency of the draft and blank endorsed, covering Institute Cargo Clauses (A), Institute War Clauses (Cargo) and Institute Strike Clauses (Cargo).

受益人提交了保险单，长达15页，保险责任和除外责任、特别约定等长达4页，承保的有关保险条款如 ICCA 等印在了保单正面。抽取有关内容如下：

Date of issue：April 9, 2014

……

Voyage：	From XXX, Gabon to ZZZ Port, China.
	Including all transits by land or water, any loading and unloading and temporary storage up to 60 days.
Conveyance：	Any conveyances-Land, water
	Including coastal and inland barge whether self-propelled or non-self-propelled within the territorial water of Gabon.
Date of Commencement：	1. Loading period: from Mar 20,2014 to April 3,2014
	2. Slg on/abt.：April 3,2014
	In local standard time as at location of the loss, damage or occurrence.

保险单其他场次，如 insured,B/L, L/C, per conveyance, total sum insured, conditions 等，不一一赘述。

所交提单的装船日为 April 3,2014。

75. 保单上的 Date of Commencement，是保险生效日期吗？

问题：

交单是否存在保单日期晚于发运日期的不符点？

分析：

保险单据签发日期晚于装运日期的情况下，银行应根据保险责任起始日期是否晚于装船日来判断保险单据是否可接受。

Date of commencement 一段及其前后文，包含了货物及运输的描述，视作装运起始日期还是保险责任起始日期，是判断是否存在如题不符点的关键。

Commencement 一词，译作开始、开端，牛津词典解释为 The action or process of commencing; beginning; time of beginning. 在 ICC 的官方意见当中也出现过，例如 "The commencement date for a usance period" "Commencement of an acceptance date". 在伦敦学会保险条款当中也多次出现该词，主要搭配为 commencement of transit.

其实，date of commencement 常见于境外的保险学词典。例如：

http://www.moneycontrol.com/

Date of commencement, The date on which cover begins, following acceptance of the risk by the insurer.

http://www.combinedinsurance.co.nz/

Commencement Date means the date your cover commences, as shown in the Application Form and Policy Schedule.

保单实例：

1. Name of policyholder	University of Plymouth and Subsidiary Companies
Date of commencement of insurance policy	01 August 2013
Date of expiry of insurance policy	31 July 2014

1. Name of Policy Holder	HSL Construction Ltd	
2. Date of commencement of insurance policy	10 October 2012	0:00hrs
3. Date of expiry of insurance policy	09 October 2013	23:59hrs

显然，保险行业内，date of commencement 是一个正式的保险术语，常表示保险起始日。

在背景资料的保单中，保单用各个具体场次的名称加描述的方式来表示具体的条款和要件。由于"In local standard time as at location of the loss, damage or occurrence"与装运日期、开航日期一起显示为 date of commencement 的具体内容，结合上下文的格式，显然 date of commencement 这一段指的是风险起讫日期，即装船期间和开航后，而不是仅指装货期和开航日期，因此应认定为保险责任起始日期。

通读保单全文，在保单已承保险别基础上，并无 WNKORL 或类似条款将 3 月 20 日至 4 月 9 日之间的风险排除在外。

结论：

虽然保险单据的签发日期晚于装船日期，但是该保险单向前覆盖到了 3 月 20 日，不存在保单日期晚于装船日期的不符点。

提醒：

有人认为，原案中的 date of commencement 并没有紧跟一个日期，而只是跟了"Loading period"和"Slg on/abt"，这相当于没有 date of commencement。所以，不可接受。

建议实务中谨慎把握。

76. 保函要求支持性声明显示：The applicant has defaulted under contract No. 001. 提交的支持性声明仅完全照抄了上述措辞。可以吗？

作者：林建煌

背景：

案中，保函适用 URDG758，并要求支持性声明显示："The applicant has defaulted under contract No. 001."

提交的支持性声明仅完全照抄了上述措辞："The applicant has defaulted under contract No. 001."

问题：

这是否违背了 URDG758 第 15 条 a 款的规定？

分析：

URDG758 第 15 条 a 款：

A document under the guarantee shall be supported by such other documents as the guarantee specifies, and in any event by a statement, by the beneficiary, indicating in what respect the applicant is in breach of its obligations under the underlying relationship …… 保函项下的索赔书，应由保函所指明的其他单据所支持，并且在任何情况下均应辅之以一份受益人声明，表明申请人在哪些方面违反了基础关系项下的义务……

显然，关键在于确认信用证规定的支持性声明的措辞与 URDG758 第 15 条 a 款的规定之间，是属于相互补充，还是相互矛盾？

换言之，如果是相互补充，则提交的支持性声明必须显示信用证规定的措辞，同时，根据 URDG758 第 15 条 a 款的规定，还必须显示违约的性质，即在哪些方面违约。此时，索赔不符。

而如果是相互矛盾，则以信用证规定的措辞为准。此时，提交的支持性声明显示信用证规定的措辞可以接受，索赔相符。

结论：
笔者比较倾向于认为，这是互相补充的关系。所以，索赔不符。

争议：
本案结论存在争议。为避免争议，建议谨慎掌握。

77.信用证要求海运提单,提交的单据显示规定的航程外使用了两种或两种以上的运输方式,是否可接受?

作者:纽约银行 薛霞

背景:
信用证:

50 ABC Co., Ltd. Moscow, Russia
59 DEF Co., Ltd. Hong Kong
44E HONG KONG
44F KLAIPEDA, LITHUANIA OR KOTKA, FINLAND
45 3 OF 3 ORIGINALS OF BILL OF LADING

提交单据:

Place of Receipt (Applicable only when document used as Combined Transport B/L) HONG KONG	Port of Discharge KOTKA, FINLAND
Port of Loading HONG KONG	Final Destination (Applicable only when document used as Combined Transport B/L) MOSCOW, RUSSIA

交涉:

开证行 2013.7.2 拒付:
+MULTIMODAL BILL OF LADING PRESENTED I.O. BILL OF LADING AS PER L/C' TERMS

交单行 2013.7.3 反拒付:
当时仍旧按照 ISBP681 措辞:
A) L/C required:

44E HONG KONG

44F KLAIPEDA, LITHUANIA OR KOTKA, FINLAND

The presented transport document stated the port of loading as 'HONG KONG' and the port of discharge showing 'KOTKA, FINLAND' which both as required by the credit. That is the presented transport document issued in accordance with UCP600 ART.20 and ISBP Paragraph 91－92.

B) As for 'MOSCOW RUSSIA' appears in the final destination field and 'HONG KONG' appears in the place of receipt field of the bill of lading, they are merely the acceptable additional information for the L/C clauses.

C) Furthermore, if the B/L shows 'MOSCOW RUSSIA' as port of discharge and 'KOTKA, FINLAND' as final destination, then the B/L will be a combined B/L since the covering shipment 'HONG KONG' TO 'KOTKA, FINLAND' stipulated by the L/C is interrupted by the land transportation from 'MOSCOW RUSSIA' to 'KOTKA, FINLAND' and will not be 'port to port' shipment.

D) The title combined B/L is not a discrepancy since a bill of lading can however be named. (UCP600 ART20 a.)

In conclusion, the said discrepancy in your mt734 dd. 20130702 is groundless. The presented transport document is in conformity with 'port to port' B/L which required by UCP600 ART.20 and ISBP PARAGRAPH 91－92.

开证行随后2013.7.8发电报声称申请人放弃不符点,并承兑到期日2014.4.1。

交单行于到期后收到相关款项,但是被扣除USD100不符点费,随后发电文交涉,声明单证一致,开证行无权扣除该不符点费用。

开证行2014.4.3回复:

Please note that we consider that Multimodal transport B/L is presented I/O transport B/L: Presented transport document covering transport by more than one mode of transport.

In the presented Multimodal transport B/L it is indicated that the goods was taken in charge in the place of receipt 'Hong Kong' then was delivered to port 'Hong Kong' then it was discharged in port 'Kotka, Finland' and then the goods are being moved to a place of final destination 'Moscow, Russia' by different modes of transport.

Additionally please note that as stated in the presented transport document the following fields as place of receipt and final destination are applicable only when document used as multimodal transport B/L.

Therefore however this document named it appears to cover transportation at least two different modes of transportation and represent multimodal transport B/L.

In this connection we will not return your of our discrepancy fee for USD100 as we consider it is valid.

77. 信用证要求海运提单，提交的单据显示规定的航程外使用了两种或两种以上的运输方式，是否可接受？

交单行 2014.4.4 依据 ISBP745 反驳如下：

A) Please refer ISBP745 E1 and E6 which application of UCP600 Article 20,
quote

E1. a requirement in a credit for the presentation of a transport document, however named, only covering a port-to-port shipment, i.e., a credit that contains no reference to a place of receipt or taking in charge or place of final destination means that UCP600 Article 20 is to be applied in the examination of that document.

unquote

This L/C does not stipulate 44A and 44B, so the transport document will be examed according UCP600 Article 20 and ISBP E1—E28. Moreover, pls review ISBP E6 which including transport document covering pre-carriage and place of receipt and may by different means, but still be treated as port to port B/L, i.e. ocean B/L, thus inference that even if the transport document indicating two different mode not be treated as presented a MTD unless the different mode happened between port of loading and port of discharge.

In conclusion, the said discrepancy is groundless. The presented transport document is in conformity with port to port B/L and covering sea shipment only which required by UCP600 ART.20 and ISBP PARAGRAPH E1-E28. Please refund the discrepancy fee of USD100 to us.

问题：

案件的焦点在于两处：

1.信用证仅要求 44E 和 44F，提交的单据在规定的 44E 和 44F 之间并未使用两种或两种以上的运输方式，但是规定的航程之外显示了内陆城市，单据应按多式联运单据还是海运单据来审核。

2.提交的单据上显示收货地和最终目的地仅当单据为多式联运单据时适用（Applicable only when document used as Combined Transport B/L）。此种提单当该栏位被填写时，单据应按多式联运单据还是海运单据来审核？

分析：

关于问题 1，从案例中可以看出，此信用证要求提交覆盖从 Hong Kong 到 Kotka, Finland 的海运单据，单据也相应的要求提交海运提单。而实际提交的单据显示从 Hong Kong 起运到规定的卸货港 Kotka, Finland，之后又覆盖了信用证没有规定的从 Kotka, Finland 到 Moscow, Russia 的运程。

开证行认为提交的单据显示了两种运输方式，且提单自身声明如收货地或最终目的地栏目被填写时，该提单将被视为多式联运单据。

交单行认为信用证仅要求了 44E 和 44F，根据 ISBP E1a 款的定义，应适用海运提单来审核。只要提交的单据按照信用证要求在规定的港口装船和卸货,即可满足信用证要求。当且仅当在规定的 44E 和 44F 航程之间使用了两种运输方式时,才能被认定为多式联运单据而依据 19 条审核。而本案中,两种运输方式在指定的航程以外,故此仍应按照 20 条进行审核。

参考 Document 470/TA.735rev 的意见,单据的审核应依照信用证所规定的适用条款进行审核(The transport document must be examined under the article that is applicable to the conditions stated in the credit),银行须审核的应该是信用证规定的运输区间,对显示运输单据额外的航程只要与信用证规定的航程不矛盾即可接受。本案中,应按照第 20 条审核。

关于问题 2,该运输单据是格式化的单据,声明收货地和/或最终目的地仅当单据为多式联运单据时适用的作用,类似于运输单据的抬头一般会声明"to be used as ocean bill of lading or combined transport bill of lading",最终应该是该运输单据的内容而不是标题抑或是声明来决定适用的 UCP600 的条款。

结论:
单证一致,不存在不符点。

78.海运提单 or 多式联运单据？

作者：王善论

背景：
一份适用UCP600的信用证要求海运提单，同时规定的运输路线为：
44E：Any port in Korea
44F：Peru Callao Port
提交的名称为提单的运输单据显示如下信息：
Place of Receipt：Blank
Port of Loading：Ulsan, Korea
Port of Discharge：Peru Callao Port
Final Destination：Lima
开证行拒付，不符点是：提交的是多式联运单据，而不是信用证规定的提单。
开证行随后解释其拒付的依据是UCP600第19条a款和ISBP745第D1段对多式联运单据的定义，以及UCP600第19条的适用条款。即，提交的单据尽管名为提单，装运港至卸货港之间用的是海运，但卸货港至最终目的地Lima(属内陆城市)之间明显是海运以外的其他运输方式，也就是会用到两种不同的运输方式，因而根据上述条款，无论其名称如何，属于适用第19条的多式联运单据。

问题：
提交的是海运提单还是多式联运单据？

分析：
此类争议集中出现在ISBP745通过之后，及其对R751结论的改变。
R751中，信用证要求海运提单，规定的运输路线：
44A：South Korea
44E：Any port in Korea
44F：Peru Callao Port
44B：Lima
提交的提单显示如下信息：
Place of Receipt：Blank

Port of Loading：Ulsan，Korea
Port of Discharge：Peru Callao Port
Final Destination：Lima

国际商会的结论是：尽管受益人提交了一份名为海运提单的单据，但是它包含了货物从韩国港口运至利马。审单必须按照 UCP600 第 20 条。当一份单据满足信用证规定的条件时，无论它如何命名都将可以被接受。

ISBP745 第 D1c 段规定：

"When a credit requires the presentation of a transport document other than a multimodal or combined transport document, and it is clear from the routing of the goods stated in the credit that more than one mode of transport is to be utilized, for example, when an inland place of receipt or final destination are indicated, or the port of loading or discharge field is completed but with a place which is in fact an inland place and not a port, UCP600 article 19 is to be applied in the examination of that document."（当信用证要求提交多式或联合运输单据以外的运输单据，且信用证规定的货物运输路线清楚地表明应使用一种以上的运输方式，例如，信用证显示了内陆收货地或最终目的地，或者信用证的装货港或卸货港栏位填写了一个地点，该地点事实上是一个内陆地点而不是港口时，该单据的审核应适用 UCP600 第 19 条。）

因此，R751 的结论被推翻。

其实，细心阅读 ISBP745 的条文以及比较本案与 R751 中信用证的规定可发现：

1.R751 中的信用证规定的运输区间(any port in Korea-Peru Callao Port —Lima)明显会用到多种运输方式，而本案的信用证规定的运输区间仅为港至港(any port in Korea-Peru Callao Port)。

2.ISBP745 第 D1c 段规定的是"… it is clear from the routing of the goods stated in the credit that more than one mode of transport is to be utilized, … UCP600 article 19 is to be applied in the examination of that document."（信用证规定的货物运输路线清楚地表明应使用一种以上的运输方式，……该单据的审核应适用 UCP600 第 19 条。）

ISBP 的新增规则表明：当信用证规定的运输路线与运输单据不匹配时，运输路线优先。从中可看出国际商会的立场是以信用证规定的运输路线为准，而不是以运输单据本身显示的运输路线为准。换言之，银行只需关心信用证所规定的运输区间，而不在乎此外的前程或后续运输。

事实上，一个重要的佐证就是提单上可以显示不同于装运港的内陆收货地点。若额外还注明了前程运输工具或运输方式，根据 2010 年国际商会颁布的关于装船批注问题的建议书，加上额外的批注即可，以便从提单表面判断货物是否是在信用证规定的装运港装上具名船只。

结论：

尽管显示了信用证未规定的最终目的地，本案提交的仍然是符合信用证要求的提单，而不能被认定为多式联运单据，没有不符。

79.关于提单卸货港的"不符点"

作者：北京银行杭州分行　陈凌峰
审核：王栋涛

背景：

信用证规定卸货港应为 ALEXANDRIA PORT，受益人提交的提单显示卸货港为 EL DEKHEILA ALEXANDRIA PORT，交单至开证行，开证行以提单显示的卸货港与信用证要求不符拒付，请问开证行所提不符点成立吗？

分析：

UCP600 第 14 条 d 款规定：

Date in a document, when read in context with the credit, the document itself and international standard banking practice, need not be identical to, but must not conflict with, data in that document, any other stipulated document or the credit. 单据中内容，在与信用证、单据本身以及国际标准实务参照解读时，无需与该单据本身中的内容、其他规定的单据或者信用证中的内容等同一致，但不得彼此矛盾。

本案例的关键在于确认，提单上显示的"EL DEKHEILA ALEXANDRIA PORT"是否与信用证要求的卸货港"ALEXANDRIA PORT"相矛盾？如果"EL DEKHEILA ALEXANDRIA PORT"与"ALEXANDRIA PORT"矛盾，则构成不符。

根据百度百科解释：EL DEKHEILA ALEXANDRIA PORT，又名 Port of EL DEKHEILA，是亚历山大的新港区。所谓港口，是指具有船舶进出、停靠、驳运的功能，具有相应的码头设施，有一定范围的水域或陆域组成的区域，可以由一个或多个港区组成。提单显示"EL DEKHEILA"是对亚历山大港的细化，与"ALEXANDRIA PORT"并不矛盾。

类似的问题我们可以在国际商会的案例中得到答案，R774/TA699rev 中信用证规定：

　　44A：CZECH REPUBLIC
　　44B：MINSK, BELARUS

提交的多式联运提单显示收货地为"Podebrady, CZ"，交货地为"Place. MINSK OOUNN 100027309, Country：BY"。国际商会认为："The credit required delivery to be made in Minsk. The CMR showed the place of delivery as Minsk, but with further qualification by including details that appeared as part of the address of the applicant, and reference to BY as the ISO code for Belarus. There is nothing in the credit to prohibit the place of delivery being a specific street address or postal district, provided it is in Minsk and there is no requirement that Belarus form part of the place of delivery field. There is no discrepancy in respect of either issue raised."[CMR 显示交货地点为 Minsk,还进一步显示了申请人的部分地址以及白俄罗斯的国家代号"BY"。信用证并未禁止交货地点显示为具体的街道或区域,也未要求白俄罗斯(Belarus)构成交货地点的一部分。不存在不符点。]可见,CMR 显示申请人的具体街道或区域是对信用证规定的交货地点的进一步细化,不构成矛盾,因此,无不符点。

结论:

提单显示"EL DEKHEILA ALEXANDRIA PORT"是对于亚历山大港的进一步具体描述,细化了货物的卸货港。因此,单据显示"EL DEKHEILA ALEXANDRIA PORT"满足 UCP600 第 14 条 d 款的要求,没有矛盾,因此不存在不符点。

此外,世界上许多港口都拥有多个港区,比如深圳港,主要分为蛇口、盐田、赤湾、福永等几大港区,每一个港区都是"深圳港"这一宽泛概念的细化。当信用证要求卸货港为深圳港,提单显示卸货港为"蛇口/盐田/赤湾/福永,深圳",应不是不符点。

引申:

如果信用证规定装货港为广州黄埔港(GUANGZHOU Huangpu port),提交的提单显示广州港(GUANGZHOU port)为装货港,则构成不符。因为广州港是大范围的地名,而黄埔港为具体的地点。提单上只能显示为广州黄埔港,而不能是泛泛的广州港。

换言之,运输实务中港区的意义,不是普通审单人员所能完全把握的,遵循表面审核的原则,理应以照实显示为准。

80. 公司内设部门能代表该公司背书提单吗？

作者：北京银行南京分行　吴小羽
审核：北京银行南京分行　陈　琼

背景：

提单上 SHIPPER 为 ABC CORP.，CONSIGNEE 为 TO ORDER。提单背书显示 ABC CORP. MARKETING DEPT.这是不符点吗？

分析：

观点一：

银行在审单时不能因为背书人名称中包含了 ABC CORP.的名称就认为 ABC CORP. MARKETING DEPT.进行背书可接受。比如，SHIPPER 为 ABC CORP.，提单是由 ABC CORP. HUMAN RESOURCE DEPT.或 PRODUCTION DEPT.背书，这种情况是银行应予以关注的。

实务中，各机构的内设部门是否有对外签字权，取决于各机构的具体授权，这些授权的内容是银行审单时无法得知的。此案中，背书方 MARKETING DEPT. 并未说明其背书是为 ABC CORP.或代表 ABC CORP.行事，银行在审单时从提单表面上无法判断 MARKETING DEPT.是否有权以公司名义背书。因此，提单存在不符点"未由 SHIPPER 背书"。

观点二：

UCP 是西方惯例原则和法理原则，秉承"谁主张谁佐证"的原则，银行根据 UCP 审单时不应去猜想 MARKETING DEPT.无权背书。判断 MARKETING DEPT.是否有权背书的问题，非 UCP 范畴，而是法律层面的问题。

本案中提单 SHIPPER 为 ABC CORP.，由 ABC CORP. MARKETING DEPT.背书是可以的，如同在实务中提单收货人做成 TO ORDER OF BANK 123，由 BANK 123，XXX BRANCH 或 BANK 123，INT'L DEPT.背书，是很常见且被广泛接受的，银行无须对机构内部职务授权的情况做判断。因此，提单无不符点。

结论：

本案结论存在争议，但由于提单背书涉及货物权利转让及更多法律方面问题，在实务中应谨慎把握。

建议在此类情况下，ABC CORP. MARKETING DEPT.在背书时可注明 for（or on behalf of）ABC CORP.，以避免争议。

81. 保险单据的背面条款银行审核吗?

作者:林建煌

背景:
银行不审核提单的背面条款,那保险单据的背面条款银行审核吗?

分析:

ISBP745 第 K22 段:
Banks do not examine general terms and conditions in an insurance document.
银行不审核保险单据的一般条款和条件。

结论:
显然,如果保险背面均为一般条款和条件,则不需要审核。如果背面还带有一些特殊信息,有时会见到,如共同保险人信息等,则需要审核。

82. UCP600 第 20 条所谓的转运，是未来事件吗？

作者：林建煌

背景：

UCP600 第 20 条 c 款：

i. A bill of lading may indicate that the goods will or may be transhipped provided that the entire carriage is covered by one and the same bill of lading. 提单可以表明货物将要或可能被转运，只要全程运输由同一提单涵盖。

ii. A bill of lading indicating that transhipment will or may take place is acceptable, even if the credit prohibits transhipment, if the goods have been shipped in a container, trailer or LASH barge as evidenced by the bill of lading. 即使信用证禁止装运，注明将要或可能发生转运的提单仍可接受，只要其表明货物由集装箱、拖车或子船运输。

UCP600 第 20 条 c 款第 ii 款，不是注明将要或可能发生才可接受吗？实际已经发生的，为什么也可以接受？支持依据是什么呢？

分析及结论：

这是个误会。对于出单来说，转运都是未来事件。而未来事件都是可能事件。

补充：

又想到一种情况，如果提单属于先装船后签单的情况，那么在这种转运确切情况下，发生转运的不符点是否成立？

笔者认为，当前事件也没影响不符点的认定。UCP600 的措辞主要是在说，集装箱运输下转运没关系。

83.公司能代表该公司内设部门背书提单吗？

作者：吴小羽
审核：陈　琼

背景：
如提单上 SHIPPER 为 ABC CORP. MARKETING DEPT.，CONSIGNEE 为 TO ORDER，提单背书显示 ABC CORP.这是不符点吗？

分析：
在 R757/TA708 rev 中，信用证要求原产地证明由受益人即 ABC LTD, INT'L BUSINESS 出具，实际提交的原产地证明由 ABC LTD 出具。

国际商会认为，"The name of the beneficiary is ABC LTD. INT'L BUSINESS is a designation of a division and not necessarily part of the name of the company. The certificate of origin is signed by ABC"，即国际业务部是受益人的一个部门，不是受益人本身，因此，原产地证无不符点。

结论：
如此背书不应认为是不符点。

84. 共同保险下出具同一份保单只有牵头保险人签署，可以吗？

作者：林建煌

背景：

出口收到一份保单，显示由多个共同保险人，但只有其中一个牵头保险人签署。可以接受吗？

分析：

共同保险有两种出单形式，一种是不同的共同保险人各自出单，一种是不同的共同保险人联合出单。案中的保险属于后一种情况。

ISBP745 第 K7 段 a 款：

An insurance document that indicates that cover is provided by more than one insurer may be signed by a single agent or proxy on behalf of all insurers or be signed by an insurer for [or on behalf of] all co-insurers. An example of the latter will be when an insurance document is issued and signed "AA Insurance Ltd, leading insurer for [or on behalf of] the co-insurers". 当保险单据表明由一个以上的保险人承保时，该保险单据可以由单一代理人或代表所有保险人签署，或由一个保险人代所有共同保险人签署。在后一种情况下，例如，保险单据由"AA Insurance Ltd 作为牵头保险人代共同保险人[AA Insurance Ltd, leading insurer for (or on behalf of) the co-insurers]"出具并签署。

根据上述规定，由共同保险下由一个保险人代所有共同保险人签署时，必须注明代理对象为"所有共同保险人"，而不能仅由其中一个保险人签署。

结论：

案中的保单不可接受。

85.一笔托收业务处理模式的简析

作者：张　涛

背景：

一家银行受理了出口商的托收指示，出口商同时提出了自己的担心：由于与进口商业务往来较少，电汇结算令双方都不放心，而使用信用证结算对双方成本都比较高，所以双方都倾向于托收结算，之所以选择托收也是考虑到结算过程有银行的控制。但出口商仍会担心进口商、进口商的银行、进口商所在国的外汇管制政策会不会对出口资金的回笼产生不利影响。出口商希望先拿到钱再放单，但这对进口商来说是不能接受的，进口商更愿意拿到单再付款。

为了促成交易的顺利完成，双方需要寻找一个折中的结算方案。托收虽然是一个较为合适的方案，但对于双方来说仍然不是最优的方案，因为没有完全解除出口商对顺利回笼资金的担心。

方案：

出口商咨询银行是否有更优的结算方案。银行在对出口商的需求做更深入的了解后，积极为出口商设计方案，最终在与出口商的反复沟通后，设计了以下方案：

1.出口商将托收指示及托收单据交于托收行保管，托收指示中注明放单方式为无偿放单。同时出口商单独出具一份委托声明，声明中要求托收行现在向指定的代收行发电，告之交易细节以及托收行收到单据的种类，正副本份数，并授权托收行在将收到的进口商付款资金入托收行内部账户后，可以按照托收指示办理出口托收业务，放单方式为无偿放单，而且出口商在声明中还要承诺托收指示不会撤销及变更，托收行可在收到进口商付款资金以及确认进口商已收到单据后，将资金划至我公司账户。

2.托收行按照出口商的委托声明向代收行发送电文，电文内容除了说明托收行已收到出口商提交的XX合同项下的单据种类和正副本份数外，还要说明托收指示的细节（包括金额、放单方式、代收行名址等信息），并通知进口商在托收行收到进口商的付款资金后，托收行将按照托收指示向代收行寄送电文中所列的全套单据。在电文中还要求代收行在进口商付款的同时，向托收行发送付款通知电文，并在付款附言中列明付款详情（包括合同号等信息）。

3.托收行在日后收到进口商付款资金及代收行付款通知后，通知出口商进口商付款资金已到托收行账户，并当日打制托收面函，寄送单据，同时向代收行发送电文，要求代收行在放单后,放送电文通知托收行。

4.托收行收到代收行确认电后,及时将资金划至出口商账户;代收行无偿放单给进口商。

分析:

该方案最终得到进出口双方的认可,顺利地完成了贸易结算。我理解这笔托收业务顺利完成的主要原因有:

1.银行将客户遇到的困难、提出的需求看成是一次新的业务机会。因此当客户向银行说困难、提需求时,银行做了积极应对,对双方客户的需求进行了再平衡,满足了客户更加个性化的需求。

2.银行与客户以书面形式明确了业务处理中双方的权利与义务,确保了业务处理的顺利进行。

3.这笔托收业务的处理之所以能够顺利进行,与托收行本身的资信情况也是有关联的。进口商及代收行愿意参与进来,也是考虑到托收行自身情况。

86. 发票日期与发票内容中的普氏报价日期矛盾吗？

作者：薛 霞

背景：
信用证规定：
受益人：A Co., Ltd HK ，申请人：B Co., LTd Philippine
31D 140218 CHINA
41D ANY BANK BY ACCEPTANCE
42C 30 DAYS FROM BILL OF LADING DATE
44C 140105
45A MOGAS
PRICING：ARITHMETIC AVERAGE OF MEAN OF PLATTS PUBLISHED QUOTATIONS FOR "MOGAS 92 UNL" AS PUBLISHED IN PLATTS ASIA PA-CIFIC/ARAB GULF
MARKET SCAN UNDER THE HEADING "SINGAPORE", FROM 1—30 JANUARY
2014 (BOTH DATES INCLUSIVE), PLUS A PREMIUM OF U.S. DOLLAR X.XX/BBL．

单据 20140201 提交：

INVOICE

DATED：20140129
MOGAS
PRICING：ARITHMETIC AVERAGE OF MEAN OF PLATTS PUBLISHED QUOTATIONS FOR "MOGAS 92 UNL" AS PUBLISHED IN PLATTS ASIA PA-CIFIC/ARAB GULF
MARKET SCAN UNDER THE HEADING "SINGAPORE", FROM 1—30 JANUARY
2014 (BOTH DATES INCLUSIVE), PLUS A PREMIUM OF U.S. DOLLAR X.XX/BBL．

开证行提不符点：

INVOICE DATED EARLIER THAN 20140130 NOT ACCEPTABLE.

分析：

1.单据货物描述照抄信用证，根据 UCP600 第 18 条 c 款：The description of the goods, services or performance in a commercial invoice must correspond with that appearing in the credit.（商业发票上的货物、服务或履约行为的描述应该与信用证中的描述一致。）所以符合信用证"表面相符"规定。

2.信用证有效期 20140218，且在 ANY BANK BY ACCEPTANCE，单据 20140201 提交至开证行，符合信用证规定。

经讨论，存在如下两种观点。

一种观点：

货描中对单价进行了约定，即以普氏亚太市场/阿拉伯海湾地区市场在"新加坡"标题下公布的 2014 年 1 月 1 日到 1 月 30 日报价的平均值为基价，加上指定的基点作为 92 号无铅车用汽油的单价。

首先，ISBP745 A12b 要求如信用证要求证实装运前发生的事件（例如，"装运前检验证明"），该单据须通过其标题、内容或出具日期标明该事件（例如，检验）发生在装运日当日或之前。（When a credit requires a document to evidence a pre-shipment event (for example, "pre-shipment inspection certificate"), the document, either by its title, content or date of issuance, is to indicate that the event (for example, inspection) took place on or prior to the date of shipment.）同理，本案应通过其标题、内容或出具日期标明该事件发生在 1 月 31 日当日或之后。

其次，类似的问题在国际商会案例 R449 中有过讨论。但是 R449 的适用原则非常狭隘：

1.信用证未规定单据内容（the credit does not so stipulate by whom such documents are to be issued and their wording or date content）；

2.与其他单据不矛盾（the data content is not inconsistent with any other stipulated document presented）；

3.日期在同一单据内出现（the issue is one of the dates included within the document）时，银行才没有义务审核各日期之间的关系。（there was no stipulation within the documentary requirement specified in the credit to check the dates of various occurrences and/or other information）

即：出现在某同一单据上的非信用证要求的多个日期，只要该多个日期与其他单据日期不相矛盾，则银行没有义务审核该单据上多个日期彼此之间的关系。

关于原则 2，如检验证明上显示 on board date：19980117，但是提单上显示 on board date：19980118，则单据不符。

关于原则 3，如在一份受益人证明上声明信用证下所有单据的副本已经寄给申请

86.发票日期与发票内容中的普氏报价日期矛盾吗?

人,该证明 dated 20140501,但是提单是 20140502 出具,单独开来看,两个日期都无需审核,但是,两个日期出现在两份单据上,所以,银行仍需审核彼此之间是否矛盾,故单据不符。

关于原则 1,即本案中所设定的案例,即信用证已经规定了单据的内容"以普氏亚太市场/阿拉伯海湾地区市场在'新加坡'标题下公布的 2014 年 1 月 1 日到 1 月 30 日报价的平均值为基价,加上指定的基点作为 92 号无铅车用汽油的单价。"故此,银行仍有责任审核单据出具日期是否符合信用证要求。显然,在该日期的时刻,单价仍未确定,故由此错误单价计算出的货物价值不可接受。银行有权予以拒付。

另一种观点:

发票上的 29 号仅仅为发票的制作日期,而发票上的单价属于后续添加的信息。一方面,UCP600 第 14 条 i 款规定:"单据日期可以早于信用证的开立日期,但不得晚于交单日期。"(A document may be dated prior to the issuance date of the credit, but must not be dated later than its date of presentation.)因此可以推断 UCP 是允许发票先行开立,并随后补入信用证要求的信息和内容的,如发票日期可以早于信用证开证日,且显示了信用证号码,又如提单出具日/装船日在发票日之后,但是发票仍可以显示装船日等信息,因此案中随后补入单价的行为也是可接受的。另一方面,UCP 或 ISBP 均未规定对发票上的新增内容需要另行批注实际添加的日期,因此,案中发票仅显示一个制作日期 29 号,可接受,不应视为不符点。

结论:

当单据的提交日在 30 号之前不符点成立;当单据提交日在 30 号或 30 号以后,存在上述两种观点,两种观点都有一定合理性,因此,本案例旨在给大家以参考,给出口方以警示避免不必要的争端,给进口方以建议审慎提不符点。

延伸:

最后装船日为 20140105,所以此类信用证在开证时一定要注意,如果要求提交正本运输单据,那么交单期(本案中至少为 26 天)应和货描中规定的时间相匹配;如果允许交单时可以用 LOI 代替正本运输单据,则单据只需要在效期(20140218)内提交即可。

信用证 30 DAYS FROM BILL OF LADING DATE,最后装船日为 20140105,所以很有可能到期日会落在交单日之前,开证行应依据 ISBP745 第 V 和 VI 段,对信用证进行细化和补充,并预先规定如何确定此类到期日,以避免到期日指示模糊不清的风险。

此案说明了银行工作人员不仅要审核"表面相符",可能还应保证单据自身内容"不得矛盾"。

87. 提单签署人身份手写是不符点吗?

作者:吴小羽
审核:陈 琼

背景:

信用证要求 FULL SET OF CLEAN SHIPPED ON BOARD BILLS OF LADING MADE OUT TO ORDER BLANK ENDORSED AND NOTIFYING APPLICANT.

实际提交的提单在签章处加盖了 XXX SHIPPING CORP. 的印章,并在旁边手写加注了"AS AGENT FOR THE CARRIER SINOTRANS"。提单上的其他信息均为打印,且没有任何关于 CARRIER 名称及签署人身份的标注。详见下图:

开证行拒付:

开证行收到单据后拒付,不符点为 CORRECTION ON THE B/L NOT AUTHENTICATED。

交单行反拒付:

根据当时生效的 ISBP681,交单行进行反拒付,电文如下:

"ALTHOUGH YOU RAISED BELOW DISCREPANCY(IES)
+CORRECTION ON THE B/L NOT AUTHENTICATED.

WE ARE NOT AGREEABLE TO THE(OSE) DISCREPANCY (IES) DUE TO THE FOLLOWING REASONS.

　+ IN ACCORDANCE IN ISBP PARA.11, THE USE OF HANDWRITING IN THE SAME DOCS DOES NOT, BY ITSELF, SIGNIFY A CORRECTION OR ALTERATION.

　YR URGENT REPLY SHOULD MENTION THAT THE DISCS ARE CANCELED BY YR BANK AND HONOUR THE A/M FUNDS A.S.A.P."

分析：

开证行所提的不符点"CORRECTION ON THE B/L NOT AUTHENTICATED"成立吗？

观点一，不符点成立，理由如下：

首先，ISBP681 PARA 11 规定："The use of multiple type styles or font sizes or handwriting in the same document does not, by itself, signify a correction or alteration."（同一份单据内使用多种字体、字号或手写，其本身并不意味着为更正或更改。）但需要引起我们注意的是，ISBP681 PARA 11 的措辞为"does not, by itself, signify a correction or alteration"。言外之意，手写也并非绝对不是更正。

其次，根据单据的种类、添加的内容和方式的不同，手写加注是否被认定为更正会有不同的结果。

在 ICC R632/TA.657rev 中，受益人提交的 CMR 公路运单中的"PLACE AND DATE OF RECEIPT OF THE GOODS"以及"PLACE AND DATE OF ISSUANCE"两栏印就了"FRANCE…11—2007"和"BREDA…11—2007"空格处用手写加注了"28"这个数字。ICC 认为此单据在制作时就为后期填入实际日期而预留了空格，参照 ISBP681 PARA 11，该手写加注不符点不存在。

但在 GARY COLLYER FAQ ISBP8 中，海运提单上手写的 ON BOARD NOTATION 却被认为是需要被证实的。"I would consider that a handwritten on board notation is not in a form that is allowed or considered within the text of ISBP. An on board notation is a critical piece of information that whilst not requiring any form of authentication when added to a bill of lading, it is not something that you would normally associate with being handwritten. Where handwritten, an authentication of the addition should be sought."

此外，ICC 在 R552 中表示"ISBP 第 11 段并未明确规定使用不同的字体、字号或手写完成的单据将被自动接收。是否构成'更改或更正'将视增加内容的种类及方式而定。比如，受益人出具的单据中发生这种情况不应成为要求证实的理由。但是在提单上添加装运港、船名或货描等，将会引起银行的关注，从而有理由要求对这样的添加做出证实"。

本案中，提单签署人身份是提单上非常重要的信息，在通体印刷的提单上，突兀地用手写的方式添加提单签署人身份的信息并不是一种常见的方式。不论从单据的性质、添加的内容还是添加的方式来看，对于提单签署人身份的手写标注都应被视为更正，从而，根据 ISBP681 PARA 9 的规定"Corrections and alterations of information or data in documents, other than documents created by the beneficiary, must appear to be authenticated by the party who issued the document or by a party authorized by the issuer to do so."（除了受益人制作的单据外，对其他单据中的信息或数据的更正和更改必须看似经单据出具人或其授权之人证实），需要被证实。因此，开证行所提的不符点成立。

观点二，不符点不成立，理由如下：

首先，根据 ISBP681 PARA 11，手写和打字无区别，并不意味着 CORRECTION。"AS AGENT FOR THE CARRIER SINOTRANS"的手写标注，并不与提单上其他预先印就和打印的内容冲突，因此并非修改。这个手写内容与预先印就的签发人名称一起阅读，加上 ABC SHIPPING CO. 的印章，从其表面看，是符合 UCP ART 20 关于提单签署的规定的。

其次，参考 ICC R632 的意见，提单的签署处是空白栏位，此处也是在提单制作时为后期签署而预留的空格，所以此处可以盖章显示身份，可以打印显示身份，也可以手写显示身份。

同时，ICC R552 的描述为"However, additions to a bill of lading-such as ports of loading, vessel, goods description, etc.-should give cause for concern to a bank and, it would be justified in seeking authentication of this data."此处并非强制性的要求，仅为建议。

所以，就 ISBP 而言，手写添加在此案例中不构成不符。单据采用什么方式来制作（或添加）不是问题，只要是出具人所为即可。如果对本案例中的提单的签署方式心存怀疑，完全可以举证后在 UCP 之外寻求法律。

结论：

本案中存在两种截然不同的观点，两种观点的分析都有其合理性。由于国际商会暂且没有具体针对性的说法，在此提出仅供大家参考，建议在办理出口业务时尽量避免选择此种提单签署方式，处理进口业务时谨慎提不符点，从而避免不必要的纠纷。

88.商检出的 FORM E 在盖章中有 FORM A 字样,可以吗?

作者:林建煌

背景:

有一份信用证交单被拒,理由为:FORM E PRESENTED BUT STAMPED FORM A。

那么,这一不符点存在吗?

分析:

公章的使用是有授权范围的。

如果所盖的章明显与单据内容冲突,按理不可接受。比如,银行柜面的现金存款凭证,加盖一个转讫章,则有悖常理。还比如,储蓄存款单上盖一个贷款合同专用章,则明显不合适。

结论:

案中的不符点存在。

提醒:

此案存在争议,建议本着"进口从宽,出口从严"的原则谨慎把握。

有人认为,银行审核只管签署人是对的即可。签署人的不同印章可能存在不同的授权范围,这是签署人内部的事,银行无需理会。

89. 提单显示收货地与装货港相同、前程船与海运船同名，装船批注是否必须包含船名和装货港？

作者：中国工商银行国际结算单证中心（合肥）　陶　富
审核：中国工商银行国际结算单证中心（合肥）　黄　莉

背景：
提单显示：
Place of receipt：Ningbo
Port of loading：Ningbo
Pre-carriage by：nyk-heliso V#007w
Ocean vessel/Voyage：nyk-heliso V#007w
装船批注为：on board date 2014.05.20.该批注是否必须包括船名和装货港？

分析：

ISBP745 第 E6C(II)段：
indicates a means of pre-carriage (either in the pre-carriage field or the place of receipt field), no matter if no place of receipt is stated or whether it is pre-printed "shipped on board" or "received for shipment", it is to bear a dated on board notation which also indicates the name of the vessel and the port of loading stated in the credit.

（在前程运输栏位或收货地栏位）显示了前程运输工具，那么无论其是否显示收货地，或无论其是否预先印就"已装船"或"收妥待运"字样，该提单都应当载有注明日期的装船批注，该批注还应包括船名和信用证规定的装货港。

显然，在ISBP745 第 E6C(II)段并未区分收货地与装货港相同，或前程船与后续海运船同名的情况下，装船批注是否可以不必包括船名和信用证规定的装货港。且在国际贸易运输实务中，同名船只是普遍存在的，两条完全同名的船并不等同于同一条船。

89.提单显示收货地与装货港相同、前程船与海运船同名,装船批注是否必须包含船名和装货港?

因此,只要提单显示了前程船,则无论是否显示收货地,无论收货地与装货港是否相同,也无论前程船与海运船是否相同,该提单均应载有注明日期的装船批注,且该批注均须包括船名和装货港。

结论:

本案恰是收货地与装货港相同、前程船与后续海运船同名的特殊情况,载有注明日期的装船批注仍须包含船名和装货港。

延伸讨论:

虽然根据 ISBP745 第 E6C(Ⅱ)段,本案中装船批注包括船名和装货港更为稳妥,但部分人认为,ISBP745 并未考虑到这种特殊情况。在收货地与装货港相同、前程船与后续船同名且明确表明为同一条船时,仅含有日期的装船批注事实上均指向同一装货地点与运输工具,装船批注无显示船名以及装货港的必要。

90. 国外出口商提交的保单显示正本份数为1，却提交2份正本保单，这可以提不符吗？

作者：林建煌

背景：

国外出口商提交的保单显示正本份数为1，却提交2份正本保单，这可以提不符吗？

分析及结论：

正本份数应该没问题，但可能有争议，即：出单人的诚信会受到质疑，从而有可能被认定为不符点。

91. 信用证规定提单要注明"freight prepaid",而实际提单上写得的是 freight advance. 意思是相同的,这样可以吗?

作者:林建煌

背景:

信用证规定提单要注明"freight prepaid",而实际提单上写得的是 freight advance. 意思是相同的,这样可以吗?

分析及结论:

advance 与 advanced 会不会不一样?

前者说的是运费的预付性质,但并没有说明付了还是没付。后者说的是运费已经预付。笔者认为,二者不一样。

所以,不可接受。

92. 船长代理人签署需要显示船长名称吗？

作者：林建煌

背景：

关于租船提单上的签章，签章上有"XXX 公司 AS AGENT FOR MASTER"，但没有具体表明 MASTER 是谁，这样的提单符合要求吗？

分析：

ISBP745 第 G4 段：

c. When an agent signs a charter party bill of lading for [or on behalf of] the master (captain), owner, or charterer, the agent is to be named and, in addition, to indicate that it is signing as agent for [on behalf of] the master (captain), owner or charterer as the case may be. 当租船提单由代理人代船长、船东或租船人签署时，该代理人应具名，此外，应视情况注明其作为船长、船东或租船人的代理人签署。

i. When a charter party bill of lading is signed by an agent for [or on behalf of] the master (captain), the name of the master (captain) need not be stated. 当租船提单由船长的代理人签署时，无需注明船长姓名。

结论：

所交租船提单无不符点。

93. 交单被拒付后相当于交单不存在

作者：林建煌

背景：

假设信用证只有一种货物，数量要求 200mt，没有允许浮动，允许分装。

第一次来单来了 100mt 的货物，因存在不符点拒付并退单了。

过了几个月，又来单，是 150mt 的货物，第二次来单的发票号、提单都和第一次不一样。

问题：

第一次拒付并退单，那么是不是意味着第一次到的 100mt 货物可以不占用信用证的数量？也就是说第二次来单的货物数量还是在信用证规定范围之内的？

第一种观点：

第二次来单的货物数量是符合信用证规定的。

第二种观点：

因为第二次到单的发票和提单与第一次不一样，包括面函的一些信息，那么就可以认为这是一笔新的到单，与第一次的到单是独立的。这样，第二次到单的货物数量加上第一次的货物数量超过信用证的规定，有超装超支的不符点。

分析及结论：

笔者赞同第一种观点。

因为第一次交单被拒付后，相当于第一次交单不存在，也就是说，信用证的状态不受第一次交单的影响。

引申：

如果第一次交单拒付没有退单呢？笔者认为，结论不变。退不退单，只是代保管状态不同，仍然相当于第一次交单不存在。

这是为什么呢？一旦不符点被接受，那么不就超证了吗？笔者认为，如果接受，算新交单，而不是第一次交单。

94. 同一证下同时两套交单，开证行可以自主选择审单顺序吗？

作者：林建煌

背景：

信用证规定：不可撤销，金额 EUR150 000.00，允许分批装运/支款，无溢短装/支条款。

受益人通过非指定银行——即寄单行向开证行交单，在同一个快邮信封下装了同一信用证下两套单据，一套大金额 EUR140 000.00，一套小金额 EUR20 000.00。大小金额合计，则超过信用证金额；分开计，则一套为相符交单，另一套超支；寄单面函无任何处理单据的指示。

开证行认为根据 UCP600 第 14 条 a 款享有独立的审单权，于是自行选择了审单顺序，先审核小金额单据 EUR20 000.00，认为构成相符交单，予以付款；后审核大金额单据 EUR140 000.00，认为存在不符点——超装/支，于是拒付了大金额单据EUR140 000.00。

寄单银行辩称，开证行拒付无效，大金额单据也必须接受，这样大小金额两套单据均应得到付款。受益人要求先审核大金额单据，构成相符交单，从而拒付无效，必须付款；后审核小金额单据，虽然有不符点——超装/支，但未被拒付。开证行无权自行选择审单顺序，所以两套单据必须全额付款。

背景：

开证行对同时交单是否拥有审单顺序选择权？

分析：

1.是的，开证行享有独立的审单权。

UCP600 第 14 条 a 款表明，有责任确定审核交单的银行各方，须以自己的独立判断为依据，而不得信赖于其他有关方的判断，这才体现其审核责任。

2.开证行并不享有交单顺序选择权，从而也就没有审单顺序选择权。

开证行享有审单选择权，绝不意味着开证行同时享有审单顺序的选择权，因为审单须以交单为前提，而交单人有自由的交单选择权。

根据 UCP600 第 2 条的"交单"的定义，交单既指规定的单据本身，也包括提交规定单据的行为。单据本身是有形的，其审核不容易引起歧义。提交规定单据的行为，却是

94.同一证下同时两套交单,开证行可以自主选择审单顺序吗?

无形的,须以交单的客观事实来判断。本案例中,同一信用证下两套单据在同一个信封内于同一时间到达开证行,致使开证行无法客观地判断审单顺序。换言之,如果交单人有意控制大金额单据先于小金额单据到达开证行,显然银行必须按照先到者先审的原则处理,这样,开证行和交单行之间的分歧自然就不存在,只是交单人没有事先如此控制而已。有幸的是,从交单人可以事先有意控制单据到达的时间,进而控制开证行的审单顺序来看,控制交单顺序是交单人的权利。至于之所以交单人有权控制交单顺序,则与单据的所有权有着直接的关系。ICC 在 R507 的结论中认为:付款之前单据所有权属于交单人。既然如此,交单人因为掌握着付款之前的单据所有权,而有权控制交单顺序,这不正意味着开证行无权控制交单顺序。进而,开证行也就无权控制审单顺序吗?

正常情况下,交单人在交单时付款之前对开证行的授权,是以开证行在信用证下的承诺为前提,即开证行一旦收单便须按信用证的规定行事,这是其在 UCP 框架内的责任,而一旦付款,便转移单据所有权,开证行便可以自行处置。而相对而言,在 UCP 框架内,似乎也找不到开证行在交单人指示不明时,有权选择交单顺序,进而选择审单顺序的规定。

3. 如果开证行享有 UCP 意义上的审单顺序选择权,单据上不符点的判断将变得模棱两可。

就本案例而言,在未确定审单顺序的情况下,任何一套单据都有存在不符点——"超支/装"的可能,这样就该特定的一套单据,不符点的存在就是不确定的,而且判断结论完全相反,或者为存在,或者不存在。而在信用证实务中,显然这种情况不允许发生。正如本条"相符交单"定义的解读中提到的,"相符交单没有限度。实务中,要么构成相符交单,要么构成不符点交单,不存在第三种可能"。

ICC 在 R213 中说:单据不符没有"限度"。单据不是相符就是不符。所有单据必须符合跟单信用证的规定及 UCP。(There is no "extent" to which a document is discrepant, the document is either in order or discrepant. All documents must comply with the provisions of the documentary credit and the UCP500.)

如果开证行可以在 UCP 框架内有选择地审核单据,以确定是否构成相符交单,这同时意味着开证行在信用证下的承诺由于隐含着"审单顺序选择权",从而变得并不"确定",也并非"不可撤销"。对于受益人来说,此类信用证下飘忽不定的付款承诺与可撤销信用证有什么两样?

4. 开证行正确的做法是,通过非指定银行请受益人尽快明确交单顺序,而不是自行决定审单顺序。

同一面函下多套单据同时提交,根据 ICC 在 2005 年的春季年会上的意见,此时,银行必须将一个面函下的交单视为多套单据,并区别对待。其中的不符点单据,银行应拒付并通知不符点;而相符交单,银行将要求并在交单人确认同意单独处理后,相应地必须予以承付。换言之,银行不能因为一个面函而自行处理,而应与受益人充分沟通。

显然,本案例中的开证行也可以参照处理,而不是自行其是。

结论:
审单顺序选择权,掌握在交单人而不是开证行手里。

95. 船公司证明的船公司名称打印上去，算签署吗？

作者：林建煌

背景：

现有一份船公司证明，上面有船公司信头，下方仅有打印上去的船公司名称，这样能算是签字吗？

分析：

认定签字，首先需确认签字是一种证实方式。

UCP600 第 3 条：

A document may be signed by handwriting, facsimile signature, perforated signature, stamp, symbol or any other mechanical or electronic method of authentication. 单据签字可用手签、摹样签字、穿孔签字、印戳、符号或任何其他机械或电子的证实方法为之。

何谓证实方式？即根据唯一性，以证明单据出具行为的真实性。

结论：

就案中的船公司证明而言，打印上去的船公司名称，显然没有唯一性，不足以成为一种证实方式，所以，不算签字。

96. 45A 的内容，都是货物描述吗？

作者：林建煌

背景：

Provisional drawing 发票未显示 Final drawing price clause。

L/C 条款

＋45A/Goods descriptions：

Iron ore fines

Quantity：10,000WMT

Base price：100.00/DMT

Price terms：CFR SHANGHAI

The final unit price shall be the average of PLATTS Index 65PCT of CFR SHANGHAI during the month in which shipment effected.

＋LC 规定 Provisional drawing 和 Final drawing 两次支取货款，并在 46A（Documents required）中规定了 Provisional drawing 和 Final drawing 分别所需的单据。

单据情况

在 Provisional drawing 项下，受益人提交的发票中未包含"The final unit price shall be the average of PLATTS Index 65PCT of CFR North China during the month in which shipment effected."这一句子。

问题：

请问，Provisional drawing 的发票未显示 final drawing price clause，是否可接受？这符合 UCP Art.18（c）之"The description of the goods, services or performance in a commercial invoice must correspond with that appearing in the credit."规定吗？

分析：

理论上，45A 的内容名为货物描述，其实不一定都是货描描述。

实务中，45A 的货描必须符合信用证规定。但对于 45A 中非货描的部分，如单价、包装、产地、数量、制造商等。有些参照货描掌握，如单价，发票必须显示单价，这是 ISBP745 第 C6 段的规定。有些干脆就不参照货描掌握，如包装条件显示在箱单上时发票可以不显示。

96.45A 的内容,都是货物描述吗?

结论:

就本案而言,45A 中的最终价格条款,其实不是货描本身,也不是价格本身,那么,是参照货描掌握,还是不参照货描掌握呢?

笔者比较倾向于后者,不矛盾即可。

所以,本案中的临时发票没有显示最终价格条款,应该可以接受。

97. 付款保函要求 unpaid signed commercial invoice issued by the beneficiary，提交的发票仅由商会签署。可以吗？

作者：林建煌

背景：

案中付款保函适用 URDG758，要求其他支付性单据：unpaid signed commercial invoice issued by the beneficiary。

受益人索赔时，提交的发票，仅由商会签署。可以吗？

分析及结论：

任何一个单据，默认由出具人签署，以示证实。

URDG758 第 2 条：

Signed, when applied to a document, a guarantee or a counter-guarantee, means that an original of the same is signed by or on behalf of its issuer …… 签署，当适用于单据、保函或反担保函时，指其正本由出具人或其代表人签署……

显然，受益人所提到的未付款发票，按理必须由受益人签署。而如果仅由商会签署，则不可接受。

误解：

URDG758 第 19 条 c 款：

If the guarantee requires presentation of a document without stipulating whether it needs to be signed, by whom it is to be issued or signed, or its data content, then: 如果保函要求提交单据而未规定是否需要签字、由谁出具或签字以及其内容，则：

ii. if the document is signed, any signature will be accepted and no indication of

97.付款保函要求 unpaid signed commercial invoice issued by the beneficiary,提交的发票仅由商会签署。可以吗?

name or position of the signatory is necessary.如果该单据已经签字,任何签字将被照予接受,而无须表明签字人的名称或职位。

根据上述规定,有人会提出争议,谁签署发票都可以。

显然,这一判断忽略了 URDG758 第 2 条对签字的定义,也违背了常识。

98. "不延即付"下如何确定相符索赔?

作者:林建煌

背景:

案中的付款保函适用于 URDG758,受益人通过交单行向担保人提交"不延即付"索赔,要求担保人或者付款或者保函延期 6 个月,但少了保函所要求的副本运输单据。

担保人收到索赔后中止付款。20 天后,收到指示方拒绝展期的通知,并同意赔付。

受益人收到索赔款后,索要迟付利息,因为本索赔为"不相符索赔",而担保人付款过了 5 个工作日。

问题:

受益人索要迟付利息,合理吗?

分析:

按理,担保人收到"不延即付"索赔时享有 30 天的宽限期。依据如下:

URDG758 第 23 条 a 款:

如果相符索赔包含作为替代选择的展期请求,担保人可以中止付款,但中止时间不得超过索赔翌日起 30 个日历日。

然而,请注意,上述 30 天的宽限期,必须基于"相符索赔"这一前提。换言之,如果受益人所交不是相符索赔,则不适用 30 天宽限期。

那么,怎么算相符索赔呢?是以"客观"上无不符点的索赔为相符索赔,还是以"主观"上担保人没有发现不符点,或发现了不符点但没有拒付,或拒付失效的索赔为相符索赔呢?

显然,如果相符索赔是建立在"客观"的标准上,则 URDG758 第 23 条 a 款将不适用,那么,担保人有义务支付迟付利息;反之,如果相符索赔是建立在"主观"的标准上的,则担保人无义务支付"迟付"利息,因为其有权享受 URDG758 第 23 条 a 款赋予的 30 天宽限期。

结论:

笔者认为,URDG758 第 23 条 a 款中的相符索赔,应该适用担保人的"主观标准",因为担保人不愿意去认定不符点,则相当于放弃了不符点,也相当于不符点不存在。

在这个意义上,受益人索要迟付利息并不合理。

当然,如果担保人由于主观上疏忽未发现不符点,其可能无法从反担保人或指示方处获得偿付,或者反担保人或指示方不同意展期,则后果自担。

99. 付款保函要求 signed commercial invoice，提交的发票仅由商会签署。可以吗？

作者：林建煌

背景：

付款保函适用 URDG758，要求凭索赔书索赔，并附上 original unpaid signed commercial invoice 一份。

结果，提交的发票仅由商会签署，可以吗？

分析及结论：

按理，保函下要求签署的任何一个单据，默认必须由出具人签署，包括发票。

URDG758 第 2 条：

Signed, when applied to a document, a guarantee or a counter-guarantee, means that an original of the same is signed by or on behalf of its issuer … 签署，当适用于单据、保函或反担保函时，指其正本由出具者或其代表人签署……

显然，案中的发票仅由商会签署，并没有满足要求。

引申：

UCP600 下信用证要求 signed commercial invoice。结果，提交的发票仅由商会签署，还可以吗？

按理，同样应该由受益人签署，虽然 UCP600 本身没有直接规定。

100.保函失效之后,可以展期吗?

作者:林建煌

背景:

保函展期是常有的事。实务中,大部分的保函展期会发生在效期之内。

那么,保函在"不延即付"索赔下,担保人决定展期,但已经过了有效期。该"展期"对外发生效力吗?

分析:

按理,展期是针对保函的有效期而言,换言之,如果保函都已经失效了,这相当于保函不存在,便谈不上展期。

然而,保函毕竟是一种特殊的合同。

保函下的"不延即付"索赔,相当于受益人发起了展期的要约,而担保人决定展期相当于对该要约作出了同意,那么,一个新保函就诞生了。

在这个意义上,笔者认为,过效期保函的"展期"虽然不是字面意义上的展期,相当于开了一个内容与原保函一样,而期限更长的保函。

结论:

所以,该"展期"当然对外发生法律效力。

引申:

信用证与此同理。

101. "不延即付"索赔下担保人展期短于受益人的要求期限？

作者：林建煌

背景：

URDG758 下保函，有效期至 2014 年 5 月 31 日。

受益人于 5 月 11 日提交"不延即付"相符索赔，要求有效期延至 2014 年 11 月 30 日。

指示方声称申请人会在 6 月底前履约。相应地，担保人于 6 月 10 日根据指示方的要求，把保函有效期延至 6 月 30 日。

那么，保函的实际有效期是 6 月 30 日吗？

分析：

显然，案中的担保人延展效期至 6 月 30 日，是单方面行为，所以，这相当于是担保人重新发起了一个修改，请求受益人同意。换言之，如果受益人同意了，则该效期相应延展至 6 月 30 日；而如果受益人不同意，则该效期没有延展，仍为原 5 月 31 日。

结论：

相应地，如果受益人 6 月 20 日表示不同意这一个新修改，那便意味着担保人实际上在 6 月 10 日（中止期满的第 30 个日历日）就必须对受益人付款。显然，该付款还必须加上迟付利息。因为担保人已经违背了"不延即付"相符索赔规则。

102. CFR Shanghai Yangshan 与 CFR Shanghai WAIGAOQIAO,一样吗?

作者:林建煌

背景:

信用证 45 场中规定:CFR Shanghai Yangshan。

实际交单显示:CFR Shanghai WAIGAOQIQO,实际到货也是外高桥。这样算是不符点吗?

分析及结论:

就字面上看,二者应该分别对应于上海港的不同的港区,从而是不符点。

103. 两种货物下是否超支？

作者：谭永华
整理：林建煌

背景：

信用证金额 USD100 000，可分批，要求发运：
——10 件货物 A @USD5 000；
——10 件货物 B @USD5 000。
受益人第一次交单，发运 11 件货物 A，总值 USD55 000。开证行接受单据。

问题：

受益人第二次交单，发运 10 件货物 B，总值 USD50 000。有不符点吗？

第一种观点：
第一次开证行接受超运和超支的不符点，信用证的结余应为 USD50 000，而不是 USD45 000，否则货物 A 的超运和超支将会影响货物 B 的发运。
所以，第二次交单没有不符点。

第二种观点：
开证行接受超运不符点，但不存在超支不符点，信用证的结余应为 USD45 000。
所以，第二次交单构成不符点：超支。

分析及结论：

虽然证中货描部分没有显示 A 货物与 B 货物的分项金额，笔者仍然认为，该金额客观存在，所以，赞同第一种观点，即第一次交单开证行接受，便意味着也接受了超支不符点。
相应地，第二次交单没有不符点。

提醒：

未见国际商会就类似情形发表过针对性的意见，建议实务中谨慎把握。

104.代理托运人提单如何背书?

作者:林建煌

背景:
提单显示 Consignee:To order
同时显示:Shipper:A Co. O/B B Co.
那么,谁有权背书?谁拥有货权?

分析:
在托运关系上,A公司是B公司的代理。

结论:
如果是A背书,必须同时注明 A Co. O/B B Co.;如果是B背书,直接背书即可。

105. ICC DOCDEX 259 号决定：汇票上没有显示出具日期，可以拒付吗？

翻译：张明伟

原文摘自 DC INSIGHT 2007 年秋季刊第 3 号卷 5。此案例虽然表面上比较简单，但它涉及很多银行单证审核实务中的常见问题，对指导实际工作有很强的参考价值。专家决定所体现的 UCP 本质精神和 ICC 务实态度，更是值得单证从业人员深入领会和思考。

DOCDEX 259 号决定

涉及的主要条款：ISBP645 第 28 段、92 段；UCP500 第 32 条和 14 条 d 款。

争议的主要问题：汇票日期；提单的装船日；商业发票上的发票号码 VS 提单（应是保险单—译者注）上的号码；提单上"清洁已装船"；货物描述和受益人地址。

发起人（保兑行）：F 银行

应答人（开证行）：T 银行

背景和单据：

专家已研判从发起人处收到的关于适用 DOCDEX 争议解决的请求，及由其提交的应答人于 2005 年 6 月 10 日开立、遵守 UCP500 的信用证下单据。我们已被告知根据 DOCDEX 规则第 3 条，应答人尚未关闭答复卷宗。

专家做出的决定，依据发起人的请求和提供的下列单据：(1) 争议信用证的副本；(2) 该信用证修改的副本；(3) 争议单据的副本和发起人与应答人之间关于本案的往来通信。

应答人于 2005 年 8 月 1 日拒付单据。在收到发起人的交单后，应答人在 8 月 1 日发送给应答人一份 SWIFT MT799，表明下列六个不符点：

——汇票上未显示汇票出具日期

——提单上的"装船日"不能被确定

——商业发票上的发票号码与保险单上的发票号码不一致

——提单上未显示"清洁已装船"批注

——发票上的货物描述 I/O 信用证条款

105.ICC DOCDEX 259 号决定:汇票上没有显示出具日期,可以拒付吗?

——发票上的受益人地址 I/O 信用证条款

分析:

第一条:该证适用议付并要求应答人受票的汇票,但信用证中未要求该汇票注明出具日期。虽然如此,大多数国家的票据法,即使是如本案的即期汇票,都要求汇票注明出具日期。因此,应答人认为(汇票)缺少出具日期的问题不是没有道理的,**即使从严格意义上讲,这并不是一个不符点。**

为解决这一问题,发起人要求应答人为汇票加具遗漏的日期。该行为在 8 月 1 日,也就是发起人收到拒付通知的同一天完成。8 月 4 日,发起人再次重申其对应答人在汇票加具日期的要求,并同时发送了要求应答人如此行事的受益人授权。

作为专家,我们不能想象任何银行将拒绝,按其从另一家银行收到的要求行事。**我们认为不符点,如果是指此问题,已被解决。**

第二条:提单,签发日期"7 AUG2005",由预先印制字句表明货物已被装运于船。除此之外,提单上的批注显示"GOOD ON BOARD-7AUG2005"。无不符点。

第三条:交单包括 2 份不同的发票,其中 1 份发票自身写成的发票号码为 EP/950099,但在保险单据被显示为 EP/950/099。

专家组并不认为这是一个可以作为拒付单据理由的不符点。理由如下:我们认为,在发票号码最后 3 个数字前插入斜线的打印错误不会导致任何人相信该号码涉及不同的发票,尤其是单据(应是保险单——译者注)上有大量的数据,证明其确实已涵盖了包括在交单中的 2 份发票,即 EP/950099 和 EP/950100M 所代表的货物。参见 ISBP,ICC645 号出版物,第 28 段。

第四条:鉴于提单上只有一项条款可能被解释成声明货物有缺陷的条款,且该条款确切字句作为可以接受的一句话已被显示在信用证中,**专家组未能发现提单为何不能被接受**。必须提供带有"其为清洁"批注的提单不是信用证要求必备的条件。即使信用证有此要求,UCP500 第 32 条表明银行将视信用证中要求运输单据显示"清洁已装船"条款的要求已被满足,如果该运输单据没有显示明确声明货物或包装的缺陷的条款或批注。

提单上出现批注 CLEAN ON BOARD,但该批注已被删除/划掉。与此相关,我们注意到 ISBP 第 92 段,规定:"如果单词'清洁'出现在提单上并已被删除,该提单将不被认为存在该条款或不清洁,除非其特别出现一条款或批注声明货物或包装存在缺陷。"

第五条:我们不能确定我们理解应答人在主张不符点描述中使用的缩写(I/O)——"发票中的货物描述 I/O 信用证条款"。但是猜想它的意思是"发票(或可能两份发票)中的货物描述与信用证中的不一致"。

信用证中的货物描述非常简单,即:CONTINUOUS CAST STEEL BILLETS,SIZE:140 X 140 MM,LENGTH:11,800MM(+/-200MM)。**提交的两份发票上货物描述准确使用上述方式,无不符点**。某些信息,如由重量表示的确切数量和安置号码被附加于货物描述,但这些附加信息绝不会引起该发票不符。

第六条：主张不符点被表述为："发票中受益人的地址 I/O 信用证条款"。我们猜测它的意思是发票中显示的受益人的地址（或可能两份发票）与信用证显示的不同。专家组能够找到的唯一的不同是在国家名字的拼写上，国家 I 在信用证上被写成英语，在受益人的发票上被写成国家 I 的语言。从任何标准来看，这都不是不符点。

在 2005 年 9 月 16 日的 SWIFT 信息中，应答人再次主张其在 2005 年 8 月 1 日拒付通知中提及的不符点。但有如下变化：8 月主张的不符点第一条和第四条没有被包括在此新的不符点清单，但新增一个："保险单中 T 国的索赔机构没有显示名称和地址。"

此份新的不符点主张没有任何作用，三点原因：(1)信用证未要求索赔机构的名称和地址显示在保险单据上；(2)根据 UCP500 第 14 条 d 款，开证行必须发出不符点通知"毫不延迟，但不得晚于在收到单据翌日起第 7 个银行日结束"；(3)根据同一条款，在一套单据中发现的所有不符点必须被包含在同一份拒付通知中。

在 2005 年 10 月 5 日的 SWIFT 信息中，应答人解释发起人的索偿未被支付是由于：提单上显示的装船日"7 AUG,2005"与其他单据的签发日冲突。商业发票上"件数"没有被信用证要求。保险证明上显示的号码"EP/950/099"与商业发票矛盾。

关于第一句，专家组不能确定应答人说装船日"与其他单据的签发日"存在冲突是什么意思。专家组看不出冲突。关于第二句和三句，这些主张已经在我们分别对原始拒付通知第五条和第三条的意见中被处理。

结论：

基于以上分析，专家组毫无异议地决定：**发起人做出的交单应被接受**。

专家组指出，他们不同意发起人的观点：因其保兑信用证，而产生信用证必须做成发起人——凭由发起人作为付款人的汇票——付款的结果。发起人作为要求以应答人为汇票付款人并由应答人依据收到汇票和单据付款的信用证指定的一家议付银行，为信用证加具其自身的保兑，该保兑并不使任何现状的改变成为必要。

106.保函日期早于基础合同签订日期,可以吗?

作者:林建煌

背景:

外保内贷下保函适用 URDG758,保函出具日期:2014 年 6 月 23 日。所担保的借贷合同签订日期:2014 年 6 月 25 日。可以吗?

分析:

通常是先有借贷合同,再有保函。所以,通常借贷合同日期会早于保函日期。

然而,实务中外保内贷下借贷合同往往在保函收到之后才会正式签订,所以,通常会晚于保函日期。

在 URDG758 框架内,保函日期早于基础合同签订日期,是可以接受的。

建议:

借贷合同签订于保函出具之前,同时规定:于收到保函后生效。

107. 保函效期 2014 年 3 月 1 日，但担保人处突发洪水，效期将延展至 3 月 31 日吗？

作者：林建煌

背景：

保函适用 URDG758，效期 2014 年 3 月 1 日。当日担保人处突发洪水，受益人无法交单索赔。

结果，3 月 31 日受益人提交索赔。可以吗？

分析：

URDG758 第 26 条 b 款 i 项：

Should the guarantee expire at a time when presentation or payment under that guarantee is prevented by force majeure：

Each of the guarantee and any counter-guarantee shall be extended for a period of 30 calendar days from the date on which it would otherwise have expired，…

如果保函项下的交单或付款因不可抗力而不能履行，在此期间保函失效，则：

保函与反担保函均自其失效之日起延展 30 个日历日。担保人应在可能的情况下尽快通知指示方，或者反担保函情形下的反担保人，有关不可抗力及展期的情况，反担保人则应照此通知指示方。

根据上述规定，显然由于突发洪水，保函有效期将在原有效期的基础上自动延展 30 个日历日。

那么，是延展至 3 月 30 日，还是 3 月 31 日呢？

ISBP745 第 A15 段：

The words "from" and "after"，when used to determine a maturity date or period for presentation following the date of shipment，the date of an event or the date of a document，exclude that date in the calculation of the period. For example，10 days after the date of shipment or 10 days from the date of shipment，where the date of ship-

107.保函效期2014年3月1日,担保人处突发洪水,效期将延展至3月31日吗？

ment was 4 May, will be 14 May. "从……起(from)"和"在……之后(after)"这两个词语,当用于确定装运日期、事件日期或单据日期之后的到期日或交单期时,将不包括该日期。例如,当装运日期是5月4日时,装运日期之后10天或从装运日期起10天,均指5月14日。

参照上述规定,保函效期应该延展至3月31日。

结论：
案中,受益人于3月31日提交索赔,应该可以接受。

108. 保单注明 DUPLICATE，这是正本，还是副本？

作者：林建煌

背景：

保险单显示，出具正本数量一份。

交单中三份保险单：第一注明 ORIGINAL，第二注明 DUPLICATE，第三注明 COPY，其他要素完全相同。

开证行拒付，说保险单显示出具一份正本，然而实际提交两份正本。

分析：

保单注明 DUPLICATE，这是第二联的意思，并不意味着其一定是正本，或一定是副本。

结论：

注明 DUPLICATE 的保单，到底是正本，还是副本，需依其要素，如是否带签署等，以综合判断出单人的意图而定。

109.信用证要求 FOB SHANGHAI，提交的提单显示"freight paid"。可以吗？

作者：林建煌

背景：

信用证要求 FOB SHANGHAI，但并没有对提单的运费支付方式显示作出要求。提交的发票显示 FOB SHANGHAI，提单显示"freight paid"。可以吗？

分析：

国际商会在 R126 中说：IT AGREED THAT IN A CREDIT WHICH INDICATED THAT THE GOODS WERE TO BE DELIVERED ON FOB TERMS, A "FREIGHT PAID" BILL OF LADING OR OTHER "FREIGHT PAID" TRANSPORT DOCUMENT WAS ACCEPTABLE UNLESS THE CREDIT TERMS SPECIFICALLY PROVIDED TO THE CONTRARY.

结论：

所交提单可以接受。

引申：

如果案中信用证要求提单显示运费 freight collect. 提交的提单显示"freight paid"。还可以吗？

同样根据国际商会上述意见，显然，所交提单不可接受。

110. 提交影印本可满足 C/O in 1 copy 的要求吗?

作者:谭永华

背景:

在 2014 年 5 月份的 Documentary Credit World 中的其中一篇文章,提及一份信用证,要求"draft at sight in duplicate; signed commercial invoice in 5 originals; CMR in 1 original and 2 copies; certificate of origin in 1 copy; certificate of quality in 1 original"。

开证行拒付,原因是受益人提交了原产地证的影印本。

文章作者以 UCP600 第 17 条 d 款反驳开证行,开证行则以当时的 ISBP681 第 30 段 a 款(即 ISBP745 第 A29 段 d 款)回应,事件最终以申请人接受不符点结束。

分析及结论:

根据 ISBP745 第 A29 段 d 款的规定——"When a credit requires, for example, presentation of: i. 'invoice' 'One invoice', 'Invoice in 1 copy' or 'Invoice —1 copy', it will be understood to be a requirement for an original invoice",我们可把 certificate of origin in 1 copy 理解为开证行所要求的是一份正本的原产地证。若信用证没有提及原产地证正本的处理,要求正本的说法就更有说服力。

要留意的是,ISBP 不是一个独立的惯例,不能单独使用。

在 ISBP745,Scope of the publication 第 i 段就表明 ISBP 必须结合 UCP600 来解读。

第 ii 段又规定:The practices described in this publication highlight how the articles of the UCP600 are to be interpreted and applied, to the extent that the terms and conditions of the credit, or any amendment thereto, do not expressly modify or exclude an applicable article in UCP600。

由此可看到 ISBP,只在相应的 UCP 条款没有被修改的情形下才能运用。

当信用证条款对 UCP 作出修改时,相应的 ISBP 和惯例的其他相关规定便不适用。

ISBP745 第 A29 段 d 款是对应 UCP600 第 17 条 a 款 At least one original of each document stipulated in the credit must be presented 而写的,当第 17 条 a 款被修改时,第 A29 段 d 款的相关部分亦不适用。

110.提交影印本可满足 C/O in 1 copy 的要求吗？

在上述的信用证中，开证行所要求的文件，除原产地证外，都是使用 original 来表示正本，copy 表示副本，所以原产地证中 1 copy 所指的应是副本。这亦是对 UCP600 第 17 条 a 款的修改，所以开证行所引用来拒付的 ISBP681 第 30 段 a 款，亦即 ISBP745 第 A29 段 d 款亦将不适用于此信用证。

换个角度看，原产地证条款中 copy 一词，有两个解释的可能：一是件数，二是副本。当这两个解释都有其合理性时，选择使用那个解释的权利，将归于受益人。所以无论受益人提交的来源证是正本或是副本，开证行都必须接受。

建议：

开证行开证时，当使用到 copy 一词时，要留意词义的问题。不应将代表副本的 copy 和代表件数的 copy 同时使用，以免产生开证行与受益人双方因不同解读而产生的问题。

笔者相信此问题无论是交到 ICC 讼裁或法庭审判，开证行都会处于不利地位。

111. 纸质快递收据上的条形码是签字吗？

作者：林建煌

背景：

纸质的快递单上有条形码又有签字栏。

签字栏中没有签字。

那么，条形码算签字吗？

分析及结论：

条形码应该不能算签字。

以 DHL 为例，条形码产生于快递业务之前，空白的快递单上已印就了条形码。总不能说快递业务都还没有寄，DHL 就已经签字了。

质疑：

条形码是否可以算电子签字呢？

ISBP745 第 A35 段：

a. A signature, as referred to in paragraph A31(a), need not be handwritten. Documents may also be signed with a facsimile signatures(for example, a pre-printed or scanned signatures), perforated signatures, stamp, symbol (for example, a chop) or any mechanical or electronic method of authentication.

第 A31 段 a 款提及的签字，无须手写。单据签署也可以使用摹样签字（例如，预先印就或扫描的签字）、穿孔签字、印戳、符号（例如，印章（chop））或任何机械或电子的证实方式。

c. A statement on a document such as "This document has been electronically authenticated" or "This document has been produced by electronic means and requires no signature" or words of similar effect does not, by itself, represent an electronic method of authentication in accordance with the signature requirements of UCP600 article 3.

111.纸质快递收据上的条形码是签字吗？

单据上声明诸如"本单据已经电子证实（This document has been electronically authenticated）"或"本单据以电子方式缮制且不要求签字（This document has been produced by electronic means and requires no signature）"或类似措辞，根据 UCP600 第 3 条的签字要求，其本身不表示一种电子证实方式。

d. A statement on a document indicating that authentication may be verified or obtained through a specific reference to a website (URL) constitutes a form of electronic method of authentication in accordance with the signature requirements of UCP600 article 3. Banks will not access such websites to verify or obtain authentication.

单据上声明证实可以通过明确提及的网址（URL）确认或获得，根据 UCP600 第 3 条的签字要求，这将被视为一种电子证实方式。银行将不访问该网址以确认或获得该证实。

根据上述规定，条形码应该也不能算电子签字，因为签字的目的是为了核实，而条形码的功能本意不在于核实，而在于确认某种编号。

112. 何时为"银行5个工作日的起算日"?

作者：北京银行杭州分行　谢莉莉
审核：王栋涛

背景：

内保外贷下，A 银行上海分行开出备用信用证（STANDBY L/C），受益人是 B 银行卢森堡分行。该备用证适用于 UCP600，允许电子索赔，索赔条件为借款人不能按时归还本金及/或利息，开证行见索即付；付款时间为5个银行工作日。

B 银行卢森堡分行于 2014 年 7 月 4 日（周五）发出 MT799 索赔，A 银行上海分行收到报文的时间为当晚 21:45，由其系统自动接收并打印。此时，A 银行上海分行国际部相关工作人员已下班，并于 7 月 7 日（次周周一）上午 9 点工作时方见到报文。双方当事人对于 UCP600 第 14 条 b 款关于银行 5 个工作日的起算日如何界定产生分歧。

争议：

A 银行认为：B 银行于周五当晚已接收到 MT799，应视为已收到报文，理应将次周周一视为银行 5 个工作日的起算日，应于 7 月 11 日前（包括当日）赔付。

而 B 银行认为：MT799 虽于周五被 B 银行接收，但因相关工作人员已下班，于次周周一才见到报文，因此，收到报文的日期应为周一，从周二起计算银行 5 个工作日，应于 7 月 14 日前（包括当日）赔付。

问题：

何时为银行 5 个工作日的起算日？A 银行的观点正确，还是 B 银行的观点正确？

分析：

UCP600 第 14 条 b 款：

按照指定行事的被指定银行、保兑行（如有）以及开证行，自其收到提示单据的翌日起算，应各自拥有最多不超过 5 个银行工作日的时间以决定提示是否相符(…HAVE A

112.何时为"银行 5 个工作日的起算日"?

MAXIMUM OF FIVE BANKING DAYS FOLLOWING THE DAY OF PRESENTATION TO DETERMINE IF A PRESENTATION IS COMPLYING)。

如何认定 THE DAY OF PRESENTATION?何时为银行 5 个工作日的起算日?A、B 银行的争议点,国际商会在 R265 案例中给出了明确答复。

R265 案中,开证行在周六的营业时间为 9:00—13:00,收发部门则一天 24 小时工作。该收发部门在 13:30(银行营业时间之外)签收了寄自议付行的单据。开证行的信用证部门在周一即下一个营业日收到单据。

开证行收到单据的日期是周六还是周一呢?

对此,国际商会的结论是:UCP 允许银行拒绝接受工作时间结束之后提交的单据。而正常工作时间之外接受单据,就本案例而言,意味着周六将作为收到单据的日期计算在内。(ART45 OF UCP500, IN EFFECT, ALLOWS A BANK TO REFUSE THE PRESENTATION OF DOCUMENTS AFTER THE CLOSE OF THEIR BUSINESS HOURS. BY ACCEPTING A PRESENTATION OF DOCUMENTS OUTSIDE THE BANK'S NORMAL BANKING HOURS WOULD MEAN THAT, IN THIS CASE, SATURDAY WOULD COUNT AS THE DAY OF RECEIPT OF THE DOCUMENTS FOR THE PURPOSES OF SUB-ARTICLE 13(B))。

结论:

就本案例而言,虽然 B 银行工作人员已下班,但系统已自动接收报文,仍应将系统接收报文的日期(周五)视为 B 银行已接收到报文,将次周周一视为银行 5 个工作日的起算日,B 银行应于 7 月 11 日前赔付。

113. 使用 MT999 格式发送拒付通知,是否有效?

作者:谢莉莉
审核:王栋涛

背景:

信用证申请人 A 向 B 银行杭州分行申请开立信用证,适用于 UCP600。受益人为 C,通知行为 D 银行纽约分行。受益人 C 通过 D 银行纽约分行交单,单据的提交日期晚于信用证规定的交单期。此时,因商品价格浮动,申请人不愿再购买该商品,因此,B 银行杭州分行在收到单据的第三个银行工作日以晚交单为由通过 MT999 格式电文向 D 银行发出拒付通知。双方当事人就该拒付通知是否有效产生争议:

B 银行认为:该拒付通知中明确表明了拒绝付款的意图,且列明了单据中的不符点,并包含"我行将保留单据听从交单者指示(HOLDING THE DOCS PENDING FURTHER INSTRUCTIONS FROM THE PRESENTER)"字样,因此该拒付通知有效。

D 银行认为:B 银行未使用 MT734 格式电文发送拒付通知,该拒付通知无效。B 银行应在到期日付款。

问题:

使用 MT999 格式发送拒付通知,是否有效?

分析及结论:

我们支持 B 银行的观点,理由如下:

1.UCP600 第 16 条 d 款规定:第 16 条 c 款要求的通知必须以电讯方式(TELE-COMMUNICATION),如不可能,则以其他快捷方式,在不迟于交单翌日起的第 5 个银行日结束前发出。

何为"TELECOMMUNICATION"? 百度百科解释为:指利用电子技术在不同的地点之间传递信息。包括不同种类的远距离通讯方式,例如:无线电、电报、电视、电话、数据通讯以及计算机网络通讯等。同时,国际商会在 R262 案例中认定:电讯方式包括电话,如必要的话,以书面方式证实(TELECOMMUNICATION, IN THESE CIR-CUMSTANCES, INCLUDES TELEPHONE (FOLLOWED BY WRITTEN CON-

113.使用 MT999 格式发送拒付通知,是否有效?

FIRMATION WHERE NECESSARY))。可见,电话也是电讯方式的一种。而 MT999 是非加押的自由格式电文,是 SWIFT 电文中一种被广泛应用的格式,显然属于电讯方式。

因此,该拒付通知满足 UCP600 第 16 条 d 款的规定。

2.UCP600 第 16 条 c 款规定:当按指定行事的被指定银行、保兑行(如有)或开证行决定拒绝承付或议付时,必须就此向交单者发出一次性通知。该通知必须声明:

i. 银行拒绝承付或议付;及

ii. 银行据以拒绝承付或议付的每一个不符点;及

iii. a)银行保留单据听候交单者进一步指示,或

b)开证行保留单据至其收到申请人放弃不符点的通知并同意接受该放弃,或至同意接受申请人对不符点的放弃之前从交单者处收到其进一步指示,或

c)银行将退回单据,或

d)银行将按先前从交单者处获得的指示处理。

在 SWIFT 电文中,MT734 电文被称为拒付通知(ADVICE OF REFUSAL),该电文格式是被广泛使用的拒付电文格式,符合 UCP600 第 16 条 c 款的规定。通过 MT999 格式电文发送拒付通知是否有效,关键在于 MT999 电文与 MT734 电文的区别。区别如下:

(1)电文格式的区别

在 MT734 电文中,无须表明拒付意图,因为其电文格式为拒付通知格式,发送 MT734 电文即满足拒付通知的要求。而在 MT999/MT799 电文中,因其电文格式未含有拒付字样,需在电文中明确表明拒付意图,同时,电文内容需满足 UCP600 规定第 16 条 c 款规定的拒付要素。因此,虽然 MT734 电文与 MT999/MT799 电文的格式不同,但只要 MT999/MT799 电文表明拒付意图,且内容包含 UCP600 第 16 条 c 款规定的拒付要素,通过 MT999/MT799 电文发送拒付通知,仍能满足 UCP600 第 16 条 c 款关于拒付通知的要求。

(2)是否存在 SWIFT 密押的区别

SWIFT 密押是独立于电传密押之外、在代理行之间相交换的、仅供双方在收发 SWIFT 电讯时使用的密押。SWIFT 密押具有可靠性、保密性强、自动化程度高的特点。MT734/MT799 为 SWIFT 加押电文,MT999 为 SWIFT 不加押电文。是否存在 SWIFT 密押关系,并不改变开证行已发送拒付通知的事实,不影响其电文的真实性,因此不影响拒付通知的效力。因此,虽然 MT999 为不加押电文,但以该格式发送拒付通知,其效力等同于 MT734/MT799。

综上所述,MT734 电文与 MT799/MT999 电文之间的区别,不足以影响拒付通知的效力,因此,只要 MT999 电文满足 UCP600 第 16 条 c 款的规定,以该格式发送的拒付通知有效,D 银行的观点不成立。

本案例中,B 银行杭州分行在收到提示单据的 5 个银行工作日内,通过电讯方式

(MT999电文)向D银行纽约分行发送拒付通知,电文中明确表明拒绝承付的意图、列明凭以拒付的每一个不符点,包含所有UCP600第16条c款规定的拒付要素,符合UCP600关于拒付的规定,因此,该拒付通知成立,拒付电文有效。

114. 提单和船证明签署者需要一致吗?

作者：北京银行杭州分行　陈凌峰
审核：王栋涛

背景：

受益人提交的提单显示签署栏位为：ABC AS AGENT FOR THE CARRIER XYZ，而且信用证还要求提交一份船公司证明，船公司证明的签署栏位显示为：DEF AS AGENT FOR THE CARRIER XYZ，提单和船证的签署人不一致，是否存在不符点？

分析：

信用证要求的船公司证明即由船公司（shipping company）出具的证明文件。那么，何为船公司呢？根据 ISBP745 第 A19 段 f 款："shipping company" when used in the context of the issuer of a certificate, certification or declaration relating to a transport document-any one of the following: carrier, master or, when a charter party bill of lading is presented, the master, owner or charterer, or any entity identified as an agent of any one of the aforementioned, regardless of whether it issued or signed the presented transport document. "船公司"，作为与运输单据有关的证明书或证明、声明书或声明的出具人时，指以下任何一方：承运人、船长，或租船提单下的船长、船东或租船人，或表明作为上述任何一方代理人身份的实体，不管其是否出具或签署了所提交的运输单据。

因此，在信用证实务中，所谓"船公司 shipping company"，是指承运人、船长，或租船提单下的船长、船东或租船人，或注明作为上述任何一方代理人的实体，是一个较为宽泛的概念。

结论：

上述案例中 DEF 作为承运人 XYZ 的代理人签署了船公司证明，而 ABC 是作为承运人 XYZ 的代理人签署了海运单据。无论提单由谁签署，只要 DEF 表明其为 XYZ 的代理人，由 DEF 签署船公司证明不存在不符点即可。

115. 电放提单下的交单期限

作者：陈　滟
审核：王栋涛

背景：

信用证 31D 为：2014 年 5 月 25 日开证行柜台，被指定银行为开证行。46A 规定要求提交全套正本海运提单，同时在 47A 规定电放提单可接受，交单期限为装运日后 10 天但不得晚于信用证规定的有效期。

开证行于 2014 年 5 月 20 日收到交单行寄来的单据，提交的运输单据为标有"Original"字样的正本并加注"Surrendered"的电放提单，且该提单显示"On board date"为 2014 年 5 月 8 日。

开证行提出不符点：Late presentation。

交单行反驳：不符点不成立。电放提单不是 UCP 意义上的运输单据，根据 ISBP745 第 A6 段 c 款，只要在信用证有效期内提交即满足信用证要求。

问题：开证行所提不符点是否成立？

分析及结论：

根据 ISBP745 第 A6 段 c 款规定：UCP600 第 19—25 条涵盖的运输单据的副本，不适用于 UCP600 第 14（c）条规定的 21 个日历日的默认交单期限，或者信用证规定的任何交单期限，除非信用证明确表明了用于计算交单期的基础。否则，交单可在任何时间作出，但是无论如何不得晚于信用证的失效日（Copies of transport documents covered by UCP600 articles 19—25 are not subject to the default period of 21 calendar days stated in UCP600 sub-article 14（c）or any presentation period stated in the credit, unless the credit explicitly states the basis for determining the presentation period. Otherwise, a presentation may be made at any time, but in any event not later than the expiry date of credit），也就是说，除非信用证明确规定交单期的计算方法，否则，副本运输单据只要其满足在信用证有效期内提交即可。本案中信用证规定的"装运日后 10 天"的交单期限也是以提交正本运输单据为前提，而不适用于副本运输单据。

因此，本案的关键在于确认正本提单上加注"Surrendered"字样的电放提单是否仍属于正本运输单据范畴。

所谓"电放"，大意是由托运人（卖方）向船公司发出委托申请并提供保函后，由船公司或船代以电报或电传方式通知目的港代理,收货人无须凭正本提单提货,可凭收货人公司盖章的"电放提单"(由船公司或其代理签发的注有"Surrendered"或"Telex Released"字样的提单)传真件换取提货单以清关提货的海运操作方式。

实务中,电放有三种情况:第一种是在正本提单已经出具的情况下,由承运人在正本提单上标注"Surrendered"或"Telex Released"字样,并退回一份给托运人;第二种也是在正本提单已经出具的情况下,但承运人收回全套正本,出具另外一份加注"Telex Released"字样的提单副本给托运人;最后一种是没有出具正本提单,由承运人直接出具一份加注"Telex Released"字样的提单副本。值得一提的是,一般只在正本提单已经签发的情况下才会出现带有"Surrendered"字样的电放提单。本案中提到的电放提单,显然属于第一种情况。

由于目前有关的国际公约、各国的法律和法规中均无"电放"的定义,UCP也没有对"电放提单"进行定义,因此,关于正本提单上加注"Surrendered"字样的电放提单(以下简称"正本电放提单")是否属于正本运输单据,也有两种不同的观点。

第一种观点认为正本电放提单不属于正本运输单据。理由如下:根据UCP600第17(b)条:银行应将任何带有看似出单人的原始签名、标记、印戳或标签的单据视为正本单据,除非单据本身表明其非正本(A bank shall treat as an original signature, mark, stamp, or label of the issuer of the document, unless the document itself indicates that it is not an original),虽然从表面上看,正本电放提单与一般正本提单相比,差别只在于多了一个"Surrendered"的标注,但"Surrendered"本意为放弃,带有"Surrendered"字样的电放提单通常具有正本提单被收回的意思,即该提单本身就已经表明了其并非正本。换言之,正本电放提单不属于正本运输单据。

因此,本案中,根据以上观点及ISBP745第A6段c款,单据只要在信用证有效期内提交即满足信用证要求,即开证行所提不符点不成立。

第二种观点认为正本电放提单属于正本运输单据。理由如下:正本提单具有三项主要功能:货权凭证、货物收据以及运输合同证明。对于本案中提到的电放提单,与正本提单的区别在于,该电放提单不具有"货权凭证"的功能。但由于正本电放提单背面印就的条款仍规定了承运人与托运人之间的权利和义务,正本电放提单依然具有"货物收据"及"运输合同证明"的功能。换言之,正本电放提单只是缺少"货权凭证"功能的特殊的正本提单。

根据以上观点,单据仍须满足信用证要求的"装运日后10天"的交单期限,因此,开证行所提不符点成立。

建议:

我们更倾向于认同正本电放提单属于正本运输单据的观点,但是,鉴于未见国际商会就类似情况发表过针对性的意见,建议实务处理中审慎把握。

116. 最迟交单日可否延展？

作者：北京银行杭州分行　冯紫琳
审核：王栋涛

背景：

信用证要求交单期限：Documents must be presented within 3 days after shipment date but within the validity of the L/C.信用证有效期为 2014/10/30。信用证被指定银行为 Korea Exchange Bank Seoul。

情况 1.开证行于 2014/08/29 收到交单行 Woori Bank Seoul 寄来的单据，提交的海运提单显示：Shipped on board 2014/08/21。到单面函日期为 2014/08/25，面函中同时载有以下字句：We certify that all terms and conditions of the credit have been complied with. 注意到 2014/08/24 为韩国银行假日。

情况 2.交单行为 Korea Exchange Bank，其他条件不变。

问题：

两种情况下，是否存在不符点 Late presentation？（除此之外，单据无其他不符点）

分析及结论：

情况 1.UCP600 第 29 条 a 款规定：If the expiry date of a credit or the last day for presentation falls on a day when the bank to which presentation is to be made is closed for reasons other than those referred to in article 36, the expiry date or the last day for presentation, as the case may be, will be extended to the first following banking day. 如果信用证的截止日或最迟交单日适逢接受交单的银行非因第 36 条所述原因而歇业，则截止日或最迟交单日，视何者适用，将顺延至其重新开业的第一个银行工作日。

其中，交单到"the bank"具体指什么？根据 UCP600 第 2 条规定：Presentation means either the delivery of documents under a credit to the issuing bank or nominated bank or the documents so delivered. 交单指向开证行或指定银行提交信用证项下单据的行为，或指按此方式提交的单据。

只有交单到被指定银行、保兑行或开证行，才适用最迟交单日的延展条款，不适用于非被指定银行，尽管交单行面函中注明了确保相符交单字样。在非被指定银行交单的情况下，交单日期取决于开证行收到单据的日期 2014/08/29，此时，已过最迟交单日

2014/08/24。

因此,情况 1 下,单据存在不符点 Late presentation。

情况 2. UCP600 第 29 条 b 款规定:If presentation is made on the first following banking day, a nominated bank must provide the issuing bank or confirming bank with a statement on its covering schedule that the presentation was made within the time limits extended in accordance with sub-article 29 (a).(如果在顺延后的第一个银行工作日交单,指定银行必须在其致开证行或保兑行的面函中声明交单是在根据第 29 条 a 款顺延的期限内提交的。)

被指定银行交单,适用最迟交单日的延展,但需在面函中注明"the presentation was made within the time limits extended in accordance with sub-article 29 (a)."

本案中,被指定银行注明"We certify that all terms and conditions of the credit have been complied with"是否可行呢? 国际商会在 R372 中解释说:There is no requirement within UCP for the confirming or nominated bank to indicate to the issuing bank the date of receipt of documents or the date of negotiating. A statement on the covering schedule stating that all terms and conditions have been complied with (or similar) would constitute an acceptable confirmation that the documents were received within the time frame allowed by the terms and conditions of the credit.(单据可以在交单期限的最后一天提交给被指定银行。UCP 没有要求被指定银行告知开证行收到单据的日期或者议付日。交单面函上单证相符或类似的措辞构成并可以作为单据在信用证规定的期限内收到的证明。)

因此,情况 2 下,单据不存在不符点 Late presentation。

引申:

如果被指定银行交单,最迟交单日恰为周日,到单面函日期为之后的第一个工作日,但是面函中并未包含"顺延期限内提交"或"相符交单"或类似表述,开证行是否可以提出不符点 Late presentation 呢? 我们认为可以拒付,但是若随后交单行补充提交说明单据是在信用证规定的期限内收到的,则不符点 Late presentation 自动消失。

附录

附录

1.祝福"天九湾贸易金融圈"微信平台的诞生

　　中国贸易金融向何处去？波澜壮阔的人民币国际化和市场化大潮在奔腾，流贷贸易融资化大势不可阻挡，而一开始就高喊"银行不改变，就改变银行"的互联网金融，正在一天天改变着传统金融业的生态。有理由相信，中国的贸易金融正在翻开新的篇章。

　　研究创造价值。无疑，未来的银行将更加注重创新，而创新必须基于系统性和前瞻性的研究，研究客户的需求，研究市场与政策的变化，研究银行技术的奥妙，研究银行产品的长期趋势和最新动态。显然，中国的贸易金融不可能例外。

　　一元复始，万象更新。马年的正月十五，春意融融，生机勃发，"天九湾贸易金融圈"微信平台诞生了。"天"意高远，"九"寓精微，这个平台旨在成为一个有志于中国贸易金融事业的研究人士与实战精英激荡思想，畅谈人生，交流研究心得，交流实战体悟，交流中国化的国际国内贸易金融规则、产品、技术和创新商业模式的港湾。这个平台是一个"人人参与，人人共享"的开放式公益平台，将第一时间发布发起人及贸易金融研究团队的最新活动和研究动态，并将以自媒体的形式每日推送原创文章和案例，点评具有重大价值的原创文章和外围文章，以文会友，集聚招纳海内外有识之士。

　　我们共同祝福吧！

　　祝您和您的亲友元宵节快乐！

　　祝天下有情人情人节快乐！

　　祝"天九湾"的各位好友和研究团队成员，马年一马当先，新春快乐！

　　祝"天九湾"在各位同仁的支持下，马年万马奔腾，生日快乐！

"天九湾贸易金融圈"微信平台发起人

兴业银行　林建煌

江西财大　王善论

北京银行　王栋涛

2014年2月14日，正月十五

2. UCP600 实施两周半评论

作者：林建煌

由于信用证实务本身具有一脉相承的特点，UCP 也是一脉相承的。实施 UCP600 之后，随信用证实务的变化而发生一定的变化是不可避免的，但实质性变化不多。

在一脉相承中发展

举例来说，UCP600 新增了第 12 条 b 款关于"指定银行的权利，包括在可承兑付款和可延期付款信用证下融资"的规定。

UCP600 Article 12(b)：

开证行指定一家银行承兑汇票或做出延期付款承诺，即为授权该指定银行预付或购买经其已承兑的汇票或已做出的延期付款的承诺。

这一条款，直接来源于 UCP500 时期的巴黎巴银行（Banque Paribas）与桑塔德银行（Banco Santander）信用证欺诈案。该案中，桑塔德银行作为指定延期付款的银行在做出延期付款承诺之后提前付款买入该承诺。到期前，法院因受益人欺诈向作为开证行的巴黎巴银行颁发止付令。于是，桑塔德银行起诉巴黎巴银行，认为自己是善意第三人，提前付的款理应得到开证行巴黎巴银行的偿付。英国法院审理后认为，UCP500 第 9 条下开证行对指定银行的延期付款授权，只限于到期付款，作为指定银行的桑塔德银行在到期前的提前付款，超越了这一授权，所以不是善意第三人，欺诈情况下无权得到开证行巴黎巴银行的偿付。最终，桑塔德银行败诉，损失约 400 万美元。判决一出，国际银行界一片哗然。为了避免类似事件再次发生，UCP600 就有了这一条款。

显然，法院的判决，正是基于这一条款在 UCP500 下并没有明文规定。但这是否意味着 UCP500 下就没有与此条款类似的精神呢？实际上，作为开证行与受益人之间单据交易安排的信用证基本内容，就是"一手交单，一手付款"。在法理上讲，体现的是开证行权利与义务的对等，当然也体现了受益人权利与义务的对等。开证行在接受单据之时，必须同步承担付款，包括延期付款信用证下的延期付款。详见 UCP500 的规定：

UCP500 Article 15(a)：

当开证行授权另一家银行依据表面符合信用证条款的单据付款、承担延期付款责任、承兑汇票或议付时，开证行和保兑行（如有），应承担下列责任：

1. 对已付款、已承担延期付款责任、已承兑汇票或已做出议付的指定银行予以偿付。
2. 接受单据。

注意:延期付款有一个过程,承担延期付款责任也有一个过程,即从接受单据做出延期付款承诺,直至到期付款的一段时间内将连续包括两个动作的完整过程。换言之,单纯的延期付款承诺不算承担延期付款责任,单纯的到期付款也不算承担延期付款责任。

在这个意义上可以看出,作为开证行的巴黎巴银行,在信用证下对作为指定银行的桑塔德银行的延期付款授权,不仅包括到期付款,还应包括做出延期付款承诺本身,并不像英国法院所认定的该指定授权只限于单纯的到期付款。在这个意义上,我们有理由相信桑塔德银行不应该败诉,即桑塔德银行应该被认定为善意第三人,有权从巴黎巴银行获得偿付。

当然,这是经过一番复杂的逻辑推理之后才得出的结论。但无论如何,UCP600 的新规定毕竟让人一目了然,也正体现了 UCP 所孜孜以求和实务发展与时俱进的一面。

在与时俱进中完善

通常,一个信用证总会同时规定有效银行和有效地点。那么,同一个信用证下有效银行和有效地点有什么关系? 如果有不一致导致的矛盾,实务中应如何解读和执行呢? 这些问题看似微小,其实事关信用证有效期限和交单期限的确定、寄单丢失责任的认定以及欺诈下善意第三人地位的认定等重大问题。遗憾的是,长期以来这一问题一直悬而未决,但伴随着认识的深入,处理方法也在不断完善。

UCP600 Article 6(d)(ii):

可在其处兑用信用证的银行所在地即为交单地点。可在任一银行兑付的信用证其交单地点为任一银行所在地。除规定的交单地点外,开证行所在地也是交单地点。

从这一规定似乎可以看出,有效地点的确定,依附于有效银行,即先确定有效银行,后确定有效地点,二者之间是先后的关系,而不是平行的关系。尽管如此,问题仍然没有得到彻底解决。

比如,美国 CitiBank 开到国内的信用证规定:

31D——有效地点:China;

41D——有效银行:Issuing Bank.

根据上述条款,需要先根据 41D 确定信用证的有效银行为开证行美国 Citibank,之后自然就会清楚地知道信用证的有效地点即为美国 Citibank 所在地。此时,31D 中有效地点的规定,属于画蛇添足,但是它毕竟还是规定了有效地点为中国。这一规定明显与前面根据 41D 有效银行确定的有效地点为美国 Citibank 所在地的结论是互不兼容的。那么,这种互不兼容算是矛盾吗?

一种观点认为,不矛盾。有效地点的判断应以有效银行的判断为前提,如果互不兼容,则以有效银行所在地为准。换言之,此时信用证 31D 规定的有效地点中国由于无法兼容 41D 规定的有效银行美国 Citibank 所在地,将被排除,并不发生实际作用。这种观点导致的后果是,既然 31D 规定的有效地点不起作用,那么 31D 还有存在的必要吗? 这也是申请人和开证行以及受益人的本意吗? 答案显然不是这样。

195

另一种观点认为,这是矛盾的,根据 ISBP681 第二段的规定,应该按照对受益人最有利的方式进行解读和执行。

ISBP681 Para 2：
开证申请人承担其有关开立或修改信用证的指示不明确所导致的风险……

那么,如何解读和执行呢？国内较为流行的看法是,信用证除了在 41D 规定的有效银行美国 Citi bank 所在地交单外,还应该允许向在 31D 规定的有效地点中国的任何银行交单。

但是,这实际上已经改变了 UCP 下默认的交单期限的计算规则了。当然,这一种解读总是为受益人所乐见,而这也可能正是申请人和开证行的本意。

UCP600 Article 2：
交单,是指向开证行或指定银行提交信用证项下单据的行为,或按此方式提交的单据。
交单人,是指实施交单行为的受益人、银行或其他人。

表面看来,信用证交单中的交单人是指受益人,收单人是指有效银行。问题是信用证交单期限的确定,是以交单人交出的单据为准,还是以有效银行收到的单据为准呢？前者为发信主义,后者为收信主义。以上解读,实际上坚持的是发信主义,与 UCP 一直坚持的收信主义,即交单以有效银行收到为准不同,详见 UCP500 第 13 条 b 款。

UCP500 Article 13(b)：
开证行、保兑行(如有),或代其行事的指定银行,应有各自的合理的审单时间——不得超过从其收到单据的翌日起算七个银行工作日,以便决定是接受或拒绝接受单据,并相应地通知寄单方。

随着认识的深入,就目前的情况,我们建议实务处理以"避开争议"为原则,即进口开证从严,进口审单从宽,出口审证从严,出口审单从严。具体而言,进口开证中,避免出现 31D——有效地点与 41D——有效银行无法匹配的情况,防患于未然；进口审单上,如果信用证中已经出现了无法匹配的情况,则宜从宽把握,避免卷入纠纷；出口审单,则宜从严把握,提示风险,慎重融资。

当然,实务中还有许多类似的问题。比如,经常发生的信用证下运输单据运输起讫地点无法匹配的情况,这是 UCP600 时期信用证中新增了两个运输地点栏位所致。但无论如何,随着对实务问题的理解逐步深入,处理办法也将在与时俱进的过程中逐步完善。

本文发表于《中国外汇》2010 年 1 月期理财专刊
（原文题名为"新规则 新问题 新思考",略有改动）

3.揭开"信用证欺诈"的神秘面纱

作者：林建煌

信用证欺诈是个历久弥新的话题。新一轮金融危机"两亿美元信用证融资欺诈系列案"二审判决已经出来，但并未结案。期间，贸易界和银行界再一次领略信用证欺诈之害，也再一次如此迫切地希望揭开信用证欺诈的面纱，了解其庐山真面目，以有效规避操作风险。

欺诈的实质

防范信用证欺诈的对策，须依信用证欺诈的实质而定。要弄清楚信用证欺诈的实质，首先必须明白信用证是怎么来的，以及什么是信用证。（这里所说的信用证，特指商业信用证。）

众所周知，信用证是和汇款、托收并立的国际贸易结算方式。换言之，信用证的首要功能，就是结算货款。问题是，信用证的功能仅仅限于结算吗？回答是否定的。通常来说，信用证还担负着象征性交货的功能，即以交单来实现交货。

UCP600 Article 2：

信用证，是指一项不可撤销的安排，无论其名称或描述如何，该项安排构成开证行对于相符交单予以承付的确定承诺。

根据上述的定义，通俗而言，就是一句话："信用证，是开证行与受益人之间，基于开证行事先确定承诺的一项单据交易安排。"单据交易，即"款单对流"，包括两项内容：一手交单，一手付款。前者对应于交货功能，后者对应于结算功能。

请注意，交单意味着交货功能，是建立在一个前提之下，即默认的"单货对应"。试想，如果单据和货物无法对应，那么，交单还有什么意义？因此，受益人确保交单"单货对应"是信用证下"诚信"的狭义内涵，而信用证下狭义的"欺诈"内涵正是破坏了交单"单货对应"，这是真正意义上的信用证"欺诈"。这一点，可以从最高人民法院《关于审理信用证纠纷案件若干问题的规定》（以下简称《最高法司法解释》）的第8条的四种信用证欺诈情形的具体规定中得到印证。

《最高法司法解释》第8条：

凡有下列情形之一的，应当认定存在信用证欺诈：

（一）受益人伪造单据或者提交记载内容虚假的单据；

（二）受益人恶意不交付货物或者交付的货物无价值；

（三）受益人和开证申请人或者其他第三方串通提交假单据，而没有真实的基础交易；
（四）其他进行信用证欺诈的情形。

善意的实质

实务中，往往会涉及善意第三人，从而显得复杂。如果说信用证下真正的"欺诈"是对狭义"诚信"的否定，那么，"善意"就是对"欺诈"的再否定了。从前面的分析可以看出，无论是真正的"欺诈"，还是狭义的"诚信"，都只限于单据、单据与货物的对应关系，落实到信用证安排下就是受益人的交单行为了。相应地，信用证下的"善意"则应该指开证行和受益人以外的特定"第三人"的另一种单据行为了。具体而言，就是指定银行按开证行在信用证中的指定行事，而对受益人交单代为承付或予以议付的买单行为。遗憾的是，在银行实务和法律实务中，这常常成为盲点，导致银行在面对信用证中许多规定时，常常百思不得其解。

这里，以提交到 2009 年 ICC 布鲁塞尔秋季年会上表决但被撤回的TA690unapproved（现已通过，略有改动）为例。咨询者在该案例中问道：

如果一家未在交单之时做出延期付款承诺的指定银行，在开证行做出延期付款承诺后予以融资，是否算信用证下的善意第三人，从而可以享受欺诈例外的"例外"原则的保护呢？

显然，这一案例的情况，与下述规定略有不同：

UCP600 Article 12(b)：

开证行指定一银行承兑汇票或做出延期付款承诺，即为授权该指定银行预付或购买经其已承兑的汇票或已做出的延期付款的承诺。

以上规定把延期付款信用证下"有权"融资的指定银行，严格限定在已经在交单之时做出延期付款承诺而提前付款买入单据的一家银行。换言之，一旦发生欺诈，该银行只要是善意融资，便可以享受善意第三人的地位，受欺诈例外的"例外"原则的保护。

相比之下，咨询中的指定银行由于未做出延期付款承诺，便不适用于上述规定。

现在的争议在于：不适用上述规定，是否就意味着咨询中的指定银行不能算信用证安排下的"善意"第三人呢？笔者认为，咨询中的指定银行确实不是信用证下的"善意"第三人，理由倒不是其不适用上述规定，而是其融资提前付款买入的不是受益人的交单，而仅仅是受益人交单后所得的应收账款。换言之，在开证行做出延期付款承诺之后，指定银行并没有介入到信用证安排下的单据交易之中。没有介入单据交易，理所当然地，就无法获得信用证下的"善意"第三人的地位了。

咨询中接下来的问题是，该介入融资的指定银行，如果得到了开证行的另外授权，是否可以因此获得信用证安排下"善意"第三人的地位呢？笔者认为，即便开证行在做出延期付款承诺之后另外授权，如果未特别说明，指定银行也无法因此获得信用证下"善意"第三人的地位。正如前面的分析中所提到的，开证行的另外授权，无论如何，不能改变指定银行融资买入标的的性质，即只是款项让渡，只是买入应收账款，而不是买入信用证下受益人单据的事实。换言之，即便指定银行在开证行做出延期付款承诺之后买入应收账款,如果确实能获得"善意"第三人的地位,也是在信用证安排之外的事。

在绝大多数国家或地区,法律都允许款项让渡,且款项让渡下受让人的权利,并不优于前手,即让渡人。就本咨询而言,该让渡人就是实施欺诈的受益人,其权利不受UCP600的保护,而受信用证下欺诈例外原则的约束。在这个意义上,通过授权中特别说明,确认指定银行的"善意"第三人地位,已经不是信用证下,而只是款项让渡下。此时,已经超出了信用证安排,开证行通常不会自冒风险未经申请人同意而向指定银行发出如此授权,即便联系申请人绝大多数情况下也得不到申请人的同意。

就咨询中的这两个问题,ICC目前已给出最终的意见,即指定银行的买单行为可以后补,即可以在开证行承诺到期付款之后,以自己的名义向受益人承兑,继而买入自己承诺,便算买入单据。

例外的"例外"

实务中,最近常有人问:"承兑付款信用证下,开证行已经承兑但到期前发现受益人涉嫌欺诈,是否可以申请止付令?如果法院已经下了止付令,但开证行已经承兑,是否应该撤销呢?"对此,国内银行界和法律界、贸易界的回答众说纷纭。那么,《最高法司法解释》究竟应该如何解释?这一系列问题,已经现实地摆在新一轮金融危机下爆发下的一个惊天大案——宁波—澳新银行信用证欺诈系列案中,迫切地等待法院在判决中给出一个明确的回答。

业界应该知道,信用证运作遵循三条原则,即:

1. "诚信"前提下的独立抽象性原则;
2. "欺诈"前提下的欺诈例外原则;
3. "善意"前提下的欺诈例外的"例外"原则。

以上问题,涉及的是第三条原则,对应《最高法司法解释》第10条。

《最高法司法解释》第10条:

人民法院认定存在信用证欺诈的,应当裁定中止支付或者判决终止支付信用证项下款项,但有下列情形之一的除外:

(一)开证行的指定人、授权人已按照开证行的指令善意地进行了付款;

(二)开证行或者其指定人、授权人已对信用证项下票据善意地做出了承兑;

(三)保兑行善意地履行了付款义务;

(四)议付行善意地进行了议付。

从第10条第2项情形规定的表面来看,开证行一经承兑,法院便不能下止付令了,即便下了最终也得撤销,不管是否有善意持票人存在。

但是,直觉告诉我们,这一看法明显有失公平。UCP600框架内信用证下交易的"独立抽象性",以"诚信"为前提。这是第一个原则的本意。反之,如果事情发展到欺诈了,"诚信"这一前提就不成立了,UCP600框架内基于"独立抽象性"而设计的开证行付款责任理应不能适用。法院下止付令,正是基于受益人涉嫌欺诈,从而阻止开证行向受

"天九湾"单证案例 2014 年度汇编

益人付款,以维护交易公平。

对于受益人来说,由于涉嫌欺诈,得不到款项,理应受罚。对于开证行来说,由于受益人涉嫌欺诈不予付款,也合情合理。这是第二个原则的本意。反之,如果在付款前发现欺诈,而法律不支持止付令,这就意味着受益人尽管实施了欺诈,但仍得到了付款。显然,这无异于在纵容欺诈。当然,如果确有信用证下善意第三人存在时,则是例外,这是第三个原则的本意。换句话说,当无信用证下善意第三人时,《最高法司法解释》第 10 条第二项情形的规定是值得商榷的。金赛波律师在《信用证司法解释的逐条点评》中对此评论道:"司法解释的起草和制定过程中,甚至在最后通过的条文中,最高法院不幸没有把注意力放在正当持票人上,而只是放在承兑上,这在将来的信用证交易中可能给中国的开证申请人以及开证行带来灾难性的后果。"

司法解释颁布三年后,新一轮金融危机爆发了,上述规定面临着国内改革开放以来最大的一个信用证欺诈案——宁波—澳新银行信用证欺诈系列案的考验。该案是一组案件,爆发于 2008 年,经历了 2009 年一整年的时间,今年还将会是业界关注的焦点。据了解,涉案证下的单据大多数都已经过进口开证行承兑但未到期付款。该案中,绝大部分是由当地的民营企业作为实际进口方,使用当地大中型外贸公司的进口开证额度,委托其向当地的进口方银行申请开立远期承兑付款信用证,出口方和受益人为实际进口方的关联企业。之后,出口方与实际进口方合谋,多次虚构交易,利用仓单空转,向出口方银行申请远期议付套现。2008 年下半年金融危机爆发,实际进口方资金链断裂无力还款,当地法院应外贸公司或开证行申请颁发止付令中止付款。于是,提供远期议付的出口方银行便与外贸公司和开证行对簿公堂之上。控辩双方争执的焦点之一,就涉及司法解释第 10 条的第二项情形的规定作何解释。

最高法意识到事态的严重,于 2009 年第一季度发起了一个关于审理信用证纠纷案件面临问题的调研,并借此了解了司法解释的实施情况。之后形成的《关于审理信用证案件面临问题及其对策的调研报告》,针对司法解释第 10 条第二项情形的理解特别提到:

"我们认为,从法理上看,判断是否存在信用证欺诈例外的例外情形,主要依据信用证项下各方当事人之间的法律关系以及是否存在善意第三人来确定。信用证司法解释第 10 条是以保护善意第三人的利益为出发点的,这正是'信用证欺诈例外的例外'得以形成并在各国司法实践中被普遍认可进而形成一种'制度'的法理基础。因此,只要考察是否存在善意第三人,就能够正确理解和适用信用证司法解释第 10 条,包括该条第二项情形的规定。"

"实践中,在存在信用证欺诈的情况下,开证行或其指定人、授权人对信用证项下票据善意地做出了承兑,如果没有善意第三人存在,人民法院仍然可以裁定中止支付或者判决终止支付信用证项下款项。"

法理归法理,条文归条文。条文的规定既成事实,案件审理实践中应该如何补救呢? 报告中最后建议:"以院领导讲话等方式进一步明确有关信用证纠纷适用法律的具体尺度。"建议归建议,而院领导什么时候讲话,当事人只能是遥遥无期地等待。

现在的问题是,最高法还没有明确之前,审理实践中应该如何适用和解释呢?

出口方银行坚持认为,应按司法解释办,司法解释怎么规定,就怎么执行。根据司法解释,开证行已经善意地承兑之后,法院便不该下达止付令,已经下达的止付令也得撤回,何况出口方银行还是善意第三人。

外贸公司和进口开证行则认为,开证行所发的确认到期付款的电文不是远期汇票承兑电文,理由是所发MT799,名为accept advice,既可译为承兑通知,也可译为接受单据通知,且在本案中虽然有汇票但开证行未做出有形承兑。照此推理,司法解释第10条的第二项情形便不适用。其实,这一观点并不符合信用证下汇票承兑的实务做法。

ICC早在R76中就说过,信用证下汇票的承兑,仅凭承兑电即可,只要是承兑付款信用证,且交了汇票。

外贸公司和进口开证行还认为,即便适用司法解释第10条第二项情形的规定,由于规定自身的缺陷,执行时应该正视此缺陷做出合理解释,而不能按图索骥,依葫芦画瓢,才能显示公平。换言之,只要受益人涉嫌欺诈就应该下达止付令,至于已经下达的止付令该不该撤回,须视是否有善意第三方而定,且善意与否不能由出口方银行自己单方面说了算,必须交由法院认定方显公信力。这一观点,显然仍局限于法理层面。

事已至此,就目前的情况来看,审理实践时除了等待最高法重新司法解释第10条第二项情形做出合理解释之外,难道就真的没有别的办法了吗?笔者认为,"踏破铁鞋无觅处",国内票据法的规定可以从另外一个角度给出问题的确切答案。

最新《票据法》第10条:票据的签发、取得和转让,应当遵循诚实信用的原则,具有真实的交易关系和债权债务关系……

最新《票据法》第12条:

以欺诈、偷盗或者胁迫等手段取得票据的,或者明知有前列情形,出于恶意取得票据的,不得享有票据权利。

持票人因重大过失取得不符合本法规定的票据的,也不得享有票据权利。

请注意,本案中存在一张远期信用证下的已承兑汇票,所以,本案涉及的欺诈不仅仅是信用证欺诈,同时也是票据欺诈。从上述的规定可以很清楚地看出,与信用证司法解释不同,票据欺诈立法的注意力很准确地放在作为第三人的善意持票人上,即不管票据是否已经承兑,只要有善意持票人存在,付款人便必须付款,反之,如果无善意持票人则不必付款。照此推理,就本案的问题而言,远期承兑付款信用证下开证行已经承兑汇票之后,是否可以下达止付令,已经下达的止付令是否必须撤销,根据国内最新的《票据法》规定,还必须结合出口方议付银行是否善意持票人而定,而不能片面地依据开证行是否已经善意承兑。换言之,正确全面地理解信用证司法解释第10条第二项情形的规定,还必须结合《票据法》的上述规定,而不是教条地置票据欺诈之事实和法律于不顾。当然,如果辅之以国际通行的信用证欺诈法理来理解,其含义将更加一目了然。可喜的是,对最高法司法解释第10条第二项情形的规定的理解,2012年2月的二审判决中显示的推理，完全结合了善意第三人的存在与否来展开。

于是，本案例中问题最后的关键，便归结为"善意"的认定。显然，这是法律、法院和法官的事了。

本文发表于《中国外汇》2010年4月期理财专刊
（注：宁波—澳新银行系列案二审判决出来后，略有改动）

4.日本松本光春不符点提法不足案点评

作者:林建煌

案情回放

2008年10月7日,应申请人国内A公司的要求,开证行国内I银行(注:交通银行绍兴分行)开立不可撤销跟单信用证,适用UCP600,受益人为日本B公司(注:日本松本光春株式会社),货物:日本废纸,信用证号码:XXX247,信用证金额:USD210 000.00,增减幅度为10%。

信用证规定的货物描述:

日本废纸OCC(№11)备注:水分百分比不超过12%

数量:1 000吨

单价:USD210.00/吨

贸易条件:包括D-THC和EBS CIF 中国XXX

金额:USD210 000.00

包装:标准出口包装

信用证要求的单据:

1.签署的商业发票3份正本;

2.2/3套清洁已装船正本提单,做成以信用证申请人为抬头,注明"运费预付",被通知方为申请人;

3.保险单/证明,2份;

4.装箱单/重量单,3份正本;

5.受益人出具的质量/重量证明3份;

6.受益人在发运后2个工作日内发给申请人的经核实的传真副本;

7.受益人的证明,证实在发运后2个工作日内,1/3套正本提单、1份商业发票、1份装箱单/重量备忘录、1份保险单、1份正本JCIC证明、1份无木质包装材料的证明、1份不低于15天免箱期的证明已经直接寄送给申请人。

2008年11月7日,受益人日本B公司按照信用证要求向指定银行日本N银行交单,同一面函下两套单据,合计金额:USD213 910.20。分别为:

第一套:发票号码XXX925-1及提单号码XXX30下金额USD155 076.60;

"天九湾"单证案例 2014 年度汇编

第二套:发票号码 XXX925-2 及提单号码 XXX01 下金额 USD58 833.60。

于是,指定银行将单据转递给开证行。2008 年 11 月 12 日,开证行拒付,理由为单据存在着两个不符点:

1.货物描述与信用证规定不同。(Description of goods differs from that in the credit.)

2.提单上没有注明承运人名称。(Carrier's name on B/L not identified.)

之后,受益人日本 B 公司多次通过寄单行向开证行交涉,无果,于 2009 年诉之国内法院。

2011 年 2 月绍兴中院一审判决:开证行拒付无效,日方胜诉。开证行没有上诉。

案例分析

双方争议的焦点是,开证行凭以拒付的两个不符点是否成立。

国际商会曾经在多个场合一再强调"不符点表述是否明确到位将最终决定不符点是否成立",其精神在包括 UCP500 和 UCP600 的多个版本中,前后一致,没有变化。这一观点,在国际商会第 697 号出版物中的 R672(即 TA605 rev)和 R699(即 TA607)号意见中得到重申和强调。对不符点的表述,怎样算是明确到位呢?国际商会还多次强调,不符点的表述必须以是否能使受益人或交单人立即识别不符点,并判断能否更正不符点作为衡量标准。

在 DOCDEX No.248 号意见中,开证行提出了一个不符点——"卖方放货授权书上的产品描述(注:即信用证实务中所说的'货物描述'),与信用证和发票不同"。针对此,国际商会分析说:"这一不符点表明:(a) 卖方放货授权书上的产品描述,与信用证不符;(b) 卖方放货授权书上的产品描述,与发票不一致。""首先,信用证在 45 场的产品描述,包括了许多要素:品名(汽油)、数量(26 000 BBL +/-10% quantity)、贸易条件{CFR AYN [sic] port(s) in South Korea}。""考虑到产品描述中有这么多复杂的组成要素,显然,以上不符点表述是不够完整和明确的。该拒付通知书的措辞中,没有进一步明确不符点,显然,未能满足 UCP500 第 14 条 d 款 ii 项要求拒付通知书必须'表明所有不符点'的规定。"就该案例,国际商会最终决定:该不符点不成立。

在本案例中,信用证规定的货物描述,与 DOCDEX No.248 号意见中提到的信用证相比,包括了更多更复杂的要素。而在 DOCDEX No.248 的货物描述相对简单的信用证下,开证行所提不符点——"卖方放货授权书上的产品描述,与信用证和发票不同",已经被国际商会认定为不符点提法不足了。显然,复杂的货物描述更需要具体的不符点描述,否则便会影响受益人对不符点的识别和判断,从而更有理由被认定为不符点提法不足。

值得特别注意的是,本案例中不符点的表述,由于没有具体到特定的单据,"未说明对应的'不一致之处的具体单据名称'",便显得更笼统,也更有理由认定不符点不成立。试问:到底是发票上的货物描述与信用证规定不同,还是装箱单/重量单上的货物描述与信用证规定不同? 到底是提单上的货物描述与信用证规定不同,还是保单上的货物描述与信用证规定不同? 到底是装船通知上的货物描述与信用证规定不同,还是质量证明/重量证明上的货物描述与信用证规定不同? 更或是受益人证明上的货物描述与信用证规定不同？所有这些都需要一番漫长而复杂的审单和判断过程。

退一步说，当受益人根据开证行所提的这一既未明确，也未到位的不符点暗示，经过了漫长而复杂的审单和判断过程，终于定位并找到了具体哪一个或哪几个单据上的货物描述与信用证规定不同，也并不一定确定这些都构成不符点，绝大多情况下恰恰相反，这些都不是不符点。从上面三点的递进分析来看，本案例的第一个不符点似乎不成立。

对于提出的第二个不符点——提单上没有注明承运人名称，也证明是不存在的。

经核实，第一套单据下提单号码：XXX30 签署栏中显示"ORIENT OVERSEAS CONTAINERLINES LIMITED，AS CARRIER"，这已经清楚地表明了承运人名称和身份。不符点不存在。

第二套单据下提单号码：XXX01 签署栏中文字呈现以三个层次先后完成：

1. 第一层次，预先印就文字：

signature

HXXX Shipping Co., Ltd.

By（空格）

As Carrier

显然，这已经清楚地表明了承运人名称和身份。

2. 第二层次，打印机打上的文字：AS CARRIER。这只是在强调第一个层次中的 HXXX Shipping Co., Ltd. 是承运人。

3. 第三层次，印戳上的文字及手签：NIPPON EXPRESS CO., LTD. TOKUSHIMA BRANCH, AS AGENT。

这已经清楚地表明，NIPPON EXPRESS CO., LTD. TOKUSHIMA BRANCH 以代理人身份在签署，代理指向的是预先印就文字中清楚地表明，并由打印机打上的文字加以强调的承运人 HXXX Shipping Co., Ltd.

整体看来，此份提单签署栏的布局和文字呈现先后层次已经清楚地表明了 HXXX Shipping Co., Ltd. 是承运人。不符点应该也不存在。

值得注意的是，本案例涉及的交单，是属于同一面函下两套独立的单据，理应分开审核，分开描述不符点，分开拒付。遗憾的是，开证行又一次犯了不符点提法不足的错误。即便第二个不符点在某一套单据中确实存在，由于两套单据下提单显示承运人名称和身份的文字呈现方式略有不同，开证行的拒付通知中也必须有针对性地表述不符点，才算满足不符点表述明确到位。

国际商会在 R670 中说："当多套单据在同一个面函下提交时，开证行和保兑行只能针对存在不符点的单据提出不符点，从而凭以拒付……但是，这并不否定开证行和保兑行对相符交单部分的承付责任。"简言之，银行必须将一个面函下的多套单据区别对待。其中的不符点单据，银行予以拒付并通知不符点；而相符交单的部分，银行将要求并在交单人确认同意单独处理后，相应地有责任予以承付。

国际商会继续说："每一套单据之间相互独立的特性，早在 R473 中就曾经强调过——'信用证下的每一次付款行为相互独立'。"

"天九湾"单证案例 2014 年度汇编

案例启示

该案已于 2011 年 2 月份由绍兴中院判决,日方企业胜诉。判决书的内容几乎与日方企业的专家意见书内容一样。开证行绍兴交行放弃上诉,目前已经结案。

此案的教训无疑是深刻的,前车之鉴,值得业内实务操作人员深思。信用证下审单需要积累,更需要常识。积累来源于长期的历练和用心的思索,常识则在于潜移默化中熏陶。

第二个不符点判断会稍微复杂,需要在专业知识、经验的长期、系统、有效积累下练就一双火眼金睛,并经过一系列理性的判断。第一个不符点则简单多了。第一个不符点无疑是存在的。银行拒付的提法应明确、充足、到位,这是业内人所共知的常识,但是,稍有不慎,则可能导致不成立,从而事与愿违,贻笑大方。

2/3 提单的风险。案中,国内 I 银行作为开证行的拒付,实出于无奈。在申请人已经无力付款下,如不拒付则将造成被动垫款。有心的朋友可能会问:垫款就垫了吧,不是还可以通过变卖货物抵偿吗?请注意,本案中的正本提单是 2/3 提单。那么,另外的 1/3 提单去哪了?由受益人直寄申请人,申请人拿出提货了。显然,这意味着很大的风险。如果案中使用全套正本提单,那么,情况可能完全不同。不管对于可能被迫垫款的开证行,还是对于最终被拒付的受益人,全套提单都是一道防患未然、规避风险的有效屏障。

本文发表于《中国外汇》2010 年 6 月期理财专刊
(原文题名为二刻拍案惊奇之"日企来华打官'非'",结案后略有改动)

5.信用证独立性可以撼动吗？

作者：林建煌

信用证独立性，和抽象性一起，堪称信用证大厦的两块基石。这意味着如果信用证运作中的独立性和抽象性受到影响，经过近百年发展形成的信用证大厦的稳定结构也将受到波及，从而信用证交易下的部分结构和开证行与受益人责任权利关系可能需要进行适应性的重新设计，以恢复到一个新的稳定状态。严重者，如果独立性或抽象性其中之一不复存在，那将彻底破坏信用证的稳定结构，信用证也将不再是本来意义上的信用证了。换言之，哪一天信用证的这两个特性没有了，信用证大厦将随之倾覆，信用证也就随之真的消亡了。事实上，独立性与抽象性如同一枚硬币的两面，相互依存，密不可分，业界也有人一并统称为信用证独立性。遗憾的是，不管是贸易界，还是银行界、司法界，时不时都有人无意间试图去撼动一下信用证的独立性。

中国银行莱芜分行诉山东岱银国内信用证纠纷案中，法院判决：申请人同意付款，开证行必须付款。这一结论，便是对上述问题给出的一个似是而非而极其意外的回答。这一结论，实际上已经撼动了信用证运作的神圣的独立性，值得我们深思。这一案件，是至今为止《国内信用证结算办法（1997年版）》实施以来为数不多的国内信用证诉讼案件之一，但颇为经典。

案情回放

2007年6月4日，中国银行莱芜分行开立不可撤销国内信用证，90天延期付款，购买棉纱，人民币100万元，要求货物收据，适用《国内信用证结算办法（1997年版）》。6月25日受益人交单，7月3日中国银行莱芜分行于以"缺少货物收据"为由拒付。7月5日申请人出具《同意信用证付款的函》，请求中国银行莱芜分行付款，但中国银行莱芜分行一直未付款。当年底，申请人破产。

受益人便一纸诉状把中国银行莱芜分行告上法庭。

双方争论的焦点是：申请人同意付款下，开证行是否必须对外付款？

受益人认为，开证行应该付款，依据为《国内信用证结算办法（1997年版）》第28条：

"开证行审核单据发现不符时，应在收到单据的次日起五个营业日内将全部不符点用电讯方式通知交单人。该通知必须说明单据已代为保管听候处理。"

"同时商洽开证申请人，开证申请人同意付款的，开证行应即办理付款，开证申请人不同意付款的，开证行应将单据退交议付行或将信用证正本、信用证修改书正本及单据退交受益人。"

上述办法第二款已经明确指出,单据有不符点,开证行可以商洽申请人,只要"开证申请人同意付款的",那么,"开证行应即办理付款"。此处"即"为"立即"之意。如今,申请人已经向开证行——中国银行莱芜分行出具了《同意信用证付款的函》,自然必须付款。

开证行则认为,自己不应该付款,依据为《最高人民法院关于审理信用证纠纷案件若干问题的规定》(简称"最高法司法解释—规定")第7条:

"开证行有独立审查单据的权利和义务,有权自行作出单据与信用证条款、单据与单据之间是否在表面上相符的决定,并自行决定接受或者拒绝接受单据与信用证条款、单据与单据之间的不符点。"

"开证行发现信用证项下存在不符点后,可以自行决定是否联系开证申请人接受不符点。开证申请人决定是否接受不符点,并不影响开证行最终决定是否接受不符点。开证行和开证申请人另有约定的除外。"

上述规定第二款也已明确指出,单据有不符点,开证行可以联系申请人,但是,申请人放弃不符点,"并不影响开证行最终决定是否接受不符点"。换言之,申请人放弃不符点,并不等于开证行接受不符点,开证行仍保留独立的判断。既然开证行享有独立判断权,而又不愿意付款,那就不付吧。

这么一来,控辩双方争论的焦点,已经转化为是优先适用《国内信用证结算办法(1997年版)》,还是优先适用《最高法司法解释—规定》的问题了。

法院判决中国银行莱芜分行败诉,认为:该纠纷为信用证纠纷,应优先适用《最高法司法解释—规定》,但应该是第二条,而不是开证行所引用的第7条。

《最高法司法解释—规定》第2条:

"人民法院审理信用证纠纷案件时,当事人约定适用相关国际惯例或者其他规定的,从其约定;当事人没有约定的,适用国际商会《跟单信用证统一惯例》或者其他相关国际惯例。"

优先适用《最高法司法解释—规定》第2条的效果,就是间接适用《国内信用证结算办法(1997年版)》。法院认为,根据《最高法司法解释—规定》第2条,《国内信用证结算办法(1997年版)》是双方处理信用证纠纷的约定条款,应优先适用。只有在"该办法对相关问题未做出规定的情况下"才可以适用《最高法司法解释—规定》第7条。于是,判决结果倾向于受益人的主张也就顺理成章了。

案例分析

表面看来,法庭推理严谨,出处直接且明确。但是,明眼人一看过去就会有一种直觉,结论并不公平。因为申请人以《同意信用证付款的函》书面指示开证行付款之时,并没有同时向开证行划拨款项,所以,只相当于向开证行开了一张空头支票。换言之,开证行一旦付款,就得垫付资金,而申请人已经破产。

现在的问题是,法庭的推理真的无懈可击吗?开证行真的就只能付款了事吗?细琢磨,我们认为其实不然。

请注意:法庭在前面引用的推理过程中提到,只有在"该办法对相关问题未做出规定的情况下"才可以适用《最高法司法解释—规定》第 7 条。话说回来,如果开证行主张适用《最高法司法解释—规定》第 7 条,必须先确认《国内信用证结算办法(1997 年版)》对"相关问题未做出规定"。对"相关问题未做出规定"的另一个相似的说法是对"相关问题做出了自相矛盾的规定"。

特别有意思的是,就案中的争议,《国内信用证结算办法(1997 年版)》有两条相关规定,其中一条就是受益人引用的第 28 条,另一条则是第 7 条,并且第 7 条的意思与第 28 条完全相反,却共存于同一个办法之中。

《国内信用证结算办法(1997 年版)》第 7 条:

"信用证与作为其依据的购销合同相互独立,银行在处理信用证业务时,不受购销合同的约束。"

"一家银行做出的付款、议付或履行信用证项下其他义务的承诺不受申请人与开证行、申请人与受益人之间关系的制约。"

"受益人在任何情况下,不得利用银行之间或申请人与开证行之间的契约关系。"

显然,这一条强调的是信用证的独立性,即受益人不得利用申请人与开证行之间的契约关系。而法庭审理中受益人所引用的第 28 条,恰恰就是利用申请人与开证行之间的契约关系。这不是矛盾,是什么呢?既然矛盾,为什么法庭唯独依据第 28 条来判决呢?

试想,如果当时开证行引用《国内信用证结算办法(1997 年版)》第 28 条来主张自己的权利,法庭判决又会出现什么样的结果呢?事后想来还真说不准。不过,可以断定,法庭判决不至于出现一边倒的局面,换言之,开证行的胜诉概率起码有 50%。如果当时开证行再结合《最高法司法解释—规定》第 2 条和第 7 条说事,我们认为,胜诉概率将接近 100%。为什么?因为《最高法司法解释—规定》第 7 条的精神与国际信用证下的 UCP600 第 4 条,几乎一模一样,都在强调信用证的独立性,须知,这是信用证得以正常运行的一块基石,不容撼动。而国内信用证本来就是来源于国际信用证,国内信用证的历史也就是《国内信用证结算办法(1997 年版)》的历史,其成熟程度远不如 UCP600。因此有理由相信,不管是法庭的推理,还是等待《国内信用证结算办法(1997 年版)》的发布部门对矛盾条款重新做出解释,都会参照国际信用证的精神,最终会认同开证行的主张,适用《最高法司法解释—规定》第 7 条做出公平的判决。

现在的问题是,在《国内信用证结算办法(1997 年版)》还没有修订之前,业务还得开展,国内信用证还得照开,那么,为了规避类似中国银行莱芜分行的尴尬,开证行应该怎么办呢?

我们认为,办法是有的。开证行完全可以在开证之时,明确把第 28 条第 2 款"同时商洽开证申请人,开证申请人同意付款的,开证行应即办理付款"的规定排除在外。因为一经排除,便排除了案中受益人的立论基础,开证行便有直接的把握在开立信用证中规避该规定带来的风险了。当然有人可能会说,《国内信用证结算办法(1997 年版)》是行政法规,可以排除吗?可以确切地回答,这一点纯属杞人忧天,毫无必要。业内的人应该知道,合同法中有些条款是必选项,有些条款是可选项。合同法都容许合同的内容排除合同法的条款,作为行政法规的《国内信用证结算办法(1997年版)》有什么理由不容许国内信用证中排除办法中的不公平的规定呢?

有人可能会认为,国内信用证的原理可能不同于国际信用证。我们不敢苟同,一句话,大同小异。固然国内信用证会由于适用范围的原因,与国际信用证有一点差异,但只是略有不同,基本原理则应该相同且相通。事实上,国内信用证的历史晚于国际信用证,国内信用证更多是借鉴国际信用证在UCP中规范下来的成熟做法而发展至今。

值得高兴的是,曾经在历史上发挥过不可替代作用的《国内信用证结算办法(1997年版)》已经在如火如荼的修订过程中。我们有理由相信,旧版的缺陷将在新版中将得到很好地解决,包括旧版中第28条第2款的陈述。

本文发表于《中国外汇》2011年2月期理财专刊

6.审单义务引发的离奇案
——青岛凯扬诉华夏银行信用证审单义务案点评

作者:林建煌

信用证,归根结底,是一纸开证行凭单付款的承诺。开证行付款的依据是相符交单,这基于对交单的审核,以确认所交单据是否符合银行事先在信用证中承诺的内容。

实务中,对于进口到单的审核,每个国家和地区不尽相同。据不完全了解,从大中华地区来看,存在着三种不同的操作模式:中国香港的银行,每单必审;中国台湾的银行,几乎每单都不审,只要申请人愿意赎单就直接放单,只有在申请人想拒付或申请人资信恶化的情况下才会真正审核;中国内地的银行,介于香港与台湾之间,只审其大体,只有在申请人想拒付的情况下才会细审。近年来,中国内地这种经久不变的惯常做法,遭受一起案件法庭判决的挑战。

一石激起滔天波澜。我们来看一下,2004年青岛凯扬进出口集团公司诉华夏银行青岛分行开立信用证合同赔偿损失纠纷案复杂而有趣的审理过程。

案情始末

本案中,应青岛凯扬公司的申请,2004年华夏银行青岛分行对外开立信用证,从韩国进口冻鳕鱼,金额超过47万美元。开证行收到受益人交单后向申请人发送信用证进口到单通知书。申请人收到进口到单通知书后,签收整套单据并在所附付款委托书中确认:"兹收到贵行寄来的信用证单据一套,我公司已审核完毕各项单据,请贵行按下列标有'√'的内容办理:'√'我公司同意付款。"申请人同时向开证行申请办理了进口押汇。开证行按要求办理对外付款。

事后,进口商声称一直未收到货物,一纸诉状将开证行告上法庭,认为单据本身明明有不符点,开证行在进口到单通知书中却"未提示不符点",要求赔偿损失。

法院查明单据确实存在不符点。于是,双方争执的焦点集中在:开证行未提示不符点经申请人同意后对外付款,是否存在过错,并因此为申请人的损失承担责任?

申请人认为,在受益人提交单据与信用证条款存在严重不符点的情况下,开证行进行了付款,自身也向开证行支付了信用证款项,但最终没有收到信用证项下货物,遭受了严重损失。

青岛中院一审判决,开证行胜诉。理由:开证行是否应当承担赔偿责任,应当以信用证开证合同为依据。根据最新的最高法司法解释第7条第1款、第2款的规定,独立审单是开证行的权利,也是开证行的义务。但是,在开证行审单过程中,是否联系申请

"天九湾"单证案例 2014 年度汇编

人参与审单,开证行是否根据申请人的决定做出接受或拒绝接受单据的决定,可以由开证行和申请人协商做出约定。

本案中,根据双方当事人签订的信用证开证合同有关约定,申请人是参与审单的,且申请人也的确收到了开证行的《信用证单据通知书》并审核了单据……实际上,申请人在审单完毕后向被告出具了同意付款的委托书,按照信用证开证合同中有关"甲方如因单证不符之外而拟请求乙方拒绝付款/拒绝承兑/拒绝确认迟期付款时,应在进口信用证付款/承兑通知书规定的期限内,向乙方提出书面拒付请求及理由,一次列明所有不符点,同时将乙方交给甲方的资料全部退回华夏银行"的约定,应当对其未按约定履行的行为承担法律后果。

针对此,申请人不服提起上诉。理由为:

1.审查信用证项下单据是且仅是华夏银行的义务,凯扬公司没有义务也没有能力审单,实际上也并未审核单据。根据华夏银行出具的《信用证单据通知书》上没有提示不符点的情况,凯扬公司只需据此发出是否付款/承兑的通知,出具付款委托书指示付款,而无需审查单据。该付款委托书系华夏银行提供的格式文本,其中"我公司已审核完毕各项单据"的字样系格式条款,与实际情况不符。

2.凯扬公司出具的《同意付款委托书》,系在华夏银行审单义务履行不当、未提示不符点的情况下做出的。华夏银行违约在先,华夏银行的违约行为与凯扬公司做出的同意付款的决定之间存在直接的因果关系,造成的损失理应由华夏银行赔偿。

山东高院二审判决,开证行败诉。理由:凯扬公司虽然在付款委托书上签署了审核单据的意见,但因开证合同未约定凯扬公司具有审单义务而不能依据付款委托书认定凯扬公司具有审单义务。华夏银行未合理小心地审核信用证规定的单据,没有适当履行独立审单义务,应承担由此给凯扬公司造成的信用证款项及利息损失。

华夏银行不服山东高院做出的二审判决,向山东高检院提出申诉。高检院提出抗诉认为:

1.依据我国民法"法无禁止即许可"的原则和最新的最高法司法解释第 7 条第 2 款的规定,华夏银行与凯扬公司可以就有关审单和付款方面的权利义务进行约定。

2.凯扬公司的审单行为无论是作为其权利,还是作为其义务,其均应对依照指示对外付款的后果承担相应责任。

(1)根据约定,华夏银行享有独立审单的义务和决定是否付款的权利。凯扬公司也按约享有审单和指示是否付款的权利,但对于凯扬公司的审单结论和是否付款的指示,华夏银行可以自行决定是否采纳。凯扬公司对其审单和指示付款的权利,可以选择按约行使,也可以选择放弃。

但是,一旦凯扬公司行使了审单和指示付款的权利,并且华夏银行决定采纳其审单结论和付款指示予以付款,则凯扬公司就应当为其审单和指示付款的行为承担法律后果。凯扬公司已行使其审单权利,并向华夏银行发出付款指示,华夏银行依照凯扬公司的指示对外付款,符合合同约定和法律规定,并无不当。

(2)独立审单是华夏银行的权利和义务,但在华夏银行审单的过程中,是否联系凯扬公司参与审单,是否根据凯扬公司的决定做出接受或拒绝接受单据的决定,可以由双方当事人进行约定。根据信用证开证合同的约定,凯扬公司在《信用证单据通知书》规定的期限内向华夏银行发出是否付款的书面指示是其合同义务。凯扬公司实际上也参与审单,并向华夏银行发出了付款的书面指示,其审单和指示付款直接证明凯扬公司存在并履行了参与审单的约定义务。凯扬公司审单后未提出不符点,并指示华夏银行付款,理应承担相应责任。

(3)双方的审单行为各自独立、相互之间并不具有法定和约定的因果关系,华夏银行的审单结论并不构成凯扬公司审单结论的依据,不能成为凯扬公司免除责任的理由。

3.华夏银行处理的是单据,不应该承担买卖合同而产生的商业风险。信用证业务属单据业务,不涉及货物贸易本身,华夏银行未提示不符点与凯扬公司未收到货物并不存在直接的因果关系,即审单不严并不直接导致收货不成,因而不应承担赔偿责任。凯扬公司最终能否实际取得该批货物,取决于凯扬公司与供货方买卖合同的履行以及与承运方海运合同的履行,与华夏银行依凯扬公司指示付款的行为是两个法律关系。

最高院再审判决:对于本案的损失,凯扬公司承担主要责任即3/4的责任,华夏银行承担次要责任即1/4的责任。理由:华夏银行和凯扬公司,均有审单义务。造成本案损失的直接主要原因是涉嫌受益人欺诈。信用证存在不符点仅仅是在付款过程中的一个拒付理由,不能从根本上阻止受益人实施欺诈。

综观审理过程,前后颇为曲折。静下心来思量,其中,自始至终贯穿着一个基本的逻辑:损失直接来源于欺诈,间接来源于付款,付款依赖于审单,而谁有审单义务谁就理应对损失负责。

一审判决认为,开证行有法定的审单义务,但不是强制性的,可以通过与申请人的约定变更或解除,所以损失由申请人全部承担。二审判决则认为,开证行有法定的强制审单义务,不能通过约定变更或解除,所以损失由开证行全部承担。显然,最高院的再审判决,是一个基于一审和二审基础上的折中判决,认为开证行和申请人均有审单义务,所以各有责任,只是损失直接起因于基础合同,相应地,以申请人承担为主。

欺诈下开证行审单免责

直觉告诉我们,开证行承担损失有点冤。到底冤在哪呢?踏破铁鞋无觅处,一切尽在判决书之中。我们完全可以循着法院判决的思路走,看一看会有什么样的意想不到的结果。

最高院认定,损失的直接原因是欺诈,准确地说,是来自受益人的欺诈。欺诈已经发生,只要已经付款,必定有人为此承担损失。在本案中,已经付款是事实,承担损失的要么是申请人,要么就是开证行。那么,开证行需要为此承担损失吗?

我们认为大可不必,首要的理由为开证行对欺诈免责。

众所周知,真正意义上的信用证欺诈,指受益人在基础合同下欺诈,并通过申请人的申请书和受益人的信用证下交单,最终传导到开证行。而信用证欺诈的实质,归根结底,是"单货无法对应",是破坏了单据与货物的对应关系,是单据所显示内容严重偏离实际发货情况,破坏了单据的有效性。《开证申请书》和UCP600第34条,均规定了开证行对"单据有效性免责",这自然包括对"单货无法对应"的信用证欺诈免责。

那么,为什么开证行对欺诈免责呢?

开证行在信用证下无疑是有审单义务的,只是开证行审单的标准,可以在申请书中与申请人约定。但是,无论如何,开证行审单,只会审出不符点,审不出欺诈。根据UCP600第5条"信用证独立性"的规定和UCP600第14条a款"审单的表面相符原则"的规定,开证行处理单据不处理货物,只作表面审核,不审单据背后的货物,而欺诈总是起因于货物。开证行没有对照实际交付的货物,怎么能审出欺诈呢?既然在信用证下审不出欺诈,顺理成章地,开证行自然对欺诈免责,这是《开证申请书》和UCP600第34条"单据有效性免责",包括开证行对单据有效性免责的应有之义。

既然开证行对欺诈免责,那么,谁应该对欺诈负责呢?

信用证欺诈起因于货物交易,起因于基础合同。事实上,申请人在基础合同下本就承担着必须为着自己的利益审查货物交易真实性的不可推卸的责任,而不仅仅是审核开证行转交的单据。换言之,申请人不仅有义务,也有能力审核基础合同下的货物交易,不仅有义务在开证申请书下审核单据,也有义务在基础合同下审单,更有义务在基础合同下审核单据显示内容是否严重偏离实际发货情况,从而导致的信用证欺诈。显然,申请人理应对欺诈负责。

那么,开证行在欺诈下付款,有过错吗?

我们认为,开证行在欺诈下付款没有过错,因为开证行付款是在默认无欺诈下而做出的。欺诈的发现,只能是基于基础合同的审核。开证行无义务也无能力审核基础合同,从而也就无法直接了解到受益人的欺诈事实。开证行之所以向受益人开立信用证,归根结底,是因为申请人与受益人签订了货物交易的基础合同,且申请人同意承担欺诈风险。开证行在信用证下付款,完全是基于对申请人的信任,准确地说,是对申请人选择和判断交易对手能力的信任。

我们认为,开证行在欺诈下付款有过错的是申请人。开证行在把《信用证单据通知书》连同单据,交给申请人签收、审核确认时,确实未提示不符点,但这不能免除申请人审核欺诈的责任。然而,申请人一直就在梦中,没有意识到自己是在和骗子做买卖,这才和往常一样,有模有样地确认"我公司已审核完毕各项单据",并郑重其事地向开证行签署了《同意付款委托书》。反之,申请人如果头脑清醒,意识到欺诈的可能,怎么会向开证行签署《同意付款委托书》呢?这无异于自找麻烦、搬起石头砸自己的脚,这不合正常人的逻辑。但凡申请人意识到一丝欺诈的可能,都会去认真审核单据中的蛛丝马迹,拒绝付款。哪怕自己找不出单据中的不符点,也会提请开证行再三仔细审核。哪怕自己和开证行都找不出不符点,不是还可以寻求当地法院止付令的保护吗?怎么会如此草率行事,授权付款呢?

申请人一方面选择与骗子交易,另一方面同时向开证行确认已审单完毕,并发出《同意付款委托书》,显然,这是对自己不负责任。而申请人在开证行据此付款之后,还要起诉开证行要求承担因自己的失误造成的损失,这不是明摆着在害开证行吗?退一步说,假如没有欺诈,开证行即便对不符点单据付款,即便没有得到申请人授权,通常仍可以控制货物,这是人所共知的信用证控货功能的应有之义,即便万一控制不了货物,也仍可以向实际提货人行使债权,事态绝不会发展到欺诈导致的竹篮打水一场空的如此失控的地步。

事实上,受益人的欺诈,是通过基础合同传导给了申请人。既然开证行审单审不出欺诈,申请人又没有识破欺诈,怎么能寄希望于开证行付款过程中避免欺诈的发生呢?

总而言之,我们发现,欺诈导致申请人的损失,实际上与审单无关,与开证行在信用证下的审单义务无关,只与基础合同有关,只与申请人选错交易对手有关,只与申请人在付款前一直就没有识别出,没有意识到交易对手是骗子,涉嫌欺诈有关。申请人基于自己的过错,要求开证行与其分担损失,显然有失公平。从这个意义上讲,最高院的再审判决值得商榷。

无欺诈下开证行审单还免责吗

到这里为止,表面上看,业界的朋友们操作之时忐忑不安的心总可以放下来了吧?其实不然。本案的结论有其特殊性,那就是:在认定开证行审单责任的时候,欺诈发生了。而实务中,业界更多的是困惑于一个相似却更具普遍性的问题:如果不涉及欺诈,上述的推论还会成立吗?开证行还需要为自己未提示不符点申请人同意委托付款而承担责任吗?

毫无疑问,开证行在信用证和申请书下,均有审单义务,以审核单据是否有不符点。申请人也有审单义务,这个义务,既存在于申请书中,也存在于合同之中,但二者明显不同。申请人在申请书下的审单义务与开证行重叠,在合同下的审单义务,则由于合同下对单据要求的规定相对简单而被简化。除此之外,申请人在合同下还有验货义务。申请人在合同下的义务,包括审单义务和验货义务,以确认是否构成根本违约或实质性违约,包括是否发生欺诈。请注意:这里不严格区分"根本违约"和"实质性违约"。

实务中,进口到单下申请人和开证行约定申请人必须审单,并显示审单结果和表态付款意见,有着深层的原因。因为只要不发生欺诈,只要不发生实质性违约,那么,便适用"短路原则",申请人在合同下仍然负有责任对受益人付款,不管单据是否存在不符点,也不管开证行是否审核单据。而欺诈和实质性违约的判断,便构成了申请人在基础合同下审核单据和审核贸易背景的不可推卸的责任。

开证行不是基础合同的当事人,便无此能力,也无此义务。而一旦申请人根据基础合同审核单据确认付款,便意味着这一关已过,开证行无须理会。如果开证行愿意付款则将省却审核单据的烦琐操作。显然,这一在实务中形成的简化流程达成了申请人与开证行之间长年的默契,大大加快了放单速度和提货效率。

事实上,这种申请人和开证行自行约定双方审单义务的做法,是国际国内通行的实务,在《最高人民法院关于审理信用证纠纷案件若干问题的规定》2005年版第7条和《美国统一商法典信用证篇》1995年版第5—108条"开证人的权利与义务"均有直接的反映。只是如果有一般性违约的时候会发生索赔,而有不符点下索赔可以先行拒付再由买卖双方商量直接抵扣,但无不符点下索赔须在基础合同下另行启动,无法直接抵扣而已。事实上,申请人审单后表态的付款意见已经意味着,一旦索赔,将自动放弃在信用证付款中直接抵扣的权利。

就本案而言,我们认为,银行审单是为了自己的付款安全,不是为了申请人。而银行审单之所以为自己,归根结底,是有信用证承诺在先。对比一下,与信用证同为跟单结算的托收,银行基本就没有审单,为什么呢?托收下银行无类似的信用证承诺,便自然无类似的审单义务。相应地,信用证下银行审单结果提示给申请人,只是供申请人参考,申请人据以行事后果自担,因为申请人不仅是申请书下的当事人,更重要的也是基础合同下的当事人,其审单的标准比开证行在信用证下相对要宽,且更具实质性。所以,既然申请人接受了单据,愿意付款,不管有没有不符点,开证行付款便无可厚非。

无论如何,华夏银行案的判决结果,并不是开证行的初衷。当然了,毕竟有判例在先,开证行为了避免重蹈覆辙,完全可以在开证申请书或信用证开证合同中把自己的审单义务约定得更明了,比如"开证行审单结果仅供申请人判断参考,申请人有依据国际惯例审单的义务,并据以独立判断。只要申请人同意付款,不管单据有没有不符点,开证行审单是否有疏忽,开证行有权独立决定对外付款,并因此免责。"

思想碰撞(提问专家嘉宾:阎之大先生)

阎之大:不考虑申请人与开证行之间建立的开证申请书等协议,也不考虑法院如何判决,仅从UCP600规定的角度看,申请人是否有审单的责任?换句话说,UCP600所反映的审单责任或权利是否仅仅是针对银行的?

林建煌:是的,如果不考虑开证申请书或信用证开立合同,UCP600下规定的审单责任和权利仅针对相关银行,不适用申请人。因为申请人不是信用证下的当事人,只是关系人。

阎之大:开证行因为没有向申请人提示不符点,或者开证行因为申请人同意接受单据而没有审单,在这种情况下恰好出现欺诈致申请人损失而引起纠纷,此种案例并不常见。实务中更常见的是开证行没有审核出单据中的不符点,导致申请人受到损失而不是欺诈的发生,比如货物或单据不符合信用证的规定等,从UCP600及法律两个角度看,开证行对申请人应该各承担什么责任?

林建煌:在没有欺诈的情况下,开证行未审出也未提示不符点却对外付款从而导致损失,只要申请人同意付款且无保留权利,则开证行免责。但是,如果申请人未同意付款,或同意付款时明示保留权利,开证行须根据开证申请书和信用证开立合同约定的审单责任承担部分或全部损失。这一点,符合UCP600第37条"关于被指示方行为免责"的规定,也符合法律上"委托代理下代理人行为适当即免责"的精神。为什么呢?信用证,归根结底是一份代理下的合同。这是信用证法律定性的主流看法。

阎之大:如果出口信用证项下被指定银行因为审单与受益人发生了纠纷,是否可以援引"最高人民法院关于审理信用证纠纷案件若干问题的规定"的条款加以处理?换句话说,该司法解释是否适用出口信用证业务?

林建煌:该司法解释当然适用于出口信用证业务,包括指定银行与受益人之间可能发生的审单纠纷。司法解释第一条明确指出:"本规定所指的信用证纠纷案件,是指在信用证开立、通知、修改、撤销、保兑、议付、偿付等环节产生的纠纷。"议付便属于出口信用证业务的一个典型环节。

阎之大：换个角度考虑，在出口信用证项下，是否只有银行才有依据 UCP600 审核单据的权利或义务？换言之，如果出口单据因议付行没有审核出的不符点而被开证行拒付，议付行是否应向受益人承担责任？

林建煌：UCP600 关于审单权利或义务的规定，集中在开证行、保兑行和按指定行事的指定银行，但并未禁止其他银行或银行以外的一方也据此审单。至于"议付行"没有审出不符点而被拒付，只要不符点确实成立，此时的议付已经不是真正的"议付"，议付行也不是真正的"议付行"。此时的"议付行"是否应向受益人承担责任，完全依赖于其与受益人之间关于"议付"追索权的约定。实务中，"议付行"理应不会主动放弃追索权。

本文发表于《中国外汇》2011 年 3 月期理财专刊

7. 单据上的公司印章一定构成签字吗?

作者:林建煌

在信用证实务中,印章、特别是公司印章否构成签字,这个问题特别重要。一方面,全世界的人或多或少都存在印章的使用,另一方面,大量使用印章的东方人的规范和习惯,会直接影响西方人的专业判断,从而影响东方人在信用证下的商业利益。

争议不断

在中国,有关涉外文件、合同、单据等书面资料上的公司签字,是否也需要公司印章,公司印章是否需要备案?是否还需要有法定代表人或其他有权人的个人手签或个人名章?没有具体的规定,也无定论。

在中国,信用证实务中,本地公司在单据上的签字,有几种形式:

1. 只有公司印章:有些是有备案的公司公章、专用章,有些是没有备案的专用章;
2. 既有公司印章,又有个人手签或个人名章,包括公司个人二位一体专用章;
3. 只有个人手签或个人名章,会在单据上用英文表明所代表的公司名称。

第三种最接近西方国际银行界的惯常做法,也是国际惯例,不会产生异议。第二种,只要能通过公司印章或其他途径识别公司名称即可,这是国际标准银行实务所要求的。按照西方国际银行界的惯例,公司印章更多的是起到识别公司名称的作用,而个人手签或个人名章才担当代表公司签字的作用。虽然理解不同,法律效力不同,但是也不会产生异议。在信用证实务中,最有可能产生争议的是第一种方式。事实上,信用证实务中的争议集中于第一种方式,即单纯的公司印章是否构成签字?

迄今为止,就这个问题,国际商会自UCP500时期以来的四个意见中给出两种截然相反的答案。R337说公司印章构成签字,R598说不是,而R599又说是。最新的意见是,国际商会在2009年布鲁塞尔秋季年会上给出了目前UCP600时期唯一的一个意见TA691rev,即公司印章当然构成签字。

不同的意见,不同的回答,遗憾的是国际商会至今没有给出之所以如此不同的原因。那么,公司印章到底是否构成签字呢?请特别关注UCP600第3条关于"签字"以下规定的措辞。

UCP600 Article 3:

A document may be signed by handwriting, facsimile signature, perforated sig-

7.单据上的公司印章一定构成签字吗？

nature, stamp, symbol or any other mechanical or electronic method of authentication.单据签署可以用手签、摹样签字、穿孔签字、印戳、符号或任何其他机械或电子的证实方法为之。

显然,公司印章算是印戳。以上规定的关键在于,公司印章,作为印戳的一种,构成签字,首先它必须是一种证实方法。言外之意,如果公司印章是一种证实方法,该公司印章自然便构成签字;而如果公司印章不是一种证实方法,该公司印章便自然不构成签字。

于是,最终问题将归结为:公司印章何时构成一种证实方法,何时又不构成呢？谁来认定？谁有权认定？

这个问题,说来复杂,其实也简单。

UCP 与法律

我们认为,证实方法的认定,已经越过了 UCP 框架,归根结底,或许与公司所在地的法律背景有关。比如,美国公司开出的要求签署的发票,仅盖公章,算不算签字？因为发票出票地的美国法律,并不认可公司印章为证实方法或签字。还比如,中国公司开出的要求签署的发票,仅盖公章,无论如何都应该算签字。因为发票出票地的中国法律,本来就认可公司公章为证实方法或签字。概而言之,证实方法的认定,是法律框架内的事。

法律背景之不同,归根结底,是由于文化习惯之不同。或者说,各国文化对公司印章的价值取向不可调和。换言之,第一种方式的公司印章是否构成一种证实方法,与第二种方式蕴含的东西方文化和法律对公司印章所起到的作用的看法不同有关。事实上,在东方人眼里,事情很简单,公司印章,当然是一种签字了。因为我们天天都在与公司印章打交道,而且理所当然地视之为签字。但是,在西方人眼里则不同,他们骨子里并没有视公司印章为签字的文化。

所以,西方人如果坚持按西方的文化习惯来理解东方人的公司印章的含义,认为其只是显示了公司名称,但并不构成签字。结果必然导致曲解人意。试问,在中国,一个公司印章无法识别公司名称,还叫公司印章吗？实际上,在中国,只要是公司印章,必然扮演双重角色,一为签字本身,二为识别公司名称。

总而言之,公司印章是否构成签字,并不能在 UCP 中找到答案,因为这是法律上的事,而各国法律的有关规定又是如此迥然不同。法律上的事,本来就没有必要由国际商会来搅和。UCP 只作原则规定,具体是否可行交由各国法律自行处理,也凸显国际商会安守本分。

有人会继续问:为什么公司印章在 UCP 框架内没有答案,而法律框架内的答案才是答案？

实际上,这已经牵涉到信用证运作的双重框架了。即 UCP 框架和法律框架。诚然,独立性和抽象性,是信用证运作的两块基石,但并不是绝对的。在实务中,信用证的抽象性具有相对性和有限性。与此相似,信用证运作的独立性具有相对性和单向性。我们认为,归根结底,这与信用证运作的环境和框架密切有关。换言之,如果环境变了,框架变了,信用证运作的机制理应会有所不同。信用证运作的独立性和抽象性基于一个框架——UCP,对应于信用证运作的小环境——信用证安排。那么,这个在UCP之外的大的环境、框架又会是什么呢?毫无疑问,就是法律框架了,对应于信用证运作的大环境——信用证安排、开证申请书和基础合同。信用证运作的抽象性具有相对性和有限性,以及信用证运作的独立性具有相对性和单向性,这些特性是基于法律框架的。

那么,这两个框架有什么样的关系呢?

众所周知,信用证是一种银行产品,而UCP是一套国际银行间信用证产品的运作规则。但是,UCP作为一套国际惯例,本身并没有强制力。它的强制力,来源于哪里呢?那就是法律,各国法律,因为法律具有与生俱来的强制力。

最高法最新司法解释第二条:

人民法院审理信用证纠纷案件时,当事人约定适用相关国际惯例或者其他规定的,从其约定;当事人没有约定的,适用国际商会《跟单信用证统一惯例》或者其他相关国际惯例。

在中国,最高法最新司法解释——以一种准法律的形式,赋予UCP强制力。在全球各个国家和地区也有类似的法律,无一例外。否则,信用证就没法运作了,因为它在原始的意义上是一种国际银行间的产品,它起码需要开证行和受益人两地的法律赋予UCP强制力。

所以,请特别注意:UCP意义上的各项规定,包括国际商会对UCP和国际标准银行实务的解释,本身是没有直接强制力的,只具有间接强制力,且必须通过一国法律赋予。换句话说,国际商会的意见,必须被法律兼容,这样才有实际的作用,才有生命力,否则,只是中看不中用的花瓶。在这个意义上,由于东西方的法律规定如此不同,公司印章是否构成证实,是否构成签字,自然只能在法律框架中寻找答案,而UCP框架之内是不会有答案的。

事实上,由于信用证产品是在跨国银行间运作,而不同国家的法律又如此不同,所以,需要在不同法律之间架起一座桥梁,至今为止最为成熟的,是国际商会制定并维护的UCP规则。在这个意义上,我们知道,UCP的基本作用,就是架起各国信用证法律的一座桥梁。在这个意义上,我们还知道,UCP一旦得到法律的认可,便成了该国信用证法律的一部分。相应地,广义的法律包括UCP,而狭义的法律,实际上与UCP各有分工,各司其职。

本文发表于《中国外汇》2011年5月期理财专刊

8. 以案说法：禁反规则

作者：林建煌

信用证实务中，单据存在不符点可能被接受，也可能被拒付。被拒付后，受益人和申请人常常达成减价协议，减额付款了事。那么，申请人接受不符点后可以拒付吗？受益人收到减额付款后可以反悔吗？

案情介绍

2008年7月22日，C银行厦门分行（注：中信银行厦门分行）应进口商D公司（注：厦门建发）的申请对外开证，金额 USD8 235 000，+/-10%，适用UCP600，受益人新加坡贸易公司（SWISS SINGAPORE OVERSEAS ENTERPRISES PTE LTD），自由议付，第三方偿付行美国银行纽约分行。进口铁矿石数量 45 000 MTS，+/-10%，禁止部分发运。

7月30日，受益人交单，发票显示数量：45 000 WMTs（湿重）；金额：USD7 185 105.43。

8月11日，开证行在申请人同意赎单后对外发报 MT752 授权索偿。次日申请人反悔，开证行发报 MT799 撤销之前发送的 MT752。8月13日，开证行补充发报 MT734 通知拒付持单待候，不符点包括："1. 短支；2. 部分发运；3. 货物价值低于信用证金额下浮幅度；4. 价格调整、金额加减之前的货物价值低于信用证金额下浮幅度。"次日受益人反驳。交涉中，铁矿石价格暴跌。

9月22日，受益人与申请人达成降价协议。相应地，受益人修改发票并批注："此减额不得伤害新加坡贸易公司的利益（IN MITIGATION AND WITHOUT PREJUDICE TO SWISS SINGAPORE ENTERPRISES PTE LTD. RIGHTS）。"当天，寄单行应受益人要求向开证行发电 MT799 要求减额付款后放单："单据金额已由 USD7 185 105.43 减至 USD5 122 240.00，请向申请人收妥金额 USD5 122 240.00 后放单。"9月25日，开证行按要求减额付款后放单。

受益人收到经减额的款项后，向香港高等法院提起诉讼，要求开证行补付差额约200万美元。理由为：开证行所发三个报文：MT752 授权索偿电、MT799 撤销授权索偿电和 MT734 拒付电，只有第一个是有效的，后两个是无效的。

2010年5月3日，原审法庭判决：开证行败诉。主要理由为：开证行授权索偿后反悔拒付无效。

2010年12月7日，上诉法庭判决：开证行胜诉。主要理由为：受益人要求开证行减额付款后放单，便不可反悔。

"天九湾"单证案例 2014 年度汇编

案情分析

开证行所提不符点是否成立？

案中，开证行拒付提出了四个不符点。其中，第二个不符点"部分发运"，难以成立。证中对货物数量的规定只说公吨，没有区分是干重，还是湿重。提交的发票显示的货物数量单位与此并无矛盾，满足规定。第三个和第四个不符点也难以成立。"信用证金额的浮动幅度"，指的是信用证允许支款的金额，不是货物的价值，二者没有直接联系，谈不上不符点。

剩下的第一个不符点"短支"可能是唯一成立的。发票金额所代表的实际支款金额，由货物价值，经过金额加减而来，确实已经超过了在信用证允许支款金额的－10%下限，但价格调整引发的加减是信用证规定的。是否不符点涉及对UCP600第30条c款的理解，存在分歧。

开证行授权索偿后拒付是否有效？

退一步说，假设不符点成立，开证行拒付有效吗？

法官在原审判决中接受了受益人的观点，认为：开证行所发三个报文，是一个整体，不能分割。UCP600第16条c款规定"拒付只能发送唯一的通知"，实际上开证行发了三个电报。那只能说明第一个MT752授权索偿电是有效的，之后的MT799撤销授权索偿电和MT734拒付电无效。即便不符点成立，开证行无权宣称不符，必须付款。

如此推理并不严谨。三个报文是一个整体，没错，但前两个报文与拒付无关，从而也与UCP600第16条c款的规定无关。我们认为，前两个报文与拒付无关反而表明开证行的拒付电MT734唯一有效，从而支持了开证行的拒付。

那么，难道开证行在授权索偿后，就可以拒付了？也不是。因为授权索偿便意味着开证行接受单据，无论单据是否有不符点。

UCP500 Art 15 明文规定：

a.当开证行授权另一家银行依据表面符合信用证条款的单据付款、承担延期付款责任、承兑汇票或议付时，开证行和保兑行(如有)，应承担下列责任：

Ⅰ.对已付款、已承担延期付款责任、已承兑汇票或已作议付的指定银行予以偿付；

Ⅱ.接受单据。

换言之，授权索偿和接受单据，是等价的。授权索偿，便必须予以偿付。

《美国统一商法典》1995年版信用证篇第5—108条"开证人的权利与义务"，有一个相似的说法：

(i)如开证人根据本篇的要求或许可兑付了单据提示，则开证人：

(2)占有单据且不受受益人或提示人对单据的请求权的影响；

(3)无权主张第3—414条和第3—415条规定的汇票追索权；

(4)无权就错误付出的资金或给付的价值要求返还，如果其错误涉及提示或提交的单据中表面显然可见的不符点，但第5—110条和第5—117条另有规定者除外……

不符点单据下授权索偿，可以理解为"错误给付的价值要求"。这一价值要求，对于开证行来说，本质上是确认一笔应付账款；对于交单人来说，则获得了一笔脱离了单据的纯粹的应收账款。这一脱离,便自动撤清了可能存在的任何不符点。换言之,开证行授权索偿,意味着接受单据,也意味着自动放弃单据的任何不符点。

这一点,UCP600没有明说,但原理一样。通俗而言,既然单据已经被接受,其所有权便转移到开证行,开证行便必须担当起对交单人的付款责任,包括偿付,如此才显权利责任对等。而一旦开证行获得所有权,未经交单人同意,单据回转将失去依据。

可见,开证行拒付终归是无效的。

受益人授权减额放单后,是否可以要求开证行补偿差额?

如开证行拒付无效,则必须付款。即便开证行不愿意主动付款,受益人也可以通过法院判决和执行,把应得的货款拿回来。遗憾的是,在开证行不愿意付款的情况下,受益人没有这么做,而是草率地与申请人协商降价付款了事,把结果定格在补充合同中,在补充合同中也没有明示要求追偿差额。当然,这个办法并不新鲜,信用证实务常见。

本案特殊之处在于,受益人试图把追偿差额的希望寄托于事后补寄的减额发票上所作的保留权利批注:"此减额不得伤害新加坡贸易公司的利益"发票寄送绕过了开证行。

开证行收到受益人通过寄单行发送的MT799报文授权其减额付款后放单。电文内容并无特殊之处,它和补充合同一样,都没有保留追偿差额的权利。严格地说,这一个电文并不涉及单据。如前所述,开证行发送MT752授权索偿电文之时,单据所有权便掌握在手了,受益人已经无权对单据释放与否、如何释放指手划脚。受益人只是,也只能是在关心货款回笼情况。当受益人主动提出调减货款时,开证行同意并照办,意味着二者之间的债权债务已经一笔勾销。

这就是上诉判决书中所谓的"禁反言"规则。反之,如果允许受益人追偿差额,岂不等同于允许受益人随时可以反悔对开证行减额付款的授权?

《美国统一商法典》1995年版信用证篇第5—117条"开证人、申请人和指定人的代位":

(a)兑付受益人的提示后……;开证人也代位取得申请人的权利,其权利范围如同开证人是对申请人负有的基础义务的第二债务人。

显然,假如允许受益人向开证行追偿差额,按理就还应当允许开证行向申请人追偿差额。那么,申请人会付吗?须知它的手里握着一份与受益人事先签订的减额付款补充合同,白纸黑字,还历历在目呢,所以肯定不会付。而开证行基于前期的付款,自动获得了对申请人的代位权,仍可以凭申请人与受益人之间的这一份补充合同,直接对抗受益人的差额付款请求。极端一点说,如果逼急了,申请人和开证行完全可以以"受益人欺诈"为由向法院申请止付。

当然,受益人会进一步主张,减额发票批注已经保留了追偿差额的权利。我们认为,对于开证行来说,这仍然没用。因为发票并没有通过银行递送,即便通过银行递送,由于发票使用方是申请人,无关银行的表面审核。对于申请人来说,由于补充合同签订在前,发票上的单方面批注,写了等于白写!

启示

申请人在开证申请中对货物数量单位的描述没有到位,只有公吨,没有分干湿重,导致提不符点的希望落空。开证行理应知道已经授权索偿后，便不可撤销，也不应拒付，否则岂不等于纵容了申请人的错误拒付。而受益人在单据被拒付后根本不必着急与申请人达成减价补充协议。这纯属多此一举！因为只要拒付不成立，不管是行情跌价损失，还是昂贵的滞仓费，难道还怕没人兜底？

本文发表于《中国外汇》2012年2月期理财专刊

9.货代提单之辩

作者:林建煌

国际贸易中,常常使用货代提单。国际贸易中,银行常常希望通过控制提单来控货。显然,这是基于一个前提,即提单代表货权。众所周知,信用证对应的单据交易的基本结构就是"一手交单,一手付款"。正是出于提单代表货权和受益人"交单"代表"交货"的信任,开证行和申请人、受益人觉得这是一个安全的交易,信用证才派上了用场。

那么,货代提单,是提单吗?货代提单代表货权吗?如果货代提单是提单,货代提单代表货权,那么,它与普通提单有什么区别呢?实务中,这是关于提单的经典问题,也是关于货代提单的经典问题。这一问题,不仅涉及单据审核的不符点判断,还涉及贸易融资的安全。但对于答案,莫衷一是。

特殊的提单

我们认为,货代提单当然是提单了,只不过是一种特殊的提单,与普通提单略有不同罢了。换言之,在功能上提单该有的,它都有了,提单具有三个功能,货代提单也有三个功能,提单能凭以提货,货代的提单也能凭以提货。当然,货代提单,不是普通提单,它的特殊之处终归与名称中的"货代"有关。这一看法,在国际商会在 TA651 和 TA669 的意见中得到了一正一反的明确印证。

TA651 案中,信用证要求"货代提单(house B/L)",或者信用证要求"海运提单指定提货人 XX、通知方 YY",随后说明"货代提单可以接受"。

对此,咨询者所有国委员会初步意见一致同意:"'货代(house)'和'货代(forwarder)'是同义的。前者要求货代提单,后者允许货代提单实际也提交货代提单,此时,将按照 UCP600 第 14 条 f 款审核,……不需要按照 UCP600 第 19 至 23 条来审核。"

这对吗?

国际商会最终的分析及结论:"货代提单的审核,将按 UCP600 第 20 条,而不是第 14 条 f 款。ISBP681 第 72、95 和 138 段仅仅是在涉及单据应该如何签署时使用的。"这几个段落的规定,极其相似。

ISBP 681 Para 95:
If a credit states "Freight Forwarder's Bill of Lading is acceptable" or uses a similar phrase, then the bill of lading may be signed by a freight forwarder in the capacity of a freight forwarder, without the need to identify itself as carrier or agent for the named carrier. In this event, it is not necessary to show the name of the carrier. 如果

信用证规定"货代提单可接受"或使用了类似用语,则提单可由货运代理人以该身份签署,而无须注明其为承运人或具名承运人的代理人。在此情况下,不必显示承运人名称。

TA669rev 中,信用证规定"运输行提单不可接受"。那么,运输行可以按照 UCP600 第 20 条 a 款 i 项的规定签署提单吗?

国际商会结论中说,在 TA572－1 中的结论同样适用。原结论是:"……不管是否知道提单出具人的身份,银行有责任接受提单上显示出具人'作为承运人'签署的提单。"

总而言之,货代提单就是提单,它与普通提单不同之处在于出具人和签署人的身份。完整地说,货代提单就是货代以货代身份出具并签署的提单。从这里还可以知道,信用证实务中的货代提单,与运输实务中的货代提单其实并不一样。前者,是指提单出具人的"货代身份",后者则指提单名称为"货代提单"。顺便说一下,与此相似,信用证实务中的提单与运输实务中的提单也不相同,前者指 UCP600 第 20 条对应的港至港提单,后者指包括第 19 条中的多式运输提单、第 20 条对应的港至港提单和第 22 条港至港租船合同提单在内三种提单。信用证实务中的多式运输提单与运输实务中的多式运输提单也不相同,前者指信用证要求提单显示多种运输方式,后者指提单实际显示多种运输方式。

言归正传,事实上国际商会曾经多次提到,运输单据根据出具人的不同包括两种类型:货代类运输单据和承运人类运输单据。实务中常见的是后者,偶尔见到的货代提单便属于前者。

变形的无船承运人提单

那么,什么是货代呢?什么又是承运人呢?货代真的能出具提单吗?

货代,全称即"货方代理"。国际货代协会联合会(FIATA):"货代,是根据客户的指示,为客户的利益而揽取货物的人,其本人并非承运人。货代也可以依据这些条件,从事与运输合同有关的活动,如储货、报关、验收、收款。"请注意,正如定义所指出的,货代在其本意上并不承担运输责任,它不是承运人。

承运人,全称即"承担运输责任的人"。承运人根据其是否拥有船只,又分为有船承运人和无船承运人。前者即为船东,不管这船是租赁的或自己所有的,均称为有船承运人。实务中,还大量存在着无船承运人,在中国法下也称"无船承运业务经营者"。

国内最新的《国际海运条例》:

第 7 条第 2 款 无船承运业务,是指无船承运业务经营者以承运人身份接受托运人的货载,签发自己的提单或者其他运输单证,向托运人收取运费,通过国际船舶经营者完成国际海上货物运输,承担承运人责任的国际海上运输经营活动。

大家知道,根据《海商法》只有承运人才有责任和权利出具提单,提单是运输合同的证明。换言之,货代由于不是承运人,在其本意上是无权也没有责任出具提单。奇怪的是,在实务中还是会偶尔见到货代以货代身份出具提单,上个世纪末在中国还常常见到货代提单,这也一直得到国际商会的冠冕堂皇的正面认可。其中有何奥妙呢?我们认为,毋宁说是货代提单,不如说是货代在以货代身份托货代之名行无船承运人之实而出具的无船承运人提单。

据了解,目前全球只有两个国家的法律确立了无船承运人的概念,其中一个是中国,另外一个是美国。而在中国,无船承运人概念,也只是出现在2002年最新的《国际海运条例》实施之后。这意味着,2002年起中国法下才有无船承运人提单,如果目前在中国大陆有人见到货代以货代身份出具的提单,显然是违法的。而2002之前,中国法下并没有无船承运人概念,从而表面上看并没有无船承运人提单。正是在这样的背景下,2002年之前货代提单在中国大行其道。货代没有承担承运责任,怎么会出具提单呢?事实上,2002年之前中国法下的货代是在托货代之名行无船承运人之实而出具提单。与此同理,在目前没有无船承运人概念的中国和美国以外的国家法律里,货代一直是在以货代身份出具提单,归根结底,它是无船承运人提单。

在这个意义上,准确地说,国际商会所说的提单,只有有船承运人提单和无船承运人提单;而国际商会所说的货代提单,其实是一种变形的无船承运人提单。

深入一点看,货代提单/无船承运人提单,与船东提单/有船承运人提单的不同,更重要的还在于作为提单出具人的货代/无船承运人与船东/有船承运人的资信不同。船东,由于拥有船只而得名"有船承运人",其资信起码是一条船的价值,资信相对会比较高,所谓"有恒产者有恒心"是也。而货代/无船承运人,在中国法下,对其资信以保证金管理,最低的可以仅为人民币80万元,相应地,其资信相对会比较低。由于二者资信的不同,在承运业务上的经营作风、市场声誉也会有很大的不同。当然并不绝对,真实的情况须细心甄别,不可一概而论。

本文发表于《中国外汇》2012年3月期理财专刊

10. 直击国内证议付欺诈案

作者：林建煌

自从1997年《办法》(以下简称《办法》)发布以来，国内证经历了从诞生之初的门可罗雀，到2007年市场逐渐关注，直至近年来备受追捧的戏剧性过程。期间，国内证领域发生了为数不多的诉讼案件，包括两类：一类是2007年莱芜案，涉及《办法》第二十八条与第七条的冲突性规定；一类是2008年宁波系列案，涉及《办法》中议付的系列规定。本文将重点讨论后者中的一个，其对于国内证融资的影响，极其广泛且耐人寻味。

案情回顾

2008年8月14日，开证行M银行宁波分行(注：民生银行宁波分行)应买方——浙江HM公司(注：浙江华茂公司)(受豫玉都公司委托)采购镀锌钢卷的要求，向卖方——常熟星岛公司开立延期付款国内证，限制开户行M银行苏州分行议付，金额999万元，要求单据包括"正本货权证明书"等，并规定："如信用证系议付信用证，受益人开户行应将每次提交单据情况背书记录在正本信用证背面。"

8月18日，受益人通过M银行苏州分行交单，单据金额人民币9 988 941.80元，并在信用证背面相应批注"议付或付款金额人民币9 988 941.80元"。

8月19日，开证行收到单据，发现不符点，联系申请人。当日，申请人接受不符点并同意到期付款，开证行相应通知寄单行承诺到期付款。相应地，当日受益人申请议付998万元整，并确认收妥。

10月中下旬，申请人到受益人处未能提到任何货物。22日，受益人书面确认无法交付货物。11月18日，常熟中院裁定，受益人破产。

2009年9月11日，申请人提起诉讼，理由为受益人提交记载内容虚假的单据，恶意不交付货物，并与豫玉都公司、案外人科弘公司虚构贸易需求，恶意串通融资，涉嫌欺诈。宁波中院相应予以止付。

如此，M银行既是开证行，也是议付行，其地位非常尴尬。如果欺诈成立，作为议付行的M银行苏州分行的一个可行办法是向受益人追索，但受益人此时已经破产，所以，只能主张自己是善意第三人，以享受欺诈例外的"例外"原则的保护从开证行处获得偿付，最终转嫁由申请人承担欺诈风险。

我们知道，信用证运作遵循三原则："诚信"前提下的独立抽象性原则、"欺诈"前提下的欺诈例外原则和"善意"前提下的欺诈例外的"例外"原则。

于是，关键就在于确认：星岛公司"欺诈"是否成立，如果欺诈成立，议付行 M 银行苏州分行是否"善意"。

2011 年 9 月 16 日，浙江高院民事判决书(2011)浙商外终字第 21 号终审判决："欺诈"成立，不存在"善意"议付行。

欺诈与知情

星岛公司欺诈成立吗？如果欺诈不成立，止付自然就会被撤销，议付行就可以很正当地从开证行，最终从申请人处获得偿付。申请人承担受益人破产风险。

审理中，星岛公司和开证行、议付行均提出：申请人 HM 公司、豫玉都公司和星岛公司以及案外人科弘公司订立合同的目的仅为短期融资需要，确无真实交易背景，但该模式四公司已操作多次，故申请人对此是明知的，并不存在欺诈。

法院查明，2008 年 8 月 13 日，申请人的委托人——豫玉都公司，与案外人常熟科弘公司订立了转卖同一货物的《代理采购合同》。而且受益人与案外人科弘公司均是在新加坡一上市公司全资持股的子公司。所有贸易合同仅出于短期融资，并无真实交易背景。所以，欺诈成立。

申请人对上述背景是否知晓呢？二审法院认为，现有证据无法直接证明，虽然豫玉都公司及星岛公司工作人员在公安机关笔录中确认申请人知晓这一点。

如果申请人 HM 公司知晓星岛公司交单无贸易背景，能据此说明星岛公司没有欺诈吗？我们认为显然不能，这最多只能说明申请人对受益人欺诈是知情的，且未加阻止，而如果确实存在善意议付行，申请人更应该偿付开证行，继而偿付议付行。

当然，知情和串通只是一步之遥。如果申请人与受益人串通欺诈，那就是最高人民法院《关于审理信用证纠纷案件若干问题的规定》(法释〔2005〕13 号)中第 8 条的第(三)项欺诈情形："受益人和开证申请人或者其他第三方串通提交假单据，而没有真实的基础交易"。此时，即便在议付行事后被认定为已付出代价但不是善意第三人的情况下，申请人由于其串通行为仍可能有义务偿付开证行，或与已经破产的受益人一道有义务被连带追索归还议付行款项。

善意与信用证背面的"议付"记载

就本案而言，议付行"善意"与否，取决于其是否"合格"、"实际"议付。法院的判决给出了否定的回答。

二审判决书说："一是在时间上，国内证正本背面载明议付或付款时间为 2008 年 8 月 18 日，而星岛公司的议付申请书、苏州 M 银行的融资发放审批表、放款通知书等载明的申请议付及决定议付时间为 2008 年 8 月 19 日。"议付行解释，2008 年 8 月 18 日是星岛公司向其交单并"口头申请"议付而做的交单记载。

到底是"口头申请"议付，还仅是单纯的交单记载呢？我们认为，这只是交单记载，即对信用证兑用情况的书面记载，根本就不是"口头申请"议付。"口头申请"议付的说法，反而把事情弄复杂了。法院认定，"根据《办法》第 20 条规定，议付行经审核后决定议付的，应在信用证正本背面记明议付日期、业务编号、增额、议付金额、信用证余额、议付行名称，并加盖业务公章。涉案信用证背面不仅记载了议付时间，同时记载了议付金

"天九湾"单证案例 2014 年度汇编

额、信用证余额、业务编号,作为议付行的苏州 M 银行加盖了业务章,因此,案涉信用证背面记载的是议付而非交单。苏州 M 银行认为该记载系交单的理由与事实不符,不能成立。"很明显,法院和申请人顺着所谓的"'口头申请'议付"的说法,揪住不放,议付行无疑十分被动,也肯定觉得冤枉。

我们认为,"议付"概念,长期以来在国内银行的内部实务和口头实务中没有严格界定,可能是重要原因。严格意义上的"议付",在《办法》中有明确定义,仅限于延期付款信用证的指定议付行凭相符交单向受益人提前付款的行为。但除了议付协议或议付申请书会严格规范使用、内部管理办法和操作规程稍微规范使用以外,"议付"的概念与"交单"、"代理交单"、"押汇",几乎就混为一谈。国际信用证也是如此。显然,要弄明白案中信用证背面记载的"议付"到底是什么,须放在国内银行实务背景下考虑,以寻找进一步的证据支持,包括实务调查,而不仅仅是望文生义。

我们仍然认为,案中信用证背面记载的"议付"是交单。因为《办法》规定了议付行议付必须在信用证背面相应记载,但这只是银行内部操作方面的合规要求,银行是否记载、如何记载、记载是否正确等对外部当事人并不具有当然的约束力。比如说,议付行在信用证背面记载了"议付",但"实际"根本就没有叙做议付,事后可以向受益人要求"还款"吗?显然不能。实务中偶尔也会发生议付行"实际"议付了,而忘了在信用证背面相应记载。受益人收到议付款之后,到期了难道可以凭着信用证背面无"议付"记载,就可以堂而皇之地对抗议付行的可能追索吗?显然还是不能。起码仅凭信用证背面的"议付"记载,是无法简单地推断议付行与受益人之间"实际"发生了议付关系。

事实上,信用证背面记载交单情况这已经是国际银行业约定俗成的习惯,只是由于国内银行业实务常常没有严格规范使用"议付"一词,导致法院的误解。当然,银行的实务中可以,也应该汲取教训,加以规范,避免不必要的麻烦,乃至于有口难辩,承担本不应承担的法律责任。

信用证背面的交单记载的用意到底是什么呢?一句话,就是银行内部记载信用证金额的变动和其交单兑用情况,对内和对外并无直接的法律效力,起的仅仅是参考作用,以防日后重复兑用或利用信用证正本实施欺诈。国际证下 UCP600 对此没有明确的技术要求,国内证下《办法》对此的规范,属对银行的合规性要求。

就本案而言,即便信用证没有背面记载或记载得不对,也只是意味着议付行操作在合规上存在瑕疵,也并没有导致重复交单、重复兑用和重复议付等严重后果,受益人的欺诈实际上也与此无关。所以,从信用证原理来看,认定议付行"实际"议付与否,大可不必揪住信用证背面记载的内容不放。

此"议付"非彼"议付"

二审判决书又说:"二是在数额上,信用证正本背面记载议付或付款金额为 9 988 941.8 元,与星岛公司提交的单据数额相符,而苏州 M 银行提供的放款通知书、电脑截屏等证据显示,实际发生额为 998 万元,两者相差 8 941.8 元。"议付行解释道,差额是预估费用,开证行到期付款时会扣除相关费用,根据确认付款电文,到期收款金额将低于交单金额,在办理议付时,为避免风险敞口,金额设定为 998 万元整。

显然,法院判决的第二个理由是基于第一个理由中阐述的观点,即信用证正本背面记载的就是"实际"议付。换言之,如果第一个理由中所确认的信用证背面记载的不是"实际"议付,第二个理由的阐述便多此一举。更进一步说,为什么不可以得出这样一个结论,正是由于放款通知书和电脑截屏上显示的金额与信用证背面记载的"议付"金额不同,信用证背面记载的"议付"及金额就不是严格意义上的议付呢?这便进一步支持了对"实际"议付与否需另行寻找证据的看法。当然,只要确认了信用证背面记载所谓的"议付",只是银行内部操作要求,不是真正的严格意义上的议付,放款通知书和电脑截屏上的"实际"议付金额与之不同,也就顺理成章了。这本来就不是相同口径的两个金额,数值无需一模一样。

我们认为,与放款通知书和电脑截屏相比,议付申请书和议付协议对"实际"议付的认定,具有更实质的意义,因为二者对议付行和受益人均具有法律约束力。遗憾的是,没有看到二审法院在议付申请书和议付协议上寻找认定"实际"议付的依据。

是不是"实际"议付之时就没有议付申请书和议付协议呢?也不是。一审法院审理表明:"苏州 M 银行认为曾与星岛公司签订《国内证融资主协议》,并当庭提供协议,根据该协议记载,星岛公司向 M 银行申请的国内证业务,品种为国内证议付,金额为人民币贰仟万元,签订日期为 2008 年 8 月 16 日……"宁波 M 银行和苏州 M 银行为证明涉案信用证已经得到议付,提供了国内证正本(含背面记载)、星岛公司的议付申请书以及苏州 M 银行的国内证融资主协议、融资发放审批表、放款通知书和电脑截屏等证据,从上述证据内容看,国内证背面所记载的议付时间为 2008 年 8 月 18 日,而议付申请书和融资发放审批表等 M 银行内部文件所载明的议付申请和审批时间却为 2008 年 8 月 19 日,故议付时间上存在矛盾;……"

这里引出了"实际"议付时间作为佐证。

二审判决书又说:"三是根据查明的事实,星岛公司提交的信用证项下的单据存在不符点,虽然根据现有的证据,可以确认 HM 公司对开证行提示的不符点予以接受,开证行亦发出确认付款电文,但时间均在 2008 年 8 月 19 日,而议付行同意放款的时间亦在 2008 年 8 月 19 日,迟于信用证正本背面记载的议付时间 2008 年 8 月 18 日。"如果能明白信用证背面记载的"议付",其实是交单,仅仅是银行内部记载,对外没有约束力,这里的推理就显得非常可笑。

二审判决书最后说:"四是虽然星岛公司在庭审中认可已收到信用证项下的款项,但从现有的证据看仅有苏州 M 银行提供的电脑截屏予以证明,并无其他入账证据予以佐证,故作为议付行的苏州 M 银行已向受益人星岛公司支付了对价证据不甚充分。退一步讲,即使苏州 M 银行已向受益人星岛公司支付了款项,但其支付行为也发生在星岛公司的议付申请之前,违反了《办法》中关于受益人先提出议付申请,银行再审核单据进行议付的规定,故其支付行为不能视为涉案信用证项下的款项议付。"显然,法院认定议付与否时,重复了议付时间的矛盾,没有依据放款通知书进行推理,也对受益人确认的收到议付款项不予采信,更是没有提到对议付定性具有决定意义的议付申请书和议付协议。

"天九湾"单证案例 2014 年度汇编

善意与不符点

二审法院最终认为,议付行并未"实际"议付,从而不是善意第三人。

法院接着说,退一步,假如议付行"实际"议付成立,善意与否还需要确认议付是否"合格",其中一个要点就是,确认议付之时单据无不符点,或有不符点但已被接受。二审法院最终认为,该议付也不是"合格"议付。

理由是,"根据查明的事实,开证行和议付行在审核单据过程中,除开证行向 HM 公司披露的三个不符点外,尚存在二个不符点未披露,一是信用证要求的单据为货权证明书,而星岛公司交付的单据为成品提货单;二是信用证要求的单据为证实书,而星岛公司交付的单据为证明。由于对单据的审核系银行应尽的义务,《办法》第 28 条规定银行应将全部不符点予以披露,因此,原审判决据此所作的认定并无不妥。"

固然,上述的两个不符点可能成立,而开证行和议付行确实没有披露。那么,是否就可以据此推断议付不"合格"呢?

《办法》第二十八条规定:"开证行审核单据发现不符的,应在收到单据的次日起五个营业日内将全部不符点用电讯方式通知交单人。"从这里可以看出,本条仅仅涉及开证行披露不符点的义务,且仅仅指向包括受益人在内的交单人。换言之,如果不披露或者没有披露全部不符点又会怎么样呢?显然,理应由开证行自行承担后果,且仅对交单人承担责任。

至于开证行是否有义务向申请人披露不符点,这属于开证行与申请人之间的纠纷,受申请书的约束,但无论如何,与议付行无关。实际上,申请人在开证申请书几乎都会作类似承诺:"我公司保证在贵行认为单证表面相符的条件下,贵行有权主动办理确认到期付款/对外付款,并从我公司贵行开立的任何账户中扣款。"这里所说的不符点或单证表面相符,是以开证行的认定为准且不得反悔,至于是否涵盖了所有的客观存在的不符点则另当别论。本案中,申请人接受了已经披露的三个不符点,同时也接受了单据,自然不得反悔。

请注意,议付行本来就没有向受益人披露不符点的义务,更不用说全部不符点了。虽然议付必须基于无不符点的前提之下,但不同的银行,不同的关系人,对不符点的认定难免看法不一,所以,实际的议付以开证行和申请人接受单据为限,不管单据本身是否有不符点,不管不符点是否有未披露的"漏网之鱼"(参见香港高等法院,中国新时代诉港中银案上诉判决书〔2009〕HKCU2012 号)。就本案而言,"实际"的议付发生于开证行确认到期付款和申请人接受单据之后,相应地,就不存在另行对单据是否存在不符点的判断。在这个意义上,议付行的"实际"议付,也是"合格"的议付,其善意第三人的地位无可厚非。

余波

假如"欺诈"成立,假如"善意"不保,议付行想到了最后一个办法,主张信用证已履行完毕,希望这是一根救命稻草。如果信用证已经履行完毕,那就意味着,议付行的地位与开证行的地位等同,只要没有过错,理应获得偿付。因为如果按照国际信用证来理解,一国之内同一家银行的不同分支机构,意味着同一家银行。

法院会怎么看呢？二审判决书说："开证行与议付行系同属于同一法人下的分支机构，分别领有营业执照，其在总行授权范围内开展经营活动，并承担相应的民事责任，故开证行、议付行具有相对的独立性。议付行以开证行与其系同一法人下的分支机构为由，主张信用证已履行完毕，但未提供充分的证据证明，本院不予支持。"

虽然《办法》没有明说，但是，很明显如果按照国际信用证来理解，不同国家的银行分支机构才算惯例意义上的不同银行，同一国家的银行分支机构算惯例意义上的同一银行，如此在国内证实务中必将引发混乱。既然是国内证，那么，当事的银行理应都在一国之内，如果把开证行、指定银行、议付行、通知行视为同一家银行，信用证的原理就会面目全非，后果不堪设想。在这个意义上，显然，议付行有点 Hold 不住了。

结语

我们认为，诚信、欺诈和善意，是法律的事，议付的认定必须基于对当事双方都具有约束力的议付申请书、议付协议、放款通知书，乃至于放款凭证综合考虑，而不是仅基于银行内部出于自我保护和合规目的在信用证背面所作的单方面记载。否则，将无异于舍本逐末，其结论难免令人费解。

本文发表于《中国外汇》2012 年 4 月期理财专刊

11. 别忘了提单停运权

作者：林建煌

信用证交易下，提单的货权性一直引人关注。现阶段，绝大多数国家或地区认可记名提单的货权性，其中也包括中国。需要注意的是，有极少数国家，属于另类，否认记名提单的货权性，如美国和俄罗斯。在美国法下，记名提单与运单相似，都不代表货权。那么，使用记名提单与这些国家开展贸易，是否意味着没有办法控制货权了呢？

提单抬头

我们认为，办法还是有的，只要把提单的收货人做成开证行抬头即可。因为开证行抬头记名提单下，申请人提货必须得到开证行的授权，不管记名提单是否代表货权。否则，如果开证行不在信用证下付款而授权申请人提货，就会陷入信用证交易之外的提单纠纷。由于货物已经被释放，受益人完全可以凭正当持有的提单向船公司索赔，相应地，船公司就会向做出授权提货的开证行索赔。于是，开证行基于其已做出提货授权，便不得不付款。简而言之，只要开证行授权提货，这相当于受益人得到了开证行的提货担保，其收款便有开证行的确切保障，便无须多虑。只要开证行未授权提货，即便受益人得不到开证行付款，其货物还是安全的，损失通常也不会太大。

美国法下记名提单把收货人做成开证行，相对于作为受益人的出口商来说是安全的。实务中，我们常常感到疑惑的是，这对于作为申请人的进口商来说，也是安全的吗？在几乎所有记名提单代表货权的国家或地区，包括中国法下，这种担心都存在，即记名提单持单人持有提单，是否就意味着可以十拿九稳凭单提货呢？

事实不完全如此。因为记名提单与运单相似，作为托运人和受益人的出口商，可能仍然掌握着停运权。

提单停运权

停运权（Stoppage in Transit），是指卖方已经丧失对货物的控制权，买方无力清偿货款，而货物仍在运输途中时，卖方可以行使此权利，收回货物的占有权，并保留货物，直到买方偿付货款为止（上述解释来自百度百科）。停运权，在《鹿特丹规则》中则称控制权。

《鹿特丹规则》第 50 条"控制权的行使和范围"：

一、控制权只能由控制方行使，且仅限于：

（一）就货物发出指示，或修改指示的权利，此权利不构成运输合同的变更；

（二）在计划挂靠港，或内陆运输情况下在运输途中的任何地点提取货物的权利；

（三）由包括控制人在内的任何人取代收货人的权利；

二、控制权存在于第 12 条规定的整个承运人责任期间，该责任期间届满时即告终止。

停运权来自于买卖合同法律和实务，并为运输合同法律和实务所支持。

《美国统一商法典·买卖篇》1995 年版第 2—705 条"卖方在运输中途停止交货"：

（1）卖方可以停止交付由承运人或托管人保管的货物，如果其发现买方即将破产；也可以停止交付车载或机载等的货物，如果买方在交货前拒绝或无法付款，或者发生其他卖方有权拒交或收回货物的情况。

《美国联邦提单法》（亦称：波默兰法案 1916/1994）第 6 条规定：

"记名提单"不得背书转让。第 9 条规定承运人有权向记名提单的收货人交付货物。但如果货主行使了中途停运权，承运人仍向记名收货人放货则应承担责任（第 22 条）。

《国内最新合同法》第 17 章"运输合同"：

第 308 条　在承运人将货物交付收货人之前，托运人可以要求承运人中止运输、返还货物、变更到达地或者将货物交给其他收货人，但应当赔偿承运人因此受到的损失。

《最高法提单"无单放货"纠纷的司法解释》：

第 9 条　承运人按照记名提单托运人的要求中止运输、返还货物、变更到达地或者将货物交给其他收货人，持有记名提单的收货人要求承运人承担无正本提单交付货物民事责任的，人民法院不予支持。

行使停运权的依据

那么，托运人在记名提单下掌握和行使停运权的依据又是什么呢？

对于代表货权的记名提单，国内最新《最高法提单"无单放货"纠纷的司法解释》中并无此规定。还好，可以参照 2009 年的《鹿特丹规则——全程或者部分海上国际货物运输合同公约》中的明确规定：

《鹿特丹规则》第 51 条"控制方的识别和控制权的转让"：

签发不可转让运输单证，其中载明必须交单提货的：

托运人为控制方，且可以将控制权转让给运输单证中指定的收货人，该运输单据可不经背书转让给该人。……

为了行使控制权，控制方应当提交单证且适当表明其身份。所签发单证有一份以上正本的，应当提交所有正本单证，否则不能行使控制权。

签发可转让运输单证的：

持有人为控制方，所签发可转让运输单证有一份以上正本的，持有人得到所有正本单证，方可成为控制方；……

为了行使控制权，持有人应当向承运人提交可转让运输单证，持有人是第 1 条第 1 款第 1 项第 1 目其中述及的一种人，应适当表明其身份。所签发单证有一份以上正本的，应当提交所有正本单证，否则不能行使控制权。

对于不代表货权的记名提单，美国法有类似规定。值得一提的是，也可以参考同样

不代表货权的空运单,这一点明确在《华沙公约》的白纸黑字中:

《华沙公约》第 12 条"处置货物的权利":

托运人在负责履行运输合同规定的全部义务的条件下,有权对货物进行处置,即……

承运人按照托运人的指示处置货物,没有要求出示托运人所收执的那份航空货运单或者货物收据,给该份航空货运单或者货物收据的合法持有人造成损失的,承运人应当承担责任,但是不妨碍承运人对托运人的追偿权。

从上述规定可以看出,美国法下记名提单虽然不代表货权,但并不意味着一文不值。实际上,托运人只要掌握着记名提单,便可凭以行使停运权,要求中止运输、返还货物、变更到达地或者将货物交给其他收货人。对于进口商来说,如果希望付款安全,不仅需要关注提单收货人做成自己或开证行,通常还需要持有全套正本记名提单以掌握货物停运权,虽然它并不代表货权。

在中国法下,尽管记名提单代表货权,但仅持有记名提单,也并非高枕无忧,因为无法排除凭单提货之前托运人已经行使停运权在先。换言之,此时持单人对记名提单的货权并不完整,停运权是完整货权的漏洞。所以,还是要持有"全套"正本记名提单,才足以保护记名提单持单人的完整的货权利益。这也是信用证交易下一份普通提单就可以提货,但仍然要求"全套"正本的原因。

请注意,停运权或控制权,适用于所有运输单据,包括所有提单,而不限于记名提单。

结论

总之,信用证交易下使用记名提单希望凭以有效掌握货权,一要作成开证行抬头,二要控制全套正本。二者缺一不可!

本文发表于《中国外汇》2012 年 5 月期下半月刊

12.信用证下汇票"不符点"可以拒付吗？

作者：林建煌

信用证审单实务中，汇票是单据吗？汇票的瑕疵是不符点吗？汇票提交过交单期、有效期会构成不符点吗？这些问题长期以来一直困扰着国际国内的银行界和贸易界、法律界。

国际商会新版 ISBP 于 2008 年启动修订，目前正进展得如火如荼，预定于 2013 年 7 月 1 日实施，其第 3 稿汇票部分第 1 段首次对汇票功能和汇票上的瑕疵进行了正式定性，并作了回答。如此定性和如此回答将会对实务造成什么样的影响，本文将结合国际商会和中外法院的意见加以点评，并对新版 ISBP 的修订方向进行一番讨论，希望有所上升，以为抛砖引玉。

新版 ISBP 修订第 3 稿第 B1 段解读

自信用证诞生以来，实务对信用证下汇票的争论从来就没有中断过。争论中的分歧，导致了操作的混乱，也引发了多个诉讼案件。这些太需要国际商会正视一下汇票定性的问题，以示澄清，减少分歧，引导信用证实务的规范运作。

很高兴的是，今年初出来的新版 ISBP 修订第 3 稿终于让我们看到了国际商会解决问题的决心。

新版 ISBP 第 3 稿第 B1 段：

a. A draft, if required, is to be drawn on the bank in the credit.汇票，如果要求的话，必须作成以信用证规定的银行为付款人。

b. Drafts drawn on banks are financial instruments and are considered as part of the documentary requirements of a credit only to the extent shown in paragraph B2—15. Any error or omission in a draft, relating to data other than that referred to in paragraph B2—B15 does not make the draft discrepant.作成银行付款人的汇票是金融工具，将只就本规则第 B2 至 B15 段的范围内，视为信用证跟单要求的一部分。汇票上的任何与本规则第 B2 至 B15 段以外的有关数据的错误或遗漏，不构成不符点。

概括而言，上述规定涉及了以下三点：

第一，信用证下汇票，必须作成信用证规定的银行付款人。言外之意，信用证要求非银行付款人的汇票,不是这里默认的"特指"的信用证下汇票,而是信用证要求的其他单据,无疑将按其他单据来审核。这一点,是业界的普遍共识,不管是国际还是国内,不管是银行还是法院,没有异议。

第二,信用证下汇票,指作为金融工具的汇票。对于信用证下汇票而言,金融工具的定性和银行付款人的要求,是一个硬币的两面,几乎就是等价的。这一点也是共识,没有异议。为什么呢? 英国法院在 2002 年审理的法国工商信贷银行诉招商银行案中的说法算是一语中的:"汇票不涉及货物的质量和价值,汇票的存在完全是为了保护议付行的权益。(Since the drafts had nothing to do with the quality or value of the logs, but were for the "exclusive benefit of the negotiating bank")。"虽然这里"汇票的存在完全为了保护议付行的权益"的说法,并不完全,但足以说明问题。按理,用于证明交货情况的商业单据无不符点,不涉及交货情况的汇票终归是支款的工具,其瑕疵不足以阻止付款。

第三,信用证下汇票,部分视为单据化条件,部分视为非单据化条件。单据化部分,限于新版 ISBP 第 B2 至 B15 段规定的期限、金额等内容。非单据化部分,包括规定范围以外的数据错漏,如出具日期等内容,当然也包括了规定范围以外的但信用证特别要求显示的合同号、唛头信息、语言等。

显然,这意味着汇票非单据化部分的瑕疵根本无须理会。而汇票存在的单据化部分瑕疵,如期限、金额错误将会构成不符点,从而可以拒付。简洁明了。

总体来看,这些规定严格约束了信用证下汇票不符点的认定和拒付,也督促避免期限、金额错误、漏交汇票方面的不符点,最终当然便利了信用证的使用和结算,将促进国际贸易。

当然,实务总是复杂而多样,而新版 ISBP 的规定难免会显得捉襟见肘。

汇票"缺出具日期"是不符点吗?

新版 ISBP 修订第 3 稿并没有直接回答汇票是否单据,而只是提到信用证下汇票,部分是单据化条件,部分是非单据化条件。换言之,根据 UCP600 第 14 条的规定,信用证下汇票要求的单据化部分必须满足,否则会导致不符,而非单据化部分则可不予理会。

那么,汇票到底是单据吗?

汇票当然是单据。准确地说,汇票是金融单据。

URR522 Article 2(b):

单据,包括金融单据和商业单据:

Ⅰ.金融单据,指汇票、本票、支票或其他类似的可用于取得款项的凭证;

Ⅱ.商业单据,指发票、运输单据、货权凭证或其他任何非金融单据的单据。

ISP98 1.09(a):

"单据"——是指以纸质或电子的形式提交的,可凭以审核是否与备用证相符的汇票、索赔书、所有权凭证、证券、发票、违约证明或其他代表事实、法律、权利或意见的说明。

汇票是信用证下的单据吗? 与托收和备用证相似,汇票当然也是信用证下的单据了。要不然,信用证为什么在 MT700 的 42 场专门规定了汇票呢?

12. 信用证下汇票"不符点"可以拒付吗？

请注意，汇票是信用证下要求的单据，但它不是普通的单据，而是执行着信用证支款这一特殊功能的金融工具，或金融单据。

显然，作为金融工具的信用证下汇票，不是申请人在信用证下要求的单据，而是开证行或其代理要求的单据。为什么呢？汇票总有付款人，在信用证下，通常就是付款行了。实务中，汇票最终由付款行付款而终结其生命。新版 ISBP 第 3 稿规定了，信用证下汇票的付款人必须是银行。

尽管如此，信用证下银行要求的汇票在单据化范围以内仍会构成不符点，而单据化范围以外则不会构成不符点。

DOCDEX 第 260 号意见中提到一个案例，开证行以"Draft not dated 汇票缺出具日期"为不符点拒付，根据是 ISBP681 第 13 段的规定。

ISBP681 第 13 段：

Drafts, transport documents and insurance documents must be dated even if a credit does not expressly so require. 即使信用证没有明确要求，汇票、运输单据和保险单据也必须注明日期。

国际商会在分析和结论中认为，关于汇票缺少日期不是不符点。因为汇票仅仅是支付命令，"且信用证也没有明确要求汇票必须具有日期"，不影响单证相符下开证行的付款责任，只是作为付款行的资料由其存放，既不是信用证下处理的单据，也不是申请人要求的，与申请人无关，而该汇票的付款期限是即期，"the date of a draft 汇票日期"仅在其用来确定远期到期日时才是必需的。

显然，这里的结论——"汇票缺出具日期不是不符点"在新版 ISBP 第 3 稿中仍然适用。因为 ISBP681 第 13 段"汇票必须显示日期"的要求，对应的是第 3 稿第 10 段，超越了汇票部分第 B2 至 B15 段的范围，属于非单据化要求，将不予理会。

但是这里的分析仍然留了一个暗门——"且信用证也没有明确要求汇票必须具有日期"。换言之，如果"信用证明确要求汇票必须具有日期"，这是否意味着"汇票缺出具日期"将构成不符点，从而可以拒付呢？新版 ISBP 第 3 稿中找不到答案。不过，或许多虑了。"明确要求汇票必须具有日期"的信用证，几乎就没有看到过。

信用证规定的"一切单据"包括汇票吗？

无疑地，信用证下单据包含了作为金融工具的汇票。进一步，实务中常常争议的是：信用证 47 场规定的"一切单据"，也包括汇票吗？回答是否定的。

TA590rev 中有一个案例，信用证要求"一切单据显示合同号"。结果提交的汇票没有显示合同号，可以吗？

如果必须优先遵循信用证明确规定的说法，显然，这是一个不符点。

然而，国际商会在分析和结论中说，这不是不符点，可以接受的。为什么呢？没有分析。或许国际商会在意见初稿中说得明确："Reference to 'all documents' should relate to those documents that will be delivered to the applicant and not to a document that will be retained by the issuing bank. 所谓的'一切单据'，应该指的是转交给申请人

的单据,而不是开证行保留的单据。"遗憾的是,最终稿的分析和结论中这一句已经删除。不过就此案的分析来看,与其说国际商会是在回答汇票是否显示合同号问题,不如说,国际商会是在避重就轻,诠释信用证规定中所谓的"一切单据"根本就没有包括过汇票。于是,自然不存在汇票是否需要显示合同号的判断。

TA703中也有一个案例,信用证要求"一切单据用英语出具"。结果,提交的汇票名称及栏位名称用的是西班牙语,而金额、到期日、信用证号码、付款人名称等用英语。又可以吗?国际商会在分析与结论中说:"In the sense that the draft is not listed in field 46A. Any such condition would only apply to those documents appearing in field 46A or … in field 47A. 此条件仅适用于 46A 或 47A 罗列的单据中。显然,汇票没有罗列其中。"其实,退一步说,即便"一切单据"包括汇票,也不足以构成不符点。国际商会在 R564 and R654 分析和结论中说:"一切单据用英语,指的是单据上据以审核是否相符的内容。因此,本案例中就汇票而言没有不符点。"

与TA703的情况相同,2002年法国工商信贷银行诉招商银行案中,开证行开出的信用证要求所有单据使用英文。开证行提出不符点:汇票没有使用英语。英国法院判决中认为:信用证要求的用英文出具的单据是指信用证 46A 场所规定的单据,并不包括汇票。

这三个意见的思路差不多,但略有不同。

TA590rev着眼于汇票的使用方,看什么呢?汇票付款人的规定。如果付款人规定是银行,则银行使用,不是申请人使用。换言之,无须理会该汇票是在信用证 42 场的规定,还是在 46 场或 47 场中规定。而 TA703 和招行案着眼于汇票规定的位置,是在 46 场或 47 场,还是在 42 场。

相比之下,可能 TA590rev 的意见,更接近于国际商会在新版 ISBP 修订第 3 稿中的精神,更贴近实务。

实务中,倒是会出现这样的情况,信用证 47 场明确强调"一切单据包括汇票必须以英语出具。Drafts and all documents must be issued in English."此时,上述结论还适用吗?这又是一个新问题,恐怕在新版 ISBP 第 3 稿中仍然找不到答案。

汇票补交过交单期、有效期,可以吗?

新版 ISBP 第 3 稿的规定,不管是第 B2 至 B15 段的内容,还是第 B2 至 B15 段之外的数据错漏,都不涉及汇票提交或补交过交单期、过有效期是否构成不符点的情况。

那么,过交单期,过有效期怎么办呢?

2005年韩国中小企业银行诉青岛华天案中,信用证下要求汇票付款期限为见票后 90 天,结果提交的汇票期限为即期,开证行以汇票付款期限错误为由据此拒付。之后,受益人补交了合格的汇票,虽然在有效期之内但已过交单期,开证行据此再次拒付。再次拒付成立吗?山东高院在(2005)鲁民四终字第 71 号民事判决书中说:

"本案信用证 46A 交单条款要求的单据为商业发票、海运提单、装箱单及原产地证书,不包括汇票。UCP500 的"D、单据"章所列明单据均为与货物相关的商业单据,也不包括汇票。依据本案信用证的约定和 UCP500 的规定,汇票不是信用证项下所要求的单据,汇票为受益人向银行提示付款的单据,是受益人向付款行收取信用证款项的结算凭证。因此,本案信用证约定的交单日期不约束汇票的提交,华天公司在第一次提交汇票不符合约定的情况下,修改汇票并在信用证有效期内提交符合信用证要求汇票的行为,应是合法有效的行为。"

2007年四川川投诉东方汇理案中,信用证下提交的汇票金额显示按100%发票金额索偿,而不是按照信用证条款规定的85%发票金额。事后在有效期之内补交合格汇票,可以吗?上海高院在(2007)沪高民四(商)终字第41号民事判决书中说:

"根据UCP500第13条第1款第2项的规定,银行不审核信用证中未规定的单据。如果银行收到此类单据,将退还交单人,或将其转交,并对此不负责任。本案中,信用证第46A条对议付信用证所需提交单据的规定并不包括汇票,开证行萨那分行对受益人川投公司所提交汇票的审查不能作为银行对信用证交易中单证不符点的审查内容。开证行对汇票的审查是其对汇票作为支付手段和文件的审查,其对不符合要求的汇票可以退票,但不得作为信用证审单中单证不符点的理由。对有瑕疵的汇票,受益人亦可采取补救措施,提交符合要求的汇票。信用证条款规定的付款条件是该批次信用证金额的85%凭提交的完全符合信用证条款的装运单据支付,而受益人川投公司提交的该批次汇票提示100%付款,尽管与信用证规定的付款条件不符,但因汇票在本案中不是信用证所要求提交的装运单据,故该项不构成不符点。而且,根据原审法院查明的事实,受益人川投公司在信用证有效期内按照信用证条款的规定提交了该批次货款金额85%即47 628.90美元的汇票以代替原先的汇票,并得到了通知行上海分行的确认。因此,开证行提出的该项不符点并不构成开证行萨那分行拒付信用证款项的理由。"

显然,两个判例的回答几乎完全一致,即补交汇票过交单期不得拒付,只要"在信用证有效期之内"即可。言外之意,是否说过有效期就可以拒付了呢?不得而知。

遗憾的是,新版ISBP第3稿既没有肯定或否定上述法院判决允许汇票补交过交单期的看法,也没有回答过有效期的问题。

新稿的汇票定性会影响申请人赎单吗?

新版ISBP第3稿下汇票如果可以事后随时补交,这种规定,无疑将得到业界的欢迎。因为实务中,大量发生的似是而非的汇票不符点纠纷导致贸易买卖双方之间关系的紧张,会在汇票事后的随时补交中得到基本的救济。而大量的汇票由银行代制的事实下可能发生的制错、漏寄等的问题导致受益人与银行之间关系的紧张,也会在汇票事后的随时补交中得到基本的缓解。

但是,这近乎完美的设计还是会引出一个新问题:如果受益人补交汇票不够利索,一拖再拖,申请人想提货赎单,怎么办?换言之,会不会影响申请人的提货赎单呢?

我们认为,这涉及新定性下申请人赎单流程与开证行付款流程的协调。

受益人所交汇票有瑕疵,其单据化部分将构成不符点,可以拒付。开证行拒付后,必然会触发受益人补交汇票。但是,开证行拒付,并不等于申请人拒付。信用证下作为金融工具的汇票,是开证行使用的,而不是申请人使用的,申请人的相符交单审核范围,并不包括汇票,所以,在汇票以外的单据无不符点的情况下,申请人必须在5个工作日

"天九湾"单证案例 2014 年度汇编

之内付款赎单。

特别是在大宗商品贸易下,申请人晚赎单提货还可能会导致滞仓滞港,费用昂贵,往往不得拖延。而对于开证行来说,汇票瑕疵,如金额、期限错误,由于会直接影响到其使用、流通和融资,又不得不拒付。如此在开证行拒付同时为了满足申请人赎单要求,必然导致开证行拒付与申请人赎单的分离。

而请注意,这种分离可能陷入逻辑的困难。开证行拒付是否还需要遵循 UCP600 第 16 条的规定呢?如果遵循规定,拒付电文必须显示三要素:

一、表明"拒付"字样;
二、列明凭以拒付的不符点;
三、说明拒付之后的单据处置状态。

那么,如何显示单据处置状态呢?是 UCP600 第 16 条 c(iii) 的四个选项取其一吗?不行。因为开证行拒付之时单据已经释放给申请人,所以,在四个标准选项中没有答案。这是否意味着为了适应新版 ISBP 的出台,UCP600 要增设新的选项呢?不得而知。

即便增设第五选项,如"已经放单",仍然会有问题。因为按照国际商会在 R482 中的说法:"In any case, the documents belong to beneficiary until the presentation is honoured. 付款之前单据所有权属于受益人,准确地说是交单人。"既然单据所有权属于受益人,此时,如果受益人要求退单,事情就更复杂了,因为已经无单可退。进一步根据 UCP600 第 16 条 f 款——"如果开证行或保兑行未能按照本条行事,将无权宣称交单不符"的规定,银行必须付款,不得拒付。

显然,新版 ISBP 第 3 稿给予信用证下汇票作为金融工具——"部分单据化部分非单据化"的定性,从而引出来的汇票瑕疵"部分构成不符点,部分不会构成不符点"的推论,已经遇到了逻辑困难。无论如何,新版 ISBP 和 UCP600 的设计其用意无非是便利信用证的运用和推广,从而必须首先尊重,也是同时尊重信用证交易的实务,包括受益人事后随时补交发票、申请人立即赎单提货和开证行拒绝付款的不同要求。

当然,新版 ISBP 或许不允许过交单期、过有效期的汇票。只是如此一来已经偏离了信用证下汇票作为"金融工具"的法律定性,这必定会抑制信用证的使用。

汇票进入相符交单的审核范围了吗?

实务中,信用证下汇票基于付款行的不同,流程多种多样,有时候根本就没有进入银行确认相符交单的审核范围。

这得从开证行的责任说起。

UCP600 Article 7(a):

只要规定的单据提交给指定银行或开证行,并且构成相符交单,则开证行必须承付……

显然,如果信用证要求汇票且付款行是指定银行或第三方偿付行时,开证行从指定银行处收到单据中将根本就没有包括汇票,汇票也根本就没有进入其相符交单的审核范围,虽然汇票是信用证要求的单据。换言之,开证行对受益人的承付责任,要么根本就与受益人提交的汇票无关,要么就是依赖于指定银行对受益人提交汇票的审核。

如果是前者,将意味着汇票提交与否、如何提交、提交时是否有瑕疵,都无关紧要,因为只要商业单据的提交,无不符点,便确立了开证行不可撤销的付款责任。

这一判断,可以从以下规定中得到印证:

UCP600 第 38 条 i 款:
如果第一受益人应提交其自己的发票和汇票(如有),但未能在收到第一次要求时照办;或第一受益人提交的发票导致了第二受益人的交单中本不存在的不符点,而其未能在收到第一次要求时予以修正,转让行有权将其从第二受益人处收到的单据照交开证行,并不再对第一受益人承担责任。

显然,上述规定中所涉及的转让行有权迳寄单据给开证行的两种情形的措辞,并不完全相同。在未及时换单下包括发票和可能的汇票,而在不符点换单下仅包括发票。

这是否意味着,交单不符点仅与换发票有关,而与可能的所换汇票无关?换言之,换汇票即使有瑕疵,也不足以构成不符点?国际商会没有明说。

如果是后者,则将意味着开证行对信用证相符交单的审核,没有独立完成,也无法独立完成。或者说,开证行审单之时,默认未见到的汇票无瑕疵,除非使用汇票的指定银行提示了汇票的不符点。

这一点,可以从通过第三方银行的清洁偿付中汇票的流转过程得到印证。

比如:

开证行 BANK OF CHINA, SEOUL BRANCH;

议付行 INDUSTRAIAL BANK, SHANGHAI BRANCH;

偿付行 BANK OF CHINA, NEW YORK BRANCH;

信用证要求汇票 DRAWEE: BANK OF CHINA, NEW YORK BRANCH,禁止电索。

实务中,如果议付行 INDUSTRAIAL BANK, SHANGHAI BRANCH 确认交单相符,汇票需要寄偿付行 BANK OF CHINA, NEW YORK BRANCH 索偿,同时将商业单据寄送开证行 BANK OF CHINA, SEOUL BRANCH。对于开证行来说,收到单据后需要最终确认交单是否相符,不包括汇票。如果开证行确认交单相符,该偿付行的偿付即意味着信用证付款终结。

如果议付行确认交单不符,汇票则留在议付行处,商业单据寄送开证行,请求授权索偿。当开证行 BANK OF CHINA, SEOUL BRANCH 接受不符点时,则会授权议付行 INDUSTRAIAL BANK, SHANGHAI BRANCH 索偿,该授权就意味着信用证付款终结,尽管开证行还没有实际付款。此时,议付行则再寄送汇票到偿付行要求索偿。

让人惊奇的是,不管是哪一种情况,开证行据以确认相符交单的单据中显然并没有开证时所要求的汇票,因为汇票正在偿付行手里或仍保留在议付行手里,并没有与开证行见面。

换言之,第三方偿付信用证规定汇票付款行为偿付行时,开证行进行相符交单审核并不包括汇票,虽然汇票是信用证下要求的单据。

拒付,还是抗辩?

如前所述,汇票付款人为指定银行或偿付行时,只有指定银行会见票,而开证行无法见票。这么一来,同一套单据下指定银行的审核好像包括了汇票,而开证行不包括汇票。如果汇票上的瑕疵被视之为 UCP 意义上的不符点,势必进入一种很奇怪的悖论:同样一个客观存在的"不符点",开证行由于没有见票不可能就此拒付,而指定银行见票可以就此拒付。须知,国际商会 R213 中说过:"单据不符没有'限度',单据不是相符就是不符。"如此,我们为什么不说此"不符点",不是真正的 UCP 意义上的"不符点",而仅仅是一个法律意义上的瑕疵而已?换言之,为什么不可以说汇票根本就没有进入包括开证行在内的银行相符交单的审核范围呢?

实务中常常把"拒付"与"抗辩"混为一谈。我们认为,这可能与信用证运作的双重框架有关。事实上,每一个信用证,都同时运作于 UCP 框架和法律框架之中,相对独立,也相互影响。

"拒付",是 UCP 框架内的说法。换言之,法律框架之内拒绝付款,就不是 UCP 意义上的"拒付"了。那会是什么呢?是"抗辩",即拒绝或否定对方在法律意义上的请求权,这里指拒绝或否定受益人的付款请求权,这是法律框架内的说法。法律有广义和狭义之分,相应地,广义的法律"抗辩",理应包括拒付;而狭义的法律"抗辩",便与拒付各有分工,各司其职了。

显然,汇票瑕疵只会导致"抗辩",而商业单据的"不符点"才会导致"拒付"。只是相符交单下,汇票瑕疵引发的法律意义上的"抗辩"效力优于 UCP 意义上的付款,所以,开证行可以拒绝付款。而一旦经过重交合格汇票,抗辩理由消失,开证行便须回到 UCP 框架内,履行不可撤销的承付或偿付责任。只是法律意义上的"抗辩"与 UCP 意义上的"拒付"效果相似,实务中汇票有瑕疵时,银行常常对外发"拒付"电,实际上则是法律意义上的"抗辩"电。

其实,相符交单下开证行收到法院止付令而对外发出的拒绝付款电文,也是一种法律意义上的"抗辩",而不是 UCP 意义上的"拒付"。作为法律"抗辩"的止付令,当然可以阻止 UCP 意义上的开证行对相符交单的付款。

我们认为,如果国际商会能明确规定"汇票是金融工具,不进入相符交单的审核范围。汇票瑕疵不是不符点,其是否可接受适用当地法律",那么,就可以很好地解释国际商会的意见和中外法院的判决,文中的问题也将一一迎刃而解。

备用信用证和见索即付保函下的汇票

延伸的问题是,新定性是否适用于 UCP600 下的所有信用证,包括备用信用证呢?是否可以引申到 ISP98 下的备用信用证和 URDG758 下的见索即付保函呢?

ISP98 1.09(a):

"单据"——是指以纸质或电子形式提交的,可凭以审核是否与备用证相符的汇票、索赔书、所有权凭证、证券、发票、违约证明或其他代表事实、法律、权利或意见的说明。

URDG758 Article 2：

"单据"，指经签署或未经签署的纸质或电子形式的信息记录,只要能够由接收单据的一方以有形的方式复制。在本规则中,单据包括索赔书和支持声明。

"相符交单",指所提交单据及其内容首先与该保函条款和条件相符,其次与该保函条款和条件一致的本规则有关内容相符,最后在保函及本规则均无相关规定的情况下,与见索即付保函国际标准实务相符。

显然,ISP98下备用信用证和URDG758下见索即付保函中的汇票定性——金融工具,道理与此相似。UCP600下备用信用证中的汇票,也与此相似。

至于汇票"缺出具日期",不管适用哪一套规则,均不会构成不符点。这一点,还是与UCP600下商业信用证相似。

至于备用证或保函规定的"一切单据",不管适用哪一套规则,自然都包括汇票。

至于汇票补交均不存在是否满足交单期的判断,但都会受到有效期的约束。

这两点,则与UCP600下商业信用证不同。

为什么呢？

我们认为,应该与备用证和保函的功能有关。备用证和保函终归是在执行单一的担保功能,而商业信用证终归主要是执行结算功能,附带在申请人或指示方无法付款的情况下执行担保结算功能。备用证和保函的功能与商业信用证的不同,将体现为单据的货币价值的不同。备用证或保函下单据本身没有直接的货币价值,商业信用证下单据通常代表货权,具有直接的货币价值。正由于这种不同,备用证和保函下便不会发生商业信用证下汇票的法律定性是否会影响申请人赎单的难题。

这一点与拒付实务吻合,URDG758见索即付保函的担保人拒付时,无须说明"单据处置状态",而商业信用证下的开证行拒付时,则必须说明"单据处置状态"。而ISP98和UCP600下备用证拒付时,仍须说明"单据处置状态",显然,是受到UCP下商业信用证拒付传统的影响。

本文发表于《中国外汇》2012年7月期下半月刊
（原文题名《抗辩汇票"不符点"》,略有调整）

13. 表提不符点与拒付（译文）

作者：林建煌

实务中，寄单行为了加快处理单据，偶尔会在寄单面函上"表提"不符点，提示开证行，请求接受。而UCP600规定，开证行拒付必须在收单后五个工作日之内发出拒付通知，并列明不符点；否则，无权宣称不符。那么，如果交单行寄单面函上已表提不符点时，开证行的拒付通知没有列明不符点，或者漏了部分不符点，可以吗？

本文认为，商法"诚信"原则下的信用证实务比UCP更重要。信用证实务，将支持开证行的这一做法，尽管突破了UCP600的现有规定。

UCP与法律

请注意，UCP在性质上不是当地法律，也不是国际公约。UCP毕竟是由银行家起草的，而不是立法者。如果违背了UCP的规定会发生什么？法院会阻止吗？法院的确会主要依据UCP来处理信用证纠纷。然而，UCP毕竟不是法律，如果UCP与信用证实务冲突时，其实信用证实务更重要。

英国法院，素以擅长处理商事纠纷闻名，但其把UCP简单地看作法律，曾经做出了两个为后人一再诟病的错误判决。

第一个是桑塔德银行案。案中，法院认为：UCP500没有授权延期付款信用证下指定银行在到期日前以提前付款的方式买入延期付款承诺，而如果指定银行执意行事，提前买入延期付款承诺的行为，责任自负，即到期日前如果发生欺诈，其无权从开证行处获得偿付。

的确，UCP500没有如此授权。然而，这是长期的国际标准银行实务。法院如果意识到这一点，那么，自然就会明白，UCP并非法律，而是业内人士心目中的一套最佳银行实务，所以，必须按照实务来解释。UCP600特意吸收了这一实务做法，并明文确认，延期付款信用证下指定银行可以提前买入延期付款承诺。

第二个是瑞士嘉能可公司案。案中，法院认为，一份经签署的受益人证明没有加盖"ORIGINAL"章，只能算副本。其依据来自于对UCP500中关于单据正副本条款的极其复杂的推理和解释。

其实，这与实务不符。同样地，法院如果意识到了这一点，就不会犯这种错误。遗憾的是，法院把UCP看作法律，最后得出了可笑的结论。UCP600为此作了澄清，但仍无意以单据上加盖"ORIGINAL"章作为判断正本单据的决定性特征。比如：单据上加盖了"ORIGINAL"章之后，拿去复印，并不会因此而成为正本单据。而单据上没有加盖"ORIGINAL"章，只要有签署则仍然是正本单据。

费城齿轮公司案

与上述两个法院判例不同，费城齿轮公司案中，美国法院在适用UCP时，便关注到了信用证实务的重要之处。

实务中，为了促使开证行迅速处理单据，UCP限定了开证行审单期限并要求期限届满之前要么付款，要么发送一个拒付通知并列明不符点。如果拒付通知中列明了不符点，交单行收到后就可以联系受益人据以修改单据并替换单据。

费城齿轮公司案中，单据有不符点，开证行拒付但没有列明不符点。实际上，在法院审理过程中，受益人和交单行事先都知道单据上到底有什么不符点，且事先已与申请人有书面往来，却仍然主张开证行拒付未列明不符点依据UCP开证行无权宣称不符要求其必须付款。

一审法院认同了受益人和看法，判决说：根据UCP规定，开证行拒付不当，未列明不符点，无权宣称单据不符。换言之，尽管拒付已发出，由于未列明不符点，因此导致拒付失效，如同没有拒付。

之后，开证行上诉。二审法院完全推翻了一审判决，认为的即受益人明知单据不符点无权要求开证行付款，这一点不适用UCP规定。判决中说："受益人提交了明知瑕疵的汇票及单据，而因为开证行在拒付通知中未列明'不符点'，仍然根据UCP规定要求开证行凭以付款，这是很奇怪的。"该判例至今没有被推翻，所以，一直有效。

其实，UCP中规定拒付不当导致开证行无权宣称单据不符从而必须付款，用意在于促使开证行迅速处理单据，以便受益人及时修改发现的不符点。换言之，如果开证行拒付通知中没有列明不符点，受益人就无法及时改单。

实务中，受益人交单时，指定银行通常都会审单并指出不符点，以便受益人在指定银行对外寄单前修改不符点。这样，指定银行向开证行寄单的面函上便不会提示任何不符点，而只会显示寄送的单据清单和要求的付款路线。而为了节省时间，开证行收到单据后如果审单发现不符点，也会联系申请人放弃不符点，并对外付款。当然，开证行与交单行之间由于对同一不符点的看法不同，也会不断交涉，乃至极少数情况下还会提交到法院。

实务中，交单行偶尔也会应受益人之授权，在寄单面函上"表提"不符点。如此，开证行基本上不会对不符点产生异议，并可直接凭以拒付。显然，此时交单行的目的是为了方便开证行立即联系申请人放弃不符点，而不是为了请求开证行立即发送拒付通知列明"表提"的不符点并退单。我们认为，这样，开证行的拒付通知中是否列明"表提"的不符点，已经不重要了，因为交单行早就知道了单据上存在哪些不符点，如果想改单，寄单之前就可以直接改。

显然，美国法院在费城齿轮公司案中的二审判决，归根结底，是基于法律规定和衡平法的综合考虑。因为银行信用证实务，总是基于当事各方认可的公平的例行的程序，当然也总是基于对依据程序行事结果的信任。

UCP也会规定例行的程序。但是，我们认为，这样的例行程序，必须基于法律规定和衡平法下的银行最佳实务,而不仅仅是信用证本身。换言之,如果忽视了这样的前提,UCP 就会被滥用,其效率就很可疑。最佳实务一定会优先考虑效率,而如果效率破坏了公平和信任,则必须重新加以审视。

值得注意的是,美国法院在费城齿轮公司案中的二审判决仅仅是多数判决,即三个法官 2:1 表决通过,而不是一致通过。案中,金伯格法官表示反对意见。他担心,开证行日后可能依据此判例拒付单据而不通知不符点,并在法庭诉讼中争辩说受益人已经知道了单据的不符点。不过,他说,如果有客观的资料证明受益人事先已经知道不符点,那么,他也认同多数判决的结论。幸运的是,该判决发布至今近 30 年过去了,实务中并没有开证行据此行事,所以,没有看到类似的新纠纷。

结论

显然,受益人要求寄单行在寄单面函"表提"不符点,须充分关注诉讼风险,慎重行事,因为这在客观上表明受益人事先已经知道了单据上的不符点。

本文发表于《中国外汇》副刊——《金融与贸易》2012 年 9 月第 3 期

14. 评《国内信用证结算办法》新版修订第 9 稿

作者：林建煌

摘要：

2007 年以来，国内信用证业务发展突飞猛进，直接推动《国内信用证结算办法》1997 版的修订。《办法》修订第 9 稿，涉及国内信用证融资六个重大变化，包括：完全放开开证保证金比例要求、重新定义议付概念并放开议付行的开户行限制、放开交单银行的开户行限制、放开付款期限的 6 个月限制、允许信用证转让、扩展适用标的范围从货物贸易到服务贸易等。显然，国内信用证及融资监管呈现宽松迹象，这也意味着银行业国内信用证业务将面临新一轮发展机遇。

新《办法》一日未正式发布实施，银行业便不得不正视旧《办法》对国内信用证业务发展的直接束缚，从而不得不寻求解决办法。通过技术的巧妙设计，旧《办法》下开证保证金最低 20% 的比例要求、议付银行的开户行限制、交单银行的开户行限制、最长 6 个月的付款期限限制、国内证及融资的标的范围限制等难题，在当前环境下均可有效突破。

引子：

国内信用证的运作，目前适用中国人民银行 1997 年发布的《国内信用证结算办法》（银发〔1997〕265 号文，下简称"《办法》1997 版"或旧《办法》），至今已有 15 年，其主要借鉴了国际信用证所适用的 UCP500 规则。这期间，国内信用证业务已发生了翻天覆地的变化，如今已繁衍成一类具有相当规模、种类齐全且相对独立的国内贸易融资重要产品组合，而《办法》1997 版在许多方面显然已无法适应。这期间，适用于国际信用证的规则——UCP600，由国际商会于 2006 年完成修订，2007 年 7 月 1 日开始实施，其中变化也难免影响《办法》1997 版的理解与运用。

为此，中国人民银行 2008 年启动了旧《办法》修订工作，至 2010 年底已完成第 9 稿（下称《办法》新版第 9 稿或新《办法》），2011 年一整年未取得新进展，2012 年初又重启修订并更名为《国内信用证管理办法》，内容没有大的变化，但迟迟未正式发布实施。从新《办法》第 9 稿的修订情况看，对国内信用证及融资监管呈现明显的放松迹象。

《办法》新版第 9 稿中与贸易融资业务相关的六个重大变化：

（一）取消开证保证金 20% 的比例要求。UCP600 对开证保证金没有要求。《办法》97版规定开证保证金不得低于20%,新版《办法》第9稿已经放弃这个明文规定。

(二)重新定义议付。UCP600中的议付,不限即远期,也不限有无汇票,与即期付款信用证、延期付款信用证、承兑信用证并列。《办法》1997版中的议付,列为延期付款信用证的一种,且严格限制指定议付行必须同时为受益人开户行。新版《办法》第9稿中的议付,与即期付款信用证、延期付款信用证并列,并放弃了指定议付行的开户要求,但仍限于远期,无汇票。

(三)交单银行无开户要求。UCP600中对交单银行没有任何要求。《办法》1997版中要求交单银行必须是受益人的开户行,新版《办法》第9稿规定交单银行可以是开户行,或者委托收款行/议付行。

(四)可根据合同约定付款期限。UCP600中对付款期限没有任何要求。《办法》1997版规定付款期限不得超过6个月,新版《办法》第9稿只作笼统要求,付款期限可根据合同约定。

(五)允许转让。UCP600中允许转让。《办法》1997版规定国内信用证不得转让,新版《办法》第9稿允许转让,并参照UCP600对转让作出明细规定。

(六)标的范围扩展到服务贸易。UCP600所适用的标的范围包括货物贸易和服务贸易。《办法》1997版虽然没有明确禁止,但字里行间透露的信息并不允许服务贸易类,仅限于货物贸易,而新版《办法》第9稿已经明文规定国内信用证既适用于货物贸易,也适用于服务贸易。

新版的机遇和旧版的困境:

《国内信用证结算办法》(下简称《办法》),不同于国际信用证规则——UCP600。《办法》既是国内信用证的行业规则,又是监管法规。它不仅要迎合行业发展需要,也必须兼顾行业监管的要求。UCP600仅是国际信用证纯粹的行业规则,国际信用证监管法规则分散在外汇管理法规和跨境人民币结算管理办法等各项法规中。

显然,新版《办法》修订第9稿的几个重大变化,并没有实质改变行业实务,更多是折射出监管要求宽松的变化趋势。十五年前,国内信用证是舶来品,新鲜而陌生,当时较为苛刻的监管要求更多是基于管控产品风险的考虑。如今,国内信用证业务已走向成熟,也该是顺应市场和形势变化,适度调节监管弹性回归常态的时候,这对于商业银行而言,都意味着新一轮的发展机遇。比如:

——开证保证金最低要求的放开,不仅便利受益人开证,也将为国内信用证融资组合的市场创新注入新的活力;

——议付银行的放开,便利了受益人叙作议付融资;

——交单银行的放开,便利了受益人交单;

——付款期限的放开,延长了信用证融资期限;

——可转让性的放开,便利了国内大量存在的转手贸易;

——标的范围的放开,便利了国内大量存在的服务贸易融资需求。

所有这些,都表明《办法》新版第9稿将大大拓宽国内信用证及融资产品的使用范围和发展空间。俗话说:"落袋为安",新版《办法》第9稿的变化无疑是重大政策利好,

14. 评《国内信用证结算办法》新版修订第 9 稿

但毕竟还只是修订稿,并未正式发布实施,不知何时能真正落地。

尽管《国内信用证结算办法》的修订没有最终完成并发布实施,但毫无疑问,新《办法》第 9 稿的变化已经确切地预示了国内信用证业务新的监管方向,那就是"鼓励和规范"。我们有理由相信,业界期待已久的新《办法》在不远的将来落地,或许将促成国内信用证业务的又一轮大发展。

本文发表于《中国外汇》副刊——《贸易&金融》2012 年 9 月第 3 期

15. 信用证下单据可以"神秘"地收到吗？

作者：林建煌

信用证下单据不符点"存在"与"成立"，一样吗？信用证下单据，可以"神秘"地从交单人处收到吗？前者涉及信用证下申请人和不同银行的审单责任，后者涉及信用证下交单人的交单责任和银行的确认接收交单责任。二者，不仅将影响信用证结算，还将影响信用证融资。

这里对2008年的中国新时代案进行点评，同时试着回答上述两个问题。

案情简介：

案中，中银香港应中国新时代公司 China New Era International Ltd 对外开立一份商业信用证，金额 USD1 547 840，适用 UCP600，要求单据包括一份货物收据，并规定交单时货物收据由申请人直寄指定议付行。该货物收据由申请人签字并盖章（证正文中），其签字和盖章须与所附样本一样（通知指示中，申请人盖章为繁体中文）。

之后，受益人交单，同一套单据经三次向指定议付行提交完整。具体情况如下：

第1次提交：货物收据由申请人直寄指定议付行，但因显示货描为"STN"而不是规定的"TFT"，被指定议付行退回修改。

第2次提交：替换原货物收据，货物收据显示货描仍不符，指定议付行凭担保予以"议付"，同时货物收据被退回修改。

第3次提交：替换原货物收据，货物收据由指定议付行"神秘"地从申请人处收到，与前两次不同，寄单的 DHL 快递收据上无申请人账号。货物收据上的申请人盖章为"简体中文"，而不是信用证通知所附样本中的"繁体中文"。

指定议付行照转递单据给开证行后，开证行未拒付，但收到法院止付令，并相应通知止付，理由为受益人涉嫌欺诈，"货物收据伪造"。

于是，本案的焦点转化为确认：欺诈下，指定议付行是否善意议付了受益人交单？

香港高等法院原审法庭在〔2009〕HCA1290/〔2009〕HCCL24号判决书中判决认为：指定议付行没有议付，永久止付，开证行没有义务偿付指定议付行。因为单据经三次提交完整，但一直有不符点，根据 UCP600 第2条"议付"的定义，指定议付行不可能议付。

香港高等法院上诉法庭在〔2010〕CACV 8号判决书中判决认为：指定议付行"确

实"议付了,收回止付令,开证行必须偿付指定议付行。因为单据虽然一直有不符点,但开证行并没有拒付过,即便单据存在不符点,根据 UCP600 第 16 条 f 款,5 个工作日未拒付,开证行也无权宣称交单不符。

那么,指定议付行到底"议付"了吗?指定议付行的议付算"善意"议付吗?

指定议付行"议付"了吗?

的确,指定议付行在受益人换单后的第二次提交时叙做了融资。该融资是否构成议付,则需要一番判断。

这得从议付的定义说起。什么是议付?国际商会在 UCP600 第 2 条中定义道:"议付,指指定银行在相符交单下,在其应获偿付的银行工作日当天或之前向受益人预付或者同意预付款项,从而购买汇票(其付款人为指定银行以外的其他银行)及/或单据的行为。"

就本案而言,指定银行议付与否涉及两点:一为相符交单,二为付出对价。控辩双方的分歧在于,指定议付行叙做融资付出对价之时,交单是否相符。

原审判决的看法,认为受益人单据在提交过程中一直存在不符点:

第 1 次提交单据:单据有不符点,货物收据货描不符,指定议付行未议付,等待换单;

第 2 次提交单据:单据有不符点,货物收据货描不符,指定议付行凭担保"议付"后等待换单;

第 3 次提交单据:单据有不符点,货物收据申请人盖章与信用证所附印鉴不符,指定议付行照转开证行。

上诉判决的看法,认为受益人单据虽然一直存在不符点,但由于开证行收到止付令后只是通知被止付而没有拒付,所以,"视同"不符点不存在。

无疑地,两审判决结论南辕北辙。让人好奇的是,两审判决的推理矛盾吗?我们认为没有。与其说"视同"不符点不存在,不如说不符点不成立。因为不符点的存在与不符点的成立,绝不相同。前者是客观的存在,不以受益人和指定议付行意志为转移,也不以申请人和开证行的意见为转移,其认定的标准便是国际标准银行实务。后者是主观的决定,不仅与关系人是否发现不符点有关,也与关系人的决定是否拒付有关,还与关系人如何表达拒付有关。比如:如果审单过程中没有发现不符点,就无法拒付;如果发现了不符点,但拒付电中对不符点的表述不够明确、不够到位便属提法不足,或者,拒付电中未表明"拒付"字样,未表明拒付之后的单据处置方式,表明了退单未及时退单等,都将导致拒付失败。那么,根据 UCP600 第 16 条 f 款的规定——"如果开证行或保兑行未能按照本条行事,将无权宣称交单不符"。"无权宣称交单不符",只是意味着不符点存在但不成立,没有发现便"视同"不存在。不符点不成立和"视同"不存在,但终归无法否定不符点的客观存在。

显然,本案的原审判决立足于不符点存在与否,认为受益人提交单据上的不符点一直存在,所以,指定议付行不可能议付。而上诉判决则立足于不符点成立与否,认为受益人提交单据未被开证行拒付过,不符点不成立,所以,指定议付行"确实"议付了。

换言之，实务中"相符交单"有两个层面的意义，一是不符点存在与否，二是不符点成立与否。信用证审单只针对前者，比如 ISBP 下的不符点认定，而信用证运作则针对后者，比如议付，比如银行拒付，比如申请人赎单等。遗憾的是，业内人员常常混为一谈。

指定议付行的议付算"善意"吗？

如前所述，在不符点成立与否的意义上看相符交单，案中指定银行确实是议付了。然而，议付并不必然意味着"善意"。我们知道，指定银行只有"善意"议付了，才会获得法律的豁免，享受"'善意'前提下，欺诈例外的'例外'"原则的保护。

那么，什么是善意议付呢？善意的另一个说法是诚信，善意和诚信的对称是欺诈。国际商会在 R370/R373 中说过：善意议付包括四个要素——不知情、未参与、尽了合理谨慎之责、且已付出合理对价。

就本案而言，指定议付行在受益人第二次交单时凭担保议付之时，已经满足了"已付出合理对价"这一点，控辩双方也未纠缠于是否"不知情"和"未参与"这两点。

剩下我们需要回答，指定议付行议付时是否"尽了合理谨慎之责"呢？如果愿意，其实很容易就发现，指定议付行的议付并不够"合理谨慎"，甚而至于说有重大过失也并不过分。请特别注意一下本案交单的特殊之处。案中的货物收据，信用证规定好了交单之时由申请人直寄指定议付行，而实际上在第 3 次提交的单据中，指定议付行是"神秘"地从申请人处收到了货物收据。与前两次不同，指定议付行收到货物收据之时寄单的 DHL 快递收据上并没有申请人账号。换言之，指定议付行作为收单行来说，无法确认第 3 次提交的货物收据，就是从申请人处收到，或者说，无法确认货物收据就是申请人出具的。而如今的止付正是基于申请人所主张的第 3 次提交的货物收据系伪造，涉嫌欺诈。

这意味着什么呢？指定银行的收单起码是不够谨慎的，从而也说明了指定议付行的议付也是同样不够谨慎的，相应地，也就谈不上"尽了合理谨慎之责"，也就谈不上"善意"。因为对于任何一家银行的收单而言，确认交单人身份的表面真实性，是默认的，也是应尽的责任。

遗憾的是，法庭审理过程不管是控辩双方，还是律师和法官，并未就此展开辩论。

与此类似，一家银行收到电文，也有责任去确认电文来源的表面真实性。比如：信用证下的通知行，根据 UCP600 第 9 条 b 款的规定——"通知行通知信用证或修改的行为表示其已确信信用证或修改的表面真实性，而且其通知准确地反映了其收到的信用证或修改的条款。"换言之，如果一家银行通知了一个没有确认其表面真实性的信用证，事后受益人执行了该信用证而导致货款两空，那么，通知行对此有着不可推卸的赔付责任。

在这个意义上，我们发觉，信用证在 UCP 框架内的运作，虽然 UCP600 本身并没有明文规定当事人必须"诚信"和"善意"作为，不得欺诈，但随时随地首先受商法的第一法则——"诚信"原则的约束。

在这个意义上，我们发觉，信用证在法律框架内的运作，无时无刻、无一例外地遵循着以下三个原则：

15.信用证下单据可以"神秘"地收到吗？

——"诚信"前提下,独立抽象性原则；
——"欺诈"前提下,欺诈例外原则；
——"善意"前提下,欺诈例外的"例外"原则。

启示：

UCP 没有说的并不等于不需要,比如"诚信"和"善意",比如"合理谨慎"。不符点存在并不等于不符点成立,比如申请人印章与信用证所附印鉴不符,但开证行没有拒付。

本文发表于《中国外汇》2012年9月期上半月刊

16. 争议大宗商品信用证

作者：林建煌

大宗商品贸易，几乎都使用信用证结算。大宗商品信用证的操作、条款和不符点，基于贸易背景的特殊性，常常与众不同，实务中引来争议不断。大宗商品信用证下，受益人交单后要求开证行立即退单，申请人可以强行赎单吗？发票显示货物规格超标，同时显示超标减价，可以接受吗？提货担保函的抬头，可以是租船提单显示的船长吗？

本文将试着给出回答。

申请人可以强行赎单吗？

信用证实务中，责任和权利，是一对极其重要但常常混为一谈的概念。这一对概念，最初来源于法律。责任，意味着必须做，且得按规定做，不做不行。为方便计，这里的责任和义务，不做区分。权利，意味着可以选择做，当然也可以选择不做。当然了，选择做，则必须按照规定做，不得越线；否则，后果自负。

信用证承诺，无疑总是意味着责任。谁的责任？当然是银行的责任。请注意，这并不意味着受益人的责任。信用证中银行承诺的对手是受益人，承诺的内容是如果受益人相符交单则予以凭单承付。银行无法保证受益人是否交单，也无法保证交单是否相符。显然，承诺，对于银行来说，是一种责任；但对于受益人来说，并不是一种责任，而是获得了一种权利。换言之，受益人可以选择交单，也可以选择不交单，且选择交单也无须确保相符的责任。

大宗商品贸易中，由于货物数量巨大，价格波动总是一个很敏感的因素。比如：信用证下，受益人在交单后货物价格突然暴涨，于是通过寄单行发电主动要求开证行立即退回单据。那么，开证行是否可以按申请人指示强行付款从而买下单据呢？我们认为不可以。

国际商会在R482中表明：付款之前单据所有权属于受益人。既然单据所有权属于受益人，受益人便有权在开证行付款前主动要求开证行退回单据。其实，UCP只是赋予开证行必须承付相符交单的责任，但并没有赋予受益人什么责任，包括必须交单、必须交单相符等。反过来说，此时，如果开证行决意强行付款从而买单，实际上意味着无形之中单方面赋予了受益人交单后便不可撤单的责任，从而限制了受益人权利。严重点说，这是侵犯了受益人的权利。这一做法，与UCP精神并不相符。须知，信用证，按照多数大陆法系国家的"合同"观点，归根结底，是"单务合同"，而不同于基础合同，那是"双务合同"。前者，指合同中只有一方承担义务或责任，另一方只享受权利，如信用证开证行只承担义务或责任,而受益人只享受权利;后者,则指合同双方均必须承担对等义务或责任,如基础合同,买卖双方互负义务或责任。

事实上,申请人因市场价格突然暴涨而指示开证行立即退单,开证行如依指示强行付款从而获得单据,便意味着介入了基础合同和货物交易,显然,这已经对 UCP 框架内信用证运作的独立抽象性构成了严重的挑战。

银行承诺包括超标减价吗?

大宗商品贸易中往往会见到超标减价的情况。比如:信用证 45A 要求水分含量:最高 12%,同时规定:如水分含量超过 12%,基础单价将按每超过 1% 下降 USD0.5。实际提交的发票显示:水分含量 moisture 为 15%,单价按规则相应下降。

让人困惑的是:银行是否可以以水分含量超过 12% 为不符点拒付呢?我们认为,这是不符点,当然可以拒付。极端情况下,比如煤炭的水分含量为 99%,货物价值可能接近于 0,对买卖双方而言,已经没有交易意义了,如果不能拒付,后果将非常严重,必定显失公平。

相应地,信用证超标减价规则的准确含义,理应指:在存在超标这一不符点下,如果开证行接受单据放弃不符点愿意付款,则可自动减价后对外付款,默认受益人自动接受该条件,不得反悔。

信用证的迟装罚款条款,与此相似。香港来证往往在规定 44C 中规定最迟发运日期的同时,带有明细的迟装罚款条款,比如:迟装一周按货物金额 2% 罚款,两周以上按货物金额 3% 罚款,并自动从货款中扣收。现在的问题是,如提交的单据过 44C 的最迟装期,是否构成不符点呢?我们认为,当然是不符点。理由如下:假如不是不符点,那么,44C 规定最迟发运日期还有什么意义呢?难道仅仅为了用于计算罚款金额吗?显然不是,这是其一。其二,往极端方面想一想,假如不是不符点,过装期一天、两天不是不符点,过一周不是不符点,过两周不是不符点,好像似是而非,难以定论,那么,过一个月、两个月,一年、两年理应也不是不符点吧?但是,这已经明显不符合常理了。因为过装期一两个月、一两年之后,市场早已昨是而今非,要求申请人必须付款赎单,而货物可能早已物非所值,从而必然会对申请人造成难以想象的严重伤害。至于在过装期是不符点的判断下,又该如何理解信用证的迟装罚款规定呢?准确地说,这是指如存在过装期不符点,银行接受单据的条件。因为不符点下,虽然开证行有权拒付,但并不意味着其必然拒付。只是如果开证行愿意付款,则可自动扣收罚款后付出,默认受益人自动接受该条件,不得反悔。

租船提单下提货担保函的抬头应该是谁?

大宗商品贸易通常整船,或接近整船,习惯以租借船舶或舱位方式运输,提交的往往是租船提单。与班轮提单相似,租船提单下提货担保必须基于"租船提单代表货权"这一前提。泛泛而言,租船提单的货权性与班轮提单没有两样,即通常都代表货权,持单人须凭单提货,承运人须凭单放货。相应地,既然租船提单代表货权,便与班轮提单一样,会出现"货先到港,等单提货"的情况,于是,为了避免昂贵的滞港费,就会出现提货担保。班轮提单几乎都会显示承运人,其对应的提货担保函抬头往往作成承运人。

"天九湾"单证案例 2014 年度汇编

租船提单通常只会显示船长，而不会显示承运人，UCP600 第 22 条也没有要求租船提单显示承运人。

那么，租船提单下提货担保函的抬头，应该作成谁呢？作成船长可以吗？我们认为，谁在租船提单下承担凭单放货的责任，谁就应该是提货担保函的抬头。按理，承运人承担着租船提单下的凭单放货的责任，所以，提货担保函的抬头应作成承运人。而船长终归是承运人的代理人，并不承担租船提单下凭单放货的责任，也没有能力承担凭单放货的责任。显然，向船长出具担保提货函，没有实际意义。

然而，租船提单下有承运人吗？的确，租船提单下无须显示承运人，但这绝不意味着租船提单下没有承运人。"承运人"，顾名思义，即承担运输责任的人。货物通过租船运输，必有人承担运输和运输责任，所以，必有承运人。谁会是租船提单下的承运人呢？租船合同的当事人，称为船东和租船人，并不称"承运人"。在租船运输下，承运责任实际上分散在船东和租船人之间，并由租船合同约定。租船提单上租船合同"并入"条款的存在，便意味着其必须与租船合同一起使用，如此才能界定承运责任，而租船提单即便显示一个"名义上"的承运人往往也只承担租船合同中确定的部分承运责任，而不会像班轮提单上显示的承运人一样必须承担全部承运责任。所以，租船提单便无注明"名义上"的承运人的必要。准确地说，租船合同上的船东和租船人理应是租船运输的共同承运人，而租船提单归根结底是由共同承运人出具并签署。相应地，租船合同中，往往会规定由合同双方中的特定一方或船长或其代理人代表共同承运人向托运人签发租船提单。

在这个意义上，租船提单下的提货担保函，理应作成由租船人和船东组合而成的共同承运人抬头。

当然，实务中提货人往往不知道谁是租船人，谁又是船东。此时，只需要找到通知放货的人听他的即可，他说提货担保函抬头作成谁就可以作成谁，因为对于提货人来说，提货担保函的作用无非就是提货，通知放货的人只要愿意凭提货担保函放货，至于承运人到底是谁并不重要。

本文发表于《中国外汇》2012 年 9 月期上半月刊
（原文题名"大宗商品信用证释疑"，略有改动）

17.检验证如何显示检验结果？

作者：林建煌

商品检验证明，通常称为"检验证明"或"检验证"。在证明类单据中，检验证是国际贸易中最常见不过的了。无疑地，检验证必须显示检验结果，而检验结果的可接受性，是审核检验证的关键。

那么，检验证可以怎样显示检验结果？检验结果显示货物有缺陷可以接受吗？检验结果显示货物"没有通过检验"，又可以接受吗？检验结果显示货物有缺陷，同时显示货物"通过检验"，还可以接受吗？本文试着作出回答。

检验证的功能

什么是货物的检验？《高级汉语大词典》中的解释为："检验，[test/examine/inspect]检查并验证，检验产品。"验证，相对于特定的标准而言，如无标准就无所谓验证。通俗地说，检验证理应用于证明货物的安全、卫生、健康、品质、数量、质量、包装等方面在一定标准下通过或未通过验证的情况。

我国最新的《进出口商品检验法》：

第七条 列入目录的进出口商品，按照国家技术规范的强制性要求进行检验；尚未制定国家技术规范的强制性要求的，应当依及时制定，未制定之前，可以参照国家商检部门指定的国外有关标准进行检验。

我国最新的《进出口商品检验法实施条例》：

第七条 法定检验的进出口商品，由出入境检验检疫机构依照商检法第七条规定实施检验。

国家质检总局根据进出口商品检验工作的实际需要和国际标准，可以制定进出口商品检验方法的技术规范和标准。

进出口商品检验依照或者参照的技术规范、标准以及检验方法的技术规范和标准，应当至少在实施之日6个月前公布；在紧急情况下，应当不迟于实施之日公布。

第九条 出入境检验检疫机构对进出口商品实施检验的内容，包括是否符合安全、卫生、健康、环境保护、防止欺诈等要求以及相关的品质、数量、重量等项目。

实务中，一份检验证明的内容起码必须包括检验对象和检验结果。具体而言，检验结果的显示主要有以下三种情况：

——**检验结果可以是一组数据**。如果单纯从检验证内容来看，这是一些中性的信息。该数据是否满足信用证要求，则须对照来看。比如：

煤炭规格：
moisture(水分)9.74％	ash(灰分)7.18％
volatile matter(挥发物)29.52％	sulphur(含硫量)0.63％
calorific value(发热量)7073Kcal/kg	size(粒度)0～50mm 100％

当信用证对货物规格的最高值和最低值作出规定时，只有检验证上实际显示的规格在信用证规定的范围之内时，才可接受。超过此范围，则不可接受。个别情况下，在规定规格最高值和最低值时，还会规定规格的拒绝值。此外，还常常见到规定依实际规格进行价格调整的条款或予以罚款等。显然，当信用证并未对货物规格作出规定时，则默认任何检验结果中的规格均可接受。

——检验结果也可以是一段描述。这些描述可能包括货物状态，也可能包含货物缺陷信息。比如：药品有毒、药品腐烂、箱包有破损、钢材有锈蚀、玻璃有裂痕、二手货、次品等等。

——检验结果也可以是一个结论。这些结论可能是确切的，也可能是不确切的，可能通过也可能没有通过。比如：

"兹证明货物质量符合第 111 号合同的规定。we hereby certify that the quality of the goods is in conformity with contract No. 111."

"兹证明货物已经随机抽检，同意出货。该证明并不解除供应商出货必须完全符合订单的责任，并不解除买方在货物缺陷下事后索赔的权利。we hereby certify that the goods have been random checked by us and approval for shipment. This inspection does not relieve the supplier of his responsibility of fully comply with the terms and conditions of the order and will not hold you free from any claims if arise later from buyer."

"兹证明货物已经检验。we hereby certify that the goods have been inspected."等等。

这里将着重讨论检验结果是一段检验描述或一个检验结论的情况。

货物默认无缺陷

检验证的检验结果通常不会显示货物缺陷信息，但偶尔还是会看到。比如：信用证要求提交品质证明而没有进一步的要求，受益人提交的品质证明显示"部分货物质量存在缺陷"，无其他检验结果。那么，可以接受吗？

业内普遍认为，根据UCP600第14条f款的规定，单据内容"满足功能"即可，该检验证已经显示了检验结果，信用证又没有对检验结论有进一步的要求，所以，可以接受，并认为这是UCP600的一大进步。

深究其渊源，或许与国际商会在 UCP500 时期的 R339 的分析和结论中的意见误导有直接关系。它说："交货证明中包含货物状态不良的文字本身并不构成拒付理由，除非信用证规定交货凭证的内容或规定这种质量是不可接受的。应按照第21条审核单据，这就意味着除非与信用证对其要求载明的内容不符，银行应予接受此单据。The

17. 检验证如何显示检验结果?

fact that DA (Delivery Acceptance Report) in corporate words that indicate a poor condition of the goods would not, in itself, be grounds for refusal unless the credit provided the text of the DA or indicated that such qualification would not be acceptable. The document would be accepted as presented other than for the terms (or wording) which the credit has indicated must appear thereon."

我们认为,其实这里误解了 UCP600 所要求的单据内容必须"满足功能"的含义。检验证的功能到底是什么? 理应默认货物无缺陷或类似情况。换言之,如果检验证都告诉申请人货物有缺陷,显然属于反常,需要开证行的特别授权方可接受。退一步说,如果银行默认必须接受检验证显示货物有缺陷,那岂不等于要求每一个信用证在要求检验证的时候都加上一句"检验证不得显示货物质量缺陷或类似信息"? 我们认为,这与实务不符,因为信用证要求检验证是常态,而检验证显示货物质量缺陷是偶发状态。所以,检验证结果显示了"部分货物质量存在缺陷",不可接受。

这一看法,在国际商会在 TA756 的分析中已经予以确认如下:

"发票货描显示未规定的'二手'字样可以拒付。The requirement of (UCP600) sub-article 18(c) is quite clear, i.e., that the description of the goods must correspond with that in the credit. The addition of the words "second hand" is not part of the description of the goods in the credit. The words "second hand" indicate a different category of classification of the goods, which is not apparent in the goods description in the credit. The addition of the words "second" is grounds for refusal on the basis that the goods description in the invoice does not correspond with that in the credit.

"由于同样的原因,装箱单和质量证的货物描述显示'二手'二字,也不可接受。For the same reason, the description appearing in the packing list and certificate of quality, whilst only required to appear in general terms, conflicts with the description in the credit."

在 R235 中有类似结论可以印证。案中,信用证货物描述为 PAKISTANESE BLUE POPPYSEED 巴基斯坦蓝色罂粟种子,提交的检验证中货物描述显示 PAKISTANESE BLUE (COLOURED) POPPYSEED 巴基斯坦蓝色(上色的)罂粟种子。国际商会认为:添加的"coloured 上色的"字样使得单据中的货物描述与信用证的货物描述有抵触。显然,coloured 一词有被修饰被人为染色的含义。《美国传统辞典(双解)》:"color, To impart color to or change the color of. 上色,给……上色或变色。""上色"的罂粟种子,怎么会与默认的正常罂粟种子一样呢?

TA756 和 R235 中所涉及的是发票、装箱单和检验证的"货物描述"。进一步,检验证结论中的"部分货物质量存在缺陷",也可以适用吗? 我们建议稍换一个思路来考虑,先不急着直接回答问题。假定信用证规定货描:chair,试着判断以下三种情况是否构成不符点:

1. 提交的发票显示货描:second hand chair,无其他额外信息。可以接受吗?
2. 提交的检验证显示货描:second hand chair,无其他额外信息。可以接受吗?

3.提交的检验证显示货描:chair,结果为 The goods are second hand。还可以接受吗?

直觉告诉我们,以上三种情况的答案理应是一样的。因为对于申请人来说,货物缺陷信息显示在哪里,是在货描中,还是在检验结果中,伤害一样,没有区别。换言之,如果这三个问题的答案不同,那才真是不可思议。

与此相似,实务中,如果信用证要求检验证书 CERTIFICATE QULAITY。结果,而受益人出具的检验证书上面注明"IT IS HEREBY THAT THE QUALITY OF THE PRODUCT IN THIS SHIPMENT IS OFF GRADE."开证行能否依据检验证书 SHOW"OFF GRADE"而拒付呢? 我们认为,如果不能拒付,仍然说不过去。

货物状态不同于货物缺陷

检验证的检验结果中显示货物"不适合于人类消费"、"化学成分可能无法满足需要",算货物缺陷吗? 可以接受吗? 国际商会在新版 ISBP 首次单列检验证明部分的规定中有了答案。

新版 ISBP 第 4 稿第 P7 段:

Where a credit is silent as to the specific content to appear on a Certificate including, but not limited to, any required standard for determining the results of the analysis, inspection or quality assessment, the Certificate may include statements such as "not fit for human consumption", "chemical composition may not meet required needs" or words of similar effect.

如果信用证没有要求检验类证明须显示特定内容,包括但不限于分析结果、检验结果或质量结论所依据的标准,那么,检验类证明可以声明"不适合于人类消费"、"化学成分可能无法满足需要"或类似措辞。

以上规定表明,只要信用证没有要求检验标准等特定内容,检验证明可以显示货物"不适合于人类消费"、"化学成分可能无法满足需要"或类似措辞。当然,如果信用证要求了特定内容,则以不矛盾为原则。

为什么呢? 我们认为,检验证上显示的检验结果货物"不适合于人类消费"、"化学成分可能无法满足需要"或类似措辞,只是表明了货物的一种状态,并不确切地表明货物有缺陷,所以,默认可以接受。比如:检验结果显示药品有毒,这是货物的一种状态,默认可以接受,所谓"是药三分毒";但如果显示药品发霉,这是货物缺陷,则不可接受。

国际商会在 DOCDEX No. 254 中的意见就是一个证明。案中,信用证要求货描:热扎粗钢 HOT ROLLED EQUAL STEEL ANGLES,并要求质量:3 SP/PS ACCORDING TO GOST EQUIVALENT。案中,信用证还要求检验证证明货物质量符合形式发票、信用证及修改的规定。实际提交的检验证显示了要求的证明内容,还额外显示了:"货物在装运前有锈蚀。Material was atmospherically rusty, wet before shipment."这可以接受吗? 开证行拒付,其中一个不符点为:"检验证显示的货物质量与信用证规定的不符。IN INSPECTION CERTIFICATE THE QLTY OF GOODS IS NOT IN COMPLI-

ANCE WITH L/C TERMS AND THE CONDITION MENTIONED THERE, IS NOT ACCEPTABLE TO THE BUYER."

国际商会专家组在分析及结论的多数意见中说:信用证规定的检验证必须显示的内容均已满足。至于提交的检验证上额外显示的文句——"货物在装运前有锈蚀",并没有改变相符声明的有效性,因为这只是说明了货物的一种状态,可以接受。In this context it is intended to be a notice concerning the condition of the commodity.

当然,本案的结论仅限于信用证要求的货物是裸装的热扎粗钢,而粗钢有点锈蚀属于正常状态,并不代表货物有缺陷。换言之,如果信用证要求的是精密车床,检验证还如此显示检验结果——"货物在装运前有锈蚀",也可以接受吗？我们认为,不可以。因为默认的状态不同,即精密车床有点锈蚀,属于不正常状态。

检验结论

如果单纯从检验证内容来看,检验结论可能是通过,也可能是不通过,但默认是"通过检验",这还是一种功能性的要求,否则,检验证不可接受。比如:检验结论 Result:失败 Fail,便不可接受;而检验结论 Result:通过 Pass/已同意 Approved/已接受 Accepted,便可接受。

当然,检验结论的措辞,可以不完全一样,但必须有等同的效果。比如:信用证要求检验证,提交的检验证的检验结果仅仅显示:"兹证明货物已经检验。we hereby certify that the goods have been inspected."这没有表明是否已通过检验,按理不可接受。还比如:信用证要求质量同意书 LETTER OF APPROVAL OF QUALITY 或已通过检验报告。提交了检验报告并无直接表明"质量同意 APPROVAL OF QUALITY"或"通过检验 PASSED",可以吗？我们认为,提交的检验报告 INSPECTION REPORT 已经很明显表明了"货物可以放行 THE GOODS CAN BE RELEASED"字样,这与"质量同意 APPOVAL OF QUALITY"或"通过检验 PASSED"意义等同。所以不符点不存在,可以接受。

实务中检验证的检验结论为"通过检验 Pass"时,可能还会带货物缺陷信息,这还是可以接受。因为如果检验证明不允许出现货物质量缺陷信息,将可能无意中排除了贸易合同中正常允许如陶瓷、玻璃交易等一定破损率的情况存在。其实检验证的检验结论是"通过检验 Pass",便满足了检验证固有的功能。至于检验证上有无质量缺陷信息,有无破损率,已经无足轻重。在这个意义上,国际商会在 R339 中对标注了"部分货物有缺陷 a part of the goods was not in good condition"的交货证明 DA(Delivery Acceptance Report)的接受,准确地可以理解为,交货证明的标题或其他信息已经告诉我们,货物已经"接受 Acceptance"。而 DOCDEX No. 254 案中,可能会有人说,根据 UCP600 第 5 条的规定,银行只管单据本身,不管单据背后的货物。换言之,银行可能无法对什么货物的检验结果显示锈蚀可以接受,什么货物又不可以接受作出判断。在这个意义上,我们认为,本案更重要的或许是检验结果已经按照信用证还要求显示了:货物质量符合形式发票、信用证及修改的规定。

同样地,检验证的检验结论为"通过检验 Pass"时,可能还会带有可能不相符其他标准的额外结论,这还是可以接受。

比如:信用证要求了一份相符证明 Certificate of conformance。提交的证明显示检验结果:兹证明所有产品符合订单要求的技术规格,但是,设备可能无法完全符合 MIL-PRF-38534 号文件的要求。I hereby certify that all products described in the certificate have been manufactured, processed and tested to meet all of the requirements and/or applicable technical specifications and/or drawing listed or referenced in the P.O. but devices may not be in full compliance with all the requirements of MIL-PRF-38534.

该相符证明可以接受吗?由于信用证仅要求相符证明,但却未规定证明内容如何显示相符,需要一番判断。相符证明需要证明的是与贸易合同相符,与买方标准相符,还是与卖方标准相符?与国家标准相符,还是与国际标准相符?不得而知。但是,无论如何不应该出现"确切"的不符合某种要求、标准的信息。一旦出现,即足以让银行担忧,此时银行可以根据 UCP600 第 14 条 d 款单据上数据"不得矛盾"的要求视为不符点予以拒付。

案中的检验信息虽然显示货物符合订单要求,但同时显示了设备可能无法完全符合 MIL-PRF-38534 号文件的要求。这是一种不太确定的语气,仅仅是一种可能。所以,我们认为,可以参照不清洁运输单据的认定,不予理会。可以接受。新版 ISBP 第 4 稿第 P7 段的规定中提到的"化学成分可能无法满足需要",与此同理。

本文发表于《中国外汇》2012 年 10 月期下半月刊
(注:原文题名"检验结果是是非非")

18.单据日期如何审核?

作者:林建煌

实务中,检验证明的出具日期可以早于检验日期吗?受益人证明的出具日期,可以早于证明事件的发生日期吗?索赔书的出具日期可以早于违约事件的发生日期吗?随货单据的出具日期可以晚于装运日期吗?快递收据的取件日期可以早于发票日期吗?业内争论不断。本文试着一一回答。

单据日期可以推断事件的发生

信用证下单据的日期多种多样,常涉及的包括出具日期、检验日期、发运日期等。那么,能否根据检验证明的出具日期,来推断检验事件的发生日期,以及与发运日期之间的先后关系呢?这理应是肯定的。比如:

新版 ISBP 第 4 稿第 A11 段 b 款规定:

Where a credit requires a document to evidence a pre-shipment event (e.g., "pre-shipment inspection certificate"), the document, either by its title, content or date of issuance, is to indicate that the event (e.g., "inspection") took place prior to or on the date of shipment. 如果信用证要求一份单据证明发运前发生的事件(例如发运前检验证明),则该单据必须通过标题或内容或出具日期来表明该事件(例如检验)发生在发运日之前或发运日当天。

与现行ISBP681相比,新版所涉及的装船前检验证明如何表明"装船前"检验这一事件,除可以以单据名称和单据内容两种方式显示装船前事件外,还增加了第三种方式——以显示的单据出具日期间接推断,即:当信用证如此要求时,提交的检验证明显示出具日期早于装船日期,这便算是间接表明了检验日期早于装船日期。其背后逻辑理应是:默认检验证明显示的检验事件的发生日期早于其出具日期,而如果出具日期又早于装船日期,那么,检验日期必定早于装船日期,从而可据以判断"装船前"检验事件的发生。

这一点,可以从国际商会在R198的意见中得到印证。案中问题3的C部分,信用证要求"申请人发货前发出的电报通知",告知可以发货了。该通知因无日期成了是否相符的焦点。但它载有收报人(受益人)所在地电报公司的电报发送日期章,该日期远在发货日期之前。如果受益人所在地于装运前收到了电报通知,那么该通知一定是在收到日以前发出的。国际商会在分析及结论中说:在此情况下,单据是可以接受的。顺

"天九湾"单证案例 2014 年度汇编

便提一下,此案的重心或许无需确认该电报通知是在"发货前发出的",因为这完全可以理解为信用证所要求的"单据化条款中非单据化文句",根据 UCP600 第 14 条 h 款的规定,从而不予理会。

与此相似,实务中还常见信用证要求受益人证明一套副本装运单据已于装船后 3 个日历日内寄送给申请人。提交的提单显示装运日 20080226,提交的受益人证明内容少了——"于装船后 3 个日历日寄送 within 3 working days after shipment",却注有一个日期 20080228,可以接受吗?我们认为,由于受益人证明已经表明了在其出具之日副本单据已经寄送,而其出具日期仍在装运日后的 3 个日历日之内,显然,这已经满足了信用证的要求,可以接受。

既然单据日期可以推断事件的发生,那么,如果两种单据的出具日期所反映的两个事实互相冲突,则不可接受。比如:R46 中,咨询者问:随货单据日期,可以晚于装运日期吗?国际商会认为:"专家组看不出,一份单据如果表面上看来是迟于装运日出具的,如何能够随同所装运的货物。"所以,不可接受。

与此相似,如果信用证要求"副本装运单据必须于装船后寄送申请人",并要求提交对应的快递收据。结果提交的快递收据显示取件日期晚于提单出具日期。可以吗?显然,根据国际商会的上述意见类推,提单出具日期晚于快递收据取件日期,怎么可能已经寄出呢?所以,这是不可以的。类似的情况,还适用于提交规定的传真报告。

检验证明可以提前出具吗?

的确,默认单据日期可以推断事件的发生,但这并不绝对,在证明书或带有证明的单据上就是一个例子。证明行为和被证明的事件之间的先后关系,理应保持一种什么样的逻辑,一直让人困惑:事件发生了才可以证明,并出具证明书或相关单据?还是证明单据可以提前作成,只要发出之时被证明的事实已经发生即可?

如 R449 中,咨询者问:检验证明的出具日期早于检测日期,可以吗?案中,信用证要求质量/数量/重量证明。货物于 1998 年 1 月 17 日装船,提交的证明注明日期 1998 年 1 月 17 日,并说明"取样于 1 月 16 日 sampled 16 January 1998"和"分析或报告日期为 1 月 23 日 Report/Analysis date January 23",最后表明"兹证明上述产品已经完成质量检测。We hereby certify that the above product is tested for its quality"。事后,检验机构解释了几个日期的关系:1 月 16 日是货物取样日期;1 月 17 日是装船日期,也是确定货物已装船数量的日期;1 月 23 日是完成产品检测,并出具分析报告的日期。

国际商会在分析和结论中说:银行没有义务审核检验证明上的出具日期与检测日期的关系,单据无不符点,只要其在检验日期 1998 年 1 月 23 日当天或之后提交即可。There is no comment that the data content was in any way inconsistent with that stated on any other document. The issue is one of the dates included within the document. There was no stipulation within the documentary requirement specified in the credit to check the dates of various occurrences and/or other information. There is no discrepancy provided the document was presented on or after 23 January 1998. 显然,国际商

会强调的是检验证明所证实的事件在交单之时已经发生,从法律上检验证明的出具人需要对该事件承担对应的责任,而至于检验证明显示出具日期是早是晚,则不太重要。顺便提一下,从案中提供的资料看,没有看到检验证明上的检验结果,根据新版 ISBP 第 4 稿检验证明部分第 P1 段"检验证明的特征"的规定,这是不可接受的。或许,这是咨询者引述信息不全所致。

至于为什么呢? 我们认为,与其说案中的检验证明出具于 1 月 17 日,不如说,该证明制作于 1 月 17 日,而发出并生效于 1 月 23 日。因为该检验证明制作之时检测分析没有完成,因此其所证明的事件还没有发生,从而其不可能立即生效。换言之,单据的出具本就是一个过程,而该检验证明只能在所证明的事件已经发生,才算发出并生效,从而完成整个出具过程。所以,准确地说,检验证明上注明的日期,不是出具日期,或者说,案中的检验证明实际上并没有显示出具日期,而实际出具日期理应以检测分析完成检验证明对外提交为准。

受益人证明可以提前出具吗?

实务中,提前制作单据是可能的,也为国际商会所默认。比如:URGD758 第 15 条 d 款规定:"Neither the demand nor the supporting statement may be dated before the date when the beneficiary is entitled to present a demand. Any other document may be dated before that date. Neither the demand, nor the supporting statement, nor any other document may be dated later than the date of its presentation.索赔书或支持声明的日期不能早于受益人有权提交索赔的日期。其他单据注明的日期可以早于该日期。索赔书或支持声明或其他单据注明的日期均不得迟于其提交日期。"实务中,索赔书常常提前制作并显示制作日期,只要不早于信用证规定的有权提交索赔的日期,也不晚于提交日期即可。

与检验证明和索赔书相似,受益人证明理应也可以提前出具,当然,准确地说,如前所述,属于提前制作,待证明事件发生之后再发出并生效。

比如:信用证要求"副本装运单据必须于装船后寄送申请人",并要求提交对应的受益人证明。结果提交的受益人证明显示出具日期晚于提单出具日期。这可以吗? 受益人证明的日期早于提单,意味着受益人证明作成于提单之前。这似乎说明受益人证明作成之时提单并没有随其他副本装运单据寄送申请人。但是,受益人证明的内容更关键,其证明了"信用证要求的副本装运单据已经于装船后寄送申请人",这意味着受益人需要为其所证明内容承担法律责任,即便事后证明受益人根本就没有寄送此套副本单据,包括副本提单。这可以反推,受益人证明上所注明的日期,只是作成日期,而不是交出和出具完成日期。

所以,我们认为,根据国际商会在 R449 中的意见,只要单据提交日期在提单出具日期之后,便可以接受。

与此同理,如果信用证要求商业发票显示:"货物已严格按照 6 月 15 日的合同装运。The goods have been shipped in strict compliance with contract No.101 dated June 15, 2010."提交的发票日期为 20100731,提单装运日期 20100810。可以接受吗?

"天九湾"单证案例 2014 年度汇编

显然,发票日期早于装运日期,而发票证明货物已经出运,但这不要紧,只要单据提交日期在提单出具日期之后,便仍然可以接受。

实务中还会并存两个单据分别证明同一个事件的情况。比如:信用证同样要求"副本装运单据必须于装船后寄送申请人",同时要求受益人证明和快递收据或传真报告。此时,如果根据国际商会在 R449 中的意见推理,可以接受受益人证明日期早于提单出具日期。然而,其所依据的受益人证明日期视为提前出具的事实,已经为同时提交的快递收据或传真报告所否定。根据国际商会在 R46 中的意见,这又是不可接受的。那么,到底是前者优于后者呢,还是后者优于前者?我们倾向于认为,前者和后者矛盾,理应以后者为准,因为快递收据和传真报告是由于快递和传真的事件的发生而取得的文件,其证据效力理应比一个单纯的为证明而证明的受益人证明更客观,从而也就更强;而即便不存在谁优谁劣的判断,由于前者与后者的冲突,这本就是不可接受的。未见国际商会就此发表过直接意见。

所证明的事件与其他事件互相冲突

除此之外,实务中还会见到同一单据中所证明的事件——与其他事件互相冲突。

比如:Case 229 中,信用证类似要求"副本装运单据必须于装船后寄送申请人",并要求提交对应的受益人证明。结果,开证行拒付,其中有一个不符点:受益人证明显示副本单据于 2 月 4 日寄出,而副本单据中的发票日期却为 2 月 10 日。beneficiary certificate showing 4 February as date of dispatch of non-negotiable sets of documents to credit applicant whereas invoice dated 10 February. 显然,此时与受益人证明的出具日期无关,而直接涉及的是受益人证明表明了一个事件——副本单据于 2 月 4 日寄送,而发票显示于 2 月 10 日出具。

国际商会认定说:在严格相符标准下,这还是算(不影响上下文的)拼写错误。但这并不排除在某些情况下会构成不符点。两种情况,都有可能获得法院支持。In principle the doctrine of strict compliance governing credit transactions also refers to typographical errors. This does not exclude that, in some cases, it might appear exaggerated to reject documents only on such grounds. With regard to the date of issuance of a document, however, a very material point is at issue. Nevertheless, it should be noted that there have been court rulings which would support the issuing bank's view, and there have been court rulings which would have favored the view of the negotiating bank.

这里的意见,前一部分讲的是 UCP 框架内对不符点的认定,后一部分是法律和法院上的事。既然法院可能会接受国际商会所谓的"不影响上下文的拼写错误"的看法,也可能不会接受国际商会所谓的"不影响上下文的拼写错误"的看法,那么,为什么国际商会就片面认定为这是"不影响上下文的拼写错误"呢?言外之意,即这不是不符点。我们更倾向于认为,这就是不符点,因为银行无法确切地知道"所谓"的这一拼写错误"会不会影响上下文"的含义,或许,这可能根本就不是"所谓"的拼写错误,而是真真切切的事实,即受益人证明所表明已经寄送的副本装运单据中根本就没有发票。

显然,这是两个事件的冲突,一个是受益人证明所指向的事件,另一个是发票日期所指向的事件。值得注意的是,这种冲突不同于前面提到的证明书的出具日期所对应的证明书作成、交出、生效、完成出具与所指向事件之冲突不同。

发票日期过交单期可以吗?

事件的发生,有时可以用于反推单据的出具日期。实务中的单据日期,主要便指单据的出具日期。单据的提交,以单据的出具为前提。换句话说单据必定先出具,后提交。体现在单据上,便是单据出具日期,必定会早于实际交单日期,最迟也会与实际交单日期为同一天。

UCP600 第 14 条 i 款规定:

A document may be dated prior to the issuance date of the credit, but must not be dated later than its date of presentation. 单据日期可以早于信用证的开立日期,但不得晚于交单日期。

这一规定与 UCP600 第 14 条 f 款的规定——单据上数据之间"不得矛盾",自然吻合。

比如:Case 231 中,提交的发票日期晚于交单日期,可以吗?案中,信用证效期为 10 月 2 日。9 月 28 日保兑行将单据寄往开证行。开证行拒受单据,理由为:发票的出具日期为 10 月 22 日,晚于信用证效期。保兑行解释说,发票的 10 月 22 日明显是一个打印错误,并不会从实质上对单据产生影响,不足以成为拒受单据的理由。

国际商会回答说,单据可以接受。虽然统一惯例没有条款允许银行接受迟于信用证效期开立且在信用证失效日或在失效前提交的单据。然而,就所描述的案例来看,单据为 9 月 28 日邮寄的,发票上的 10 月 22 日明显是一个(不影响上下文的)打印错误。

至于背后的原因到底是什么?我们认为,提交的发票"出具"日期晚于交单日期。这是不可能发生的。因为单据的提交必然基于单据的出具,既然单据已经提交了,其作成和出具的日期必定在交单日期之前。所以,只能认定发票显示的日期是打字错误。在发票显示的日期是打字错误的前提下,只要该打字错误不影响上下文的判断,便不构成不符点,可以接受。单据出具事件本身所对应的日期是客观的,并不会因为单据上未标明出具日期而消失,也不会因为单据上标明了出具日期而改变,特别是标明日期有时却并不与实际提交出具行为的日期一致时。尽管如此,一般来说,单据上标明了日期,便默认单据的出具即为在这一天完成,该日期便为出具日期。

结论

证明书的出具过程是先作成再签署并发出,证明书的日期可能是作成日期,也可能是发出日期,但如无异常信息则默认为发出日期,即为出具日期,并自此时起对外产生法律效力;而有异常信息下则可理解为作成日期,并未对外产生法律效力。换言之,证明书的作成日期,可以早于证明事件的发生日期,也可以晚于证明事件的发生日期。但是,证明书的发出日期和出具日期,必定不晚于证明事件的发生日期。单据上的证明文句,可参照适用。其他单据在证明了一个收单事件、寄单事件或传真事件时,其日期不

"天九湾"单证案例 2014 年度汇编

得与所收、所寄或所传真的单据日期冲突,因为收单事件、寄单事件或传真事件本身意味着所收、所寄或所传真的单据已经对外发生了法律效力,所以,默认所收、所寄或所传真的单据日期即为出具日期。但交单时如果单据日期晚于交单期,则可视为打字错误,因为一个单据日期默认所代表的出具日期不可能晚于交单期,国际商会倾向于认为,这必定是个打字错误,且通常不影响上下文的含义。

本文发表于《中国外汇》2013 年 3 月期下半月刊
(注:原文题名《单据日期那些事》)

19. 新版 ISBP745 修订综述

作者：林建煌

ISBP 具有国际结算领域信用证审单的"圣经"之称。刚刚过去的 4 月 17 日，新版 ISBP745 在国际商会银行委员会葡萄牙里斯本春季年会上，以 86 票赞成 1 票反对的表决结果正式通过。国内外银行界、贸易界和法律界，相关培训、研讨和推广准备工作在一年前早就已经如火如荼展开，之后业内也已着手正式推广的各项工作。那么，新版 ISBP745 与 UCP600 是个什么样的关系？其修订遵循了什么样的修订原则？与旧版相比有哪些重大变化？新版 ISBP745 何时生效实施呢？

一、修订概况

新版 ISBP745 的前身是 ISBP681，二者均适用于 UCP600 下的信用证审单。ISBP681 是对 UCP500 下的 ISBP645 的简单调整，并于 2007 年 7 月 1 日，随同 UCP600 的实施而实施。ISBP681 的调整是与 UCP600 的大工作量修订同时展开的，而 UCP600 起草组的工作重心主要放在 UCP600 的修订上，所以，ISBP681 的调整显得比较粗糙。

为此，国际商会在 UCP600 实施一年多后于 2008 年底正式发起动议，修订起草新版 ISBP745，以反映不断发展的信用证审单实务。整体修订进度如下：

2009 年表决形成修订框架；

2010 年第 1 稿：涵盖原版所有部分；

2011 年第 2 稿：涵盖原版先期事项、总则、汇票、发票和原产地证明部分；

2012 年 2 月第 3 稿：涵盖原版所有部分；

2012 年 6 月第 4 稿：涵盖原版所有部分，新增装箱单、重量单、受益人证明、检验证明部分；

2012 年 12 月第 5 稿：再新增不可转让海运单部分。至此，已经涵盖新版所有部分；

2013 年 3 月终稿，以提交表决；

2013 年 4 月，国际商会银行委员会葡萄牙里斯本春季年会上表决通过，并立即实施。预计同年 7 月 1 日发布正式版本。

从上述情况可以知道，ISBP745 的修订如果从 2008 年发起动议至今已经 5 年，如果从 2010 年正式起草至今也已经 3 年。如果与 UCP600 的修订进度相交替，还可以知道，UCP 和 ISBP 的修订周期大体会掌握在 10～12 年，而每 5～6 年将有一轮大的

UCP 或 ISBP 的修订。换言之,如果不出意外,在最近的 1~2 年可能就会发起下一轮 UCP 的修订动议,那将是又一轮重大修订。

二、ISBP745 主要变化

(一)先期事项部分 2 项变化:

1. 第Ⅰ段和第Ⅱ段,澄清了 ISBP745 与 UCP600 关系,以及 ISBP745 与信用证规定的关系;强调了 ISBP745 必须结合 UCP600 进行解读,ISBP745 仅仅是描述了 UCP600 下没有被信用证明确修改的审单实务。

2. 第Ⅴ段澄清了新 ISBP 下开证行应该如何执行申请人的不清晰指示,即必须在申请人没有明确表示相反意见的情况下,补充和细化该指示的内容,从而得以使用;确认了信用证下开证行必须对信用证的不清晰条款和矛盾条款承担责任。

(二)总则部分 14 项变化:

1. 第 A1 段确认了信用证文本中使用过的缩略语,不管是否普遍接受,单据上均可照抄使用。

2. 第 A2 段对"/"进行了重新规定,确认如无上下文解释,其意味着斜杠前后是多项选择关系;并增加对","的含义作出类似于"/"的规定。

3. 第 A3 段扩展了证明种类至 Statements,并对证明书如何显示日期加了举例说明。

4. 第 A7 段对受益人出具单据、受益人以外的一方出具单据,以及经合法化处理的单据如何更正证实,进行了分门别类的细化规定。

5. 第 A10 段确认用于证实寄送单据的快递收据,并不是 UCP600 第 25 条下的运输单据,并规定了其审核标准。

6. 第 A14 段 b 款,明确了信用证中的日期常用短语"WITHIN"的含义,并举例说明。

7. 第 A19 段重定义了什么是"装运单据"?什么是"过期单据可接受"?增加定义了什么是"第三方单据可接受"、"第三方单据不可接受"?什么是"船公司"?什么是"提交单据可接受"?

8. 第 A21 段明确了单据内容在信用证没有要求语言的情况下,可以使用任何语言显示;明确了单据内容在信用证要求语言的情况下,必须使用要求的语言显示,但盖章、签字、背书等文字内容可以例外;并确认了银行必须审核所有可接受语言显示的单据内容。

9. 第 A22 段删除了单据上"详细"的数学计算的说法,改为银行对单据上的数学计算只负责总量核对。

10. 第 A26 段,增加了非单据化条件的规定,并举例说明:信用证规定"以木箱包装 packing in wooden cases",而没有要求该内容应当显示在规定单据上时,任何规定单据上显示的不同包装类型将视为数据矛盾。

11. 第 A27 到第 A31 段增加了单据正副本的规定,第 A29 段 d 款明确了什么是经签署发票的复印件等。

12. 第 A32 段明确了单据间唛头信息的顺序可以不一致。
13. 第 A35 段 c 款和 d 款,明确了什么是电子签字。
14. 第 A36 段 b 款,规定了分支机构签字视同实体签字。

(三)14 种分项单据部分,共 49 项变化:

1. 保留 9 种旧单据,共 40 项变化,包括:汇票 5 个/发票 4 个/多式运输单据 2 个/提单 10 个/租船提单 3 个/空运单 2 个/保险单据 8 个/原产地证 5 个。重大变化列举如下:

汇票部分增加了第 B1 段关于汇票付款人和汇票性质的规定,增加了第 B12 段承兑信用证下决定不承兑的付款行如何处理汇票,如何寄送单据,修改了第 B14 段关于金额大小写的规定等。

发票部分增加了第 C5 段发票的货描额外信息不得改变货物性质、等级和类别的要求,修改了第 C12 段关于未规定货物的规定,增加了第 C15 段定义了分期时间表,并规定了分期时间表和非分期时间表如何满足,并确定了与部分支款/装运的关系等。

多式运输单据部分增加了第 D1 段 c 款的规定:"当信用证要求提交多式或联合运输单据以外的运输单据,且信用证规定的货物运输路线清楚地表明应使用一种以上的运输方式,例如,信用证显示了内陆收货地或最终目的地,或者信用证的装货港或卸货港栏位填写了一个地点,该地点事实上是一个内陆地点而不是港口时,该单据的审核应适用 UCP600 第 19 条。"

提单部分细化了第 E6 段关于装船批注的规定,明确了装货港无须显示国别,细化了第 E19 段多套提单的规定,增加了第 E22 段关于卸货港交货代理的规定。

租船提单部分增加了第 G3 段关于"康金提单"或者"油轮提单"的规定,第 G21 段关于混合货物的规定和第 G27 段关于租船合同的审核。

空运单据部分增加了第 H5 段关于航空公司代码的规定,第 H10 段关于机场代码的规定和第 H13 段关于指示收货人的规定。

保险单据部分增加了第 K6 段关于保险公司商号的规定,第 K7 段关于共同保险人签署的规定,修改了第 K10 段"仓至仓"条款用于认定保险生效日期的规定,增加了第 K11 段关于副签日期用于认定保险生效日期的规定,增加了第 K22 段关于一般性保险条款的审核和第 K23 段关于保费支付的审核。

原产地证明部分第 L1 段删除了对出具日期的要求,增加了第 L3 段类似机构视同商会的规定,第 L8 段关于发票号码及日期、运输路线的审核。

2. 增加 5 种新单据,共 9 个变化:新增不可转让海运单 1 个/装箱单 2 个/重量单/受益人证明 2 个/检验证明 4 个。重大变化列举如下:

新增不可转让海运单部分第 F11 段增加了指示收货人的规定。

装箱单、重量单和受益人证明、检验证明部分第 M1/N1/P1/Q1 段定义了各种单据的功能性要求。

检验证明部分第 Q8 段规定了允许包含诸如"不适合人类消费"、"化学成分可能无法满足需要"或类似措辞的声明,只要其与信用证、任何其他规定的单据或 UCP600 不相矛盾即可等。

三、与 UCP600 的关系

ISBP745 是 UCP600 补充,是对 UCP600 所反映的信用证审单实务的最佳解释。

ISBP745 第 I 段:

This publication is to be read in conjunction with UCP600 and not in isolation.
本出版物应当结合 UCP600 进行解读,不应孤立解读。

没有 UCP600,就没有本出版物。所以,本出版物必须结合 UCP600 进行解读。换言之,本出版物所描述的实务,可能够详尽了,也可能并不详尽,但无论如何,其基本原则都在 UCP600 中。未详尽的部分,如果没有结合 UCP600 进行解读,可能会产生歧义,这需要引起注意。

比如:新版 ISBP 规定了模糊不清或互相矛盾的信用证条款和开证申请书指示的责任承担。那么,实务中如果出现信用证条款模糊不清或互相矛盾的情况,是开证行的责任,还是开证申请人的责任呢?

ISBP745 第 V 段:

The applicant bears the risk of any ambiguity in its instructions to issue or amend a credit. An issuing bank may, unless the applicant expressly instructs to the contrary, supplement or develop those instructions in a manner necessary or desirable to permit the use of the credit or any amendment thereto. An issuing bank should ensure that any credit or amendment it issues is not ambiguous or conflicting in its terms and conditions.

开证申请人承担其开立或修改信用证的指示模糊不清带来的风险。在申请人没有明确表示相反意见的情况下,开证行可以必要或合适的方式补充或细化那些指示,以便信用证或有关的任何修改书得以使用。开证行应当确保其所开立的任何信用证或修改书的条款与条件没有模糊不清,也没有互相矛盾。

以上规定包括三句话:
——开证申请人承担开证申请书的指示模糊不清的风险;
——如果出现开证申请书的指示模糊不清,开证行可以补充或细化;
——开证行应该确保信用证条款没有模糊不清,也没有互相矛盾。

按照第三句话的规定,应该是开证行的责任。而按照第一句话的规定,则应该是申请人的责任。让人困惑的是,到底是谁的责任呢?显然,在 ISBP 中找不到直接的答案。此时,必须结合 UCP600 进行解读。

UCP600 第 37 条 a 款:

为了执行申请人的指示,银行利用其他银行的服务,其费用和风险由申请人承担。

信用证条款的模糊不清绝大多数来源于开证申请书的指示。如此,很清楚地,开证申请人作为最终指示方必须承担最后的责任。至于开证申请人如何承担责任呢?这遵循一定的程序,即开证行基于其为信用证下的第一责任人,首先必须对互相矛盾或模糊不清条款承担直接责任,该责任将根据开证申请书的约定最终转移给开证申请人承担。

四、修订原则

ISBP745 目的仅在于描述 UCP600 或信用证规定的实务,而无意于改变本已存在的实务,也无意于创造本不存在的实务。为什么呢?因为实务客观存在。

ISBP745 第 Ⅱ 段:

The practices described in this publication highlight how the articles of UCP600 are to be interpreted and applied, to the extent that the terms and conditions of the credit, or any amendment thereto, do not expressly modify or exclude an applicable article in UCP600.

本出版物所描述的实务,强调了 UCP600 所适用的条款在信用证或有关的任何修改书没有明确修改或排除的范围内,如何解释和适用。

这里的内容只是在解释 UCP600 所涉及的信用证审单实务,并不改变实务,也不创造实务。

信用证审单实务处于动态的变化过程中,本出版物只是描述了目前最常用的一部分。

UCP600 作为一套规则,洋洋洒洒三十九条,一半涉及信用证运作,一半涉及信用证审单。信用证运作部分告诉我们,审单为了什么,如何判断不符点成立不成立;信用证审单部分,则分门别类地勾勒了主要的审单实务,单据如何满足信用证要求,如何判断不符点存在不存在。本出版物所描述的信用证审单实务,只是强调了 UCP600 条款如何解释和适用,或者说,是对 UCP600 条款反映的信用证审单实务的补充和细化。

ISBP 出版物并不改变实务。在对比新旧版本的 ISBP 出版物时,会发现许多地方变化重大。然而,请注意,这只是实务本身在变化,在发展,而 ISBP 出版物内容的变化只是反映了实务的变化和发展。比如:新旧版的 ISBP 对斜线的含义规定有比较大的变化。

ISBP681 第 7 段:

Virgules (slash marks "/") may have different meanings, and unless apparent in the context used, should not be used as a substitute for a word.

斜线("/")可能有不同的含义,不应用来替代词语,除非在上下文中可以明了其含义。

ISBP745 第 A2 段 a 款:

Virgules (i.e., slash marks "/") may result in different meanings and should not be used as a substitute for a word. If nevertheless, a virgule is used and no context is apparent, this will allow the use of one or more of the options. For example, a condition in a credit stating "Red/Black/Blue" with no further clarification will mean only Red or only Black or only Blue or any combination of them.

斜线("/")可能导致不同的含义,不应用来替代词语。尽管如此,如果执意使用了斜线,并且表面没有上下文说明,这将意味着允许使用其中的一个或多个选择。例如,信用证规定了"红/黑/蓝",并且没有进一步说明,这将意味着颜色可以只是红、只是黑、只是蓝,或它们的任何一种组合。

请注意,新版所增加的内容,只是对实务中"斜线"含义的重新描述,并不改变实务本身。

ISBP出版物并不创造实务。在对比新旧版本的ISBP出版物时,会发现许多地方是新增的。然而,请注意,这只是已经客观存在的实务在原来的旧版ISBP中没有反映出来,而如今新版ISBP觉得比较重要而增加了内容和段落加以反映而已。在对比新旧版本的ISBP出版物时,也会发现许多实务业内希望有所反映,但仍然没有反映。比如:ISBP并不给出记名提单上显示"无单放货"条款的可接受性。2008年10月,国际商会的秘书长明确了:"就关于包含放货条款的运输单据的开立问题不必给出任何意见。"所以,新版ISBP并没有直接反映,但仔细琢磨运输单据部分提及的收货人及背书,其实有间接反映。

五、生效争议

新版ISBP745已经表决通过了。在表决之前,ISBP745的生效实施的时点,已经在业内引发了各种猜测和争议:ISBP745是4月17日通过之日实施吗?还是预计7月1日发布之日实施呢?抑或是别的什么日期呢?

请注意,在ISBP745的表决现场,最终以86票对1票的绝对多数表决通过。其中,唯一反对的1票为国际商会新加坡国家委员会。他们认为,不管ISBP745是在4月17日通过之日实施,还是预计7月1日发布之时实施,都不对。因为新版ISBP745与ISBP681相比,有个别完全相反的规定。比如:提交的保险单据显示的出具日期,晚于运输单据上的装运日期,如果保险单据还显示了"仓至仓条款"。根据旧版下的国际商会在R766/TA709rev中表布的意见,这是可以接受的,因为"仓至仓条款"具有追溯保险单据生效日期的效果。然而,ISBP745规定则完全否定了上述意见,认为这还是不符点,因为事后国际商会保险委员会确认,"仓至仓条款"并没有追溯保险单据生效日期的效果。

ISBP745第K10段c款:

An insurance document that indicates coverage has been effected from "warehouse-to-warehouse" or words of similar effect, and is dated after the date of shipment, does not indicate that coverage was effective from a date not later than the date of shipment.

保险单据显示保险基于"仓至仓"或类似条款已经生效,且出具日期晚于装运日期,并不表示保险生效日期不晚于装运日期。

那么,在新版ISBP745之前已经开立的信用证的后续交单,或者已经提交的信用证下交单的拒付,到底是根据R766/TA709rev来认定其不构成不符点,还是根据ISBP745来认定其构成了不符点呢?国际商会新加坡国家委员会认为,不管是银行,还是法官,都将无所适从,所以,投了反对票。

然而，在 ISBP745 的表决现场，国际商会 ISBP745 修订起草专家组组长 GARY 先生的说法出乎常人的意料：ISBP745 在 6 年前就已经生效实施了。为什么呢？因为 UCP600 下的信用证审单实务是客观存在的，而不管是旧版 ISBP681，还是新版 ISBP745，都只是在描述客观存在的实务。既然 UCP600 下的信用证审单实务存在于 6 年前的 UCP600 生效实施之日——2007 年 7 月 1 日，那么，不管是 ISBP681，还是新版 ISBP745，自然早已在那一天自动生效实施了。

在这个意义上，上述所涉及的保险单据"仓至仓条款"的问题，理应按照新版 ISBP745 第 K10 段 c 款描述的实务来进行审核。为什么呢？因为这反映的是正确的真实的实务。反之，则不能按照 R766/TA709rev 的国际商会意见来审核，因为那反映的是错误的不真实的实务。

接着，必定会产生一个新的问题：现在新版 ISBP745 还没有正式发布，银行界依据什么来指导审单，贸易界依据什么来指导制单，而法律界又依据什么来指导审理不符点纠纷案件呢？我们认为，其实完全可以依据提交表决前的 ISBP745 的终稿来指导实务了，因为预计 7 月 1 日正式发布的新版 ISBP745 可能会基于终稿作出个别的微调，但显然含义不可能改变，而所涉及的微调理应严格限定于措辞和标点符号等。

在这个意义上，ISBP745 的性质非常类似于国际商会在历年年会上通过的意见。

在这个意义上，ISBP745 与其说是一套准规则或准国际惯例，不如说是这是具有里程碑意义的大型的综合性国际商会意见。

本文发表于《中国外汇》2013 年 5 月下半月刊

20. 提单如何签署?

作者:林建煌

提单事关货权,直接关系到贸易和结算的安全。虽然提单的签署仅仅是提单出具的一个环节,但其重要性不容忽视。按理承运人是提单唯一的出具人,担当货物承运的责任。承运人在提单上签署,是证实运输单据由其作成和出具,并确认对运输单据所载明内容承担承运责任的一种表示。

提单签署除了必须关注两个基本要素——签署人与签字本身之外,还必须关注二者之间的确定联系。这种联系,在提单签署中可能很复杂,比如由印就、打字、盖戳等多种形式的多幅文字完成,还比如同样一幅文字,不同部分的排列顺序也多有变化。由于提单签署中多种代理关系的交错出现,才使这种联系更为复杂。

如何认定提单签署人与签字之间的确定联系是否合格呢?万变不离其宗,关注点只有两个:即签署的连续性与签署的层次感。

签署与承运人

承运人出具并签署提单,是法定的义务。

我国最新的《海商法》:

第 72 条 货物由承运人接收或者装船后,应托运人的要求,承运人应当签发提单。

提单可以由承运人授权的人签发,提单由载货船船舶的船长签发的,视为代表承运人签发。

这里的规定并没有明确区分提单的出具和签署。

ISBP745 第 E5 段 a 款:

A bill of lading is to be signed in the form described in UCP600 sub-article 20(a)(i) and to indicate the name of the carrier, identified as the carrier. 提单应当按 UCP600 第 20 条 a 款 i 项规定的方式签署,并注明承运人名称及表明其身份。

提单必须表明承运人。我们认为,这归根结底是在表明提单的原始出具人和原始签署人。因为承运人是承运责任的主体,只有提单表明了承运人,托运人和收货人才可据以向其追溯承运责任。

如何表明承运人呢?一言以蔽之,必须在提单正面表明承运人,既表明包括确切的承运人身份,又包括确切的承运人名称,以及身份与名称之间的确切联系。具体包括:

第一,必须在提单正面表明承运人。实务中,提单承运人显示在正面(多于上方或右上方),并有"承运人"(the carrier 或 as carrier)字样与名称相联系。这种情况下,即表明了承运人。

按理,提单承运人不得显示在背面。国际商会在 UCP500 下第 4 号意见书和 R565 的分析及结论中说:Where the document (bill of lading) is signed by the carrier, it is not necessary for the word 'carrier' to appear again in the signature box when it has already been used on the front of the document to identify the party acting as carrier.(UCP 关于表明承运人名称的立场是很清楚的。为了在所有情况下提单都符合 UCP 的规定,承运人的名称必须显示在提单的正面且被注明身份。)

第二,必须在提单正面表明确切的承运人身份。大多数提单显示承运人比较直接明了。但有的提单则会显示其他信息,如将提单函头或正面小字的承运条款等混杂在一起。如提单(正面)对收到货物时的表面状况、数量、包装等声明的小字承运条款中显示:The undersigned Carrier hereby acknowledges receipt of the sealed container or packages or other shipping units said to contain the Goods described above in apparent external good order and condition unless otherwise stated.(下方签署的承运人,兹确认根据提单记载收妥上述货物,表面状况良好,除非另有说明。)同时,在右下方显示签署人"For and On behalf of APL Logistics Ltd"并加签署。显然,在这种情况下,提单已经清楚地表明了签署人即为承运人,我们认为这种情况是可以接受的。

但是,如果提单(正面)对收到货物时的表面状况、数量、包装等声明的小字承运条款中显示:Received by the carrier from the shipper in apparent good order and condition(该承运人确认收妥货物,表面状况良好),则显得模糊不清。这种情况似乎表示提单函头中印就的公司名称即为承运人,然而在"借签提单"情况下,如无船承运人 ABC 公司使用 COSCO 公司的提单格式时,提单函头 letterhead 显示为 COSCO 公司的名称,承运人应该是 ABC 公司,而不是函头中的 COSCO 公司。针对这种情况,也未见国际商会发表过针对性意见。

第三,必须在提单正面表明确切的承运人名称,以及名称与身份的确切联系。提交的提单函头显示 carrier:DEF co., Ltd.而在货描空白处又显示 carrier:GHK co., Ltd. 则二者互相矛盾,不可接受。

提单签署时显示"as agent for the carrier named above(代理上述具名承运人)"的章,该提单的"以上"部分仅印有 A 船公司。国际商会在 R345 中表示,这可以接受。

提单签署时显示"As Agent for the Carrier of B/L title(代理提单函头显示的承运人)",该提单函头显示 ABC LOGISTICS LTD。国际商会在 R660/TA636rev 中表示,这还是可以接受的。

提单签署栏显示 ABC co., Ltd. as agent for the carrier,同时显示 for DEF co., Ltd. 二者空间上靠得很近,这似乎表明了 DEF co., Ltd. 即为承运人。笔者认为,其实未必如此。这种表述下,承运人可能不是 DEF co., Ltd.,而是另有其人。

此外,提单必须在表明承运人的前提下,按 UCP600 第 20 条 a 款 i 项规定的方式签署,如此将构成一个完整的提单签署。实务中,提单除了由承运人直接签署外,还包括以下四种情况：
- 由承运人的分支机构签署；
- 由承运人的代理人签署；
- 由船长签署；
- 由船长的代理人签署等。

签署的连续性

签署连续性，这一词来源于票据法的背书连续性。"背书连续性，是指票据上记载的背书，自出票时的收款人开始到最后的被背书人，在票据背书形式上相互连接而无间断。即转让汇票的背书人与受让汇票的被背书人在汇票上的签章依次前后衔接。从票据的流通性来看，票据经过许多持票人，到最后的持票人之手，最后的持票人由票据上的背书的连续来证明而取得该票据的权利。"

与此同理，签署连续性便指签署各要素间在提单上依次前后衔接，最终的目的即借此来证明签署证实链条的连续性，从而证明签署责任链条的连续性。归根结底，用以证明提单签署的表面真实有效。

案例1 签署代理指向的 GIFI Diffusion 与 GIFI ASIA LTD，一样吗？

案中，信用证显示申请人 GIFI ASIA LTD.，并要求：copy or photocopy of loading on board authorization signed by CATHERINE JACQUET of Applicant (whose signature and any seal or choppy required by the issuing bank's mandate must be in conformity with the record in the issuing bank's file).（装运授权书副本或复印件一份，且须由申请人代表 CATHERINE JACQUET 签署，盖章和签字须与开证行存底签样和印鉴相符。）

受益人提交的装船授权书函头显示申请人名称——GIFI ASIA LTD.，并显示：I undersigned, Catherine Jacquet agent of GIFI Diffusion, authorize（本人 Catherine Jacquet 代理 GIFI Diffusion 公司在下方签署，兹授权）：

——the above supplier: XM co., LTD.（上述供应商 XM co., LTD 公司）

——and agent of the carrier or forwarder: Globe SAS. to load on board the above items with mentioned quantities.（和承运人代理或货代 Globe SAS 公司，装运上述提到货物和数量）

授权书的左下角签署与开证行存底相符，并显示名称：Catherine Jacquet 无误。

分析及结论：

表面上看签署相符，因为首先与开证行存底印鉴相符。然而，如果仔细确认其中连续性，对照授权书正文开头的文字"I undersigned, Catherine Jacquet agent of GIFI Diffusion, authorize"，将发觉签署人所代理的指向——GIFI Diffusion，并不是信用证要求"signed by CATHERINE JACQUET of Applicant"所指向的申请人——GIFI ASIA LTD.显然，这不可接受。

点评：

> SIGNED:
> [Company C]Shipping Container Lines（Country Y）Co.，Ltd（As Agents for the Carrier）
> Per:John Smith(手签)
> [Company C]Shipping Container Lines（Country X）Co.，Ltd.

现实中，一个人在多家公司身兼数职，从而具有多种身份，是完全可能的。签署人的代理指向，最终将决定哪一个公司在法律上承担最后的证实责任。

案例2　R760/TA678rev：提单代理签署必须合理连续前后衔接吗？

案中，提交的提单在正本任何地方未显示承运人，在背面显示承运人为：[Company C] Shipping Container Lines（Country X）Co.，Ltd.。

签署栏中显示签署如下：

开证行拒付，理由为：提单正面没有显示具名承运人。

分析及结论：

国际商会说："Given the indication that the Country Y office is acting as agents for the carrier, it would be expected that they would sign the bill of lading and not the Country X office. The bill of lading does not indicate the name of the carrier in a manner that is required by sub-article 20（a）(i).（这是不符点。既然C公司Y国子公司是代理承运人，理应由Y国子公司签署，而不是X国子公司签署。而且，提单没有显示具名承运人。）"

点评：

本案再次重申了，提单承运人必须显示在正面，而不是背面。本案也再次确认了作为签署代理人名称必须与签字本身之间的必须具有连续性——身份和名称重叠。

签署的层次感

签署层次感，指签署的文字可能包括多幅。而不同幅的文字表面上看好像互相矛盾。但如果不同幅的文字的效力不同，这种矛盾就会消失。

案例3　R770/TA684：提单代理签署的不同层次文字，效力是否相同？

案中，咨询者提到，一些运输单据上面载有预先印就的声明，除了那些有关"已装船"、"已收货"或"已接管"的情况外，其他预先印就的声明内容可能与签署时的附加声明不匹配。例如，预先印就的声明显示"代表船长签字"，单据通过附加批注看似由某具名代理人代表某具名承运人签字。或者，预先印就的声明显示"由代理人代表承运人"，单据仍然通过附加批注看似由某真正的承运人签字。

此类预先印就的声明和附加的声明之间的不匹配，是否可以认为是矛盾的数据？或者还是以附加批注为准，简单地把它看作是出具人采取的到出具日为止的实际或最终的情况？

分析及结论：

国际商会表示："A superimposed stamp or other form of notation that provides evidence of the name and capacity of the party signing the transport document will supersede any pre-printed wording that may imply a different form of signing for that bill of lading. Provided the manner of signing the transport document meets the requirements of the respective transport article, the document will be acceptable.（用以证明运输单据签署人员名称和身份的附加印戳或其他形式的批注可以取代提单上与之矛盾的预先印就的签字。如果运输单据的签署方式符合相关运输条款的要求，那么单据可以被接受。）"

点评：

单据上的数据矛盾，按理只会发生于同等效力的同一幅文字之内，或同等效力的两幅文字之间。当然，如果不同幅的文字的效力相同，或者矛盾的文字出现于同一幅文字之内，这种矛盾就是实际存在的，不可接受的。

案例 4　提单签署表明三重文字，效力还相同吗？

案中，提单由 KASE LOGISTICS INTERNATIONAL LIMITED 签署，并在签署栏中显示：

> Signed on behalf the Carrier：KASE LOGISTICS INTERNATIONAL LTD. or its agent（印就）
> KASE LOGISTICS INTERNATIONAL LIMITED（盖戳，并手签）
> AS AGENT FOR THE CARRIER（手写）

分析及结论：

以上涉及三行文字，以三种形式三个层次呈现：

第一行，表明了 KASE LOGISTICS INTERNATIONAL LIMITED 是承运人，同时也表明了该栏位下的任何签署默认即为承运人或承运人代理人签署；

第二行，表明了 KASE LOGISTICS INTERNATIONAL LIMITED 的签署；

第三行，则表明了签署人的身份，即代理承运人签署。

综合来看，这是一个承运人代理自身签署的例子，可以接受。

引申：

与此类似，日照案中租船提单由船长代理人签署如下：

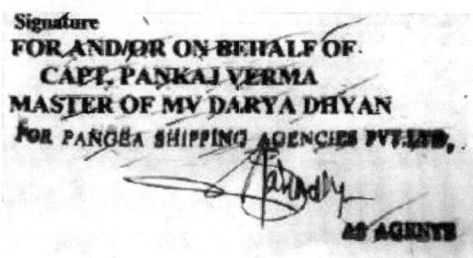

显然，蓝字印戳部分表明了签署由 PANGEA 公司的一个工作人员以手签完成，而 PANGEA 公司作为一个代理出现，显然代理的是打印部分表明的船长——FOR

AND/OR ON BEHALF OF CAPT：PANKAJ VERMA，而打印部分的第三行则表明了该船长负责的船是 MV. DARYA DHYAN。

整体上看，签署连续性完整，可以接受。

案例5 提单签署表明三重文字，其中一重涉及的几个部分如何解读呢？

案中，提单签署栏显示：

> Signed for the Carrier
> CHINA SHIPPING CONTAINER LINES (HONG KONG) CO. LTD
> Globaltrans, Sweden
> （手签）
> as agent of the carrier
>
> CHINA SHIPPING CONTAINER LINES (HONG KONG) CO., LTD. STANDARD FORM 9701

分析及结论：

以上签署包含三重文字：一重为印戳内容，一重为手签，另一重为印就的第一行——Signed for the Carrier 和最后一行——CHINA SHIPPING CONTAINER LINES (HONG KONG) CO., LTD。实际上，印就文字最后一行没有起作用，所以，关键在于认定其他文字是否满足签署的要求。从中间的印戳内容可以看出，提单的手签紧邻 Globaltrans, Sweden，理应视为由其签署。Globaltrans, Sweden 的身份对应于手签下方的一行——as agent of the carrier，即作为承运人的代理人签署。第一行文字告诉我们，这是承运人签署栏。所以，紧邻其下方的一行——CHINA SHIPPING CONTAINER LINES (HONG KONG) CO., LTD，应该就是承运人了。整体上看，我们认为，应该是可以接受的。

实务中，还会出现类似的情况，这里以渐变的方式来看几个案例。

案例6 三个部分三重文字，如何解读？

案中，提单印就签署栏显示：

> "印就"签署栏名称：Signed for the Carrier：
> 签字：（自然人手签）
> "打印"文字：ABC CO., LTD.

签署栏名称：Signed for the carrier。这显然意味着，该栏位上的任何签署，默认是代理承运人所为。当然，"for"，这一代理标记性字样，可能是内部代理，也可能是外部代理，如在提单背书中。须注意，作为提单签署外部代理的标记性字样，只有"agent"。所以，实务中，"for"这一代理标记性字样在提单签署时，默认仅指内部代理，如本案就是。而一个手写签字与"打印"文字——ABC CO., LTD.紧密相邻，应为视为 ABC CO., LTD.的职务代理人签署，而该签署又落在签署栏：Signed for the carrier 中，从而

283

可以视为承运人签署,可以接受。

案例7　三个部分两重文字,如何解读?

案中,提单印就签署栏显示:

"印就"签署栏名称:Signed for the Carrier：
签字:(自然人手签)
"印就"文字:ABC CO., LTD.

手签应该指向"印就"文字:ABC CO., LTD,视为其签字。而签署栏名称说明附近的所有签字,默认即为承运人签署。换言之,本提单就是 ABC 公司作为承运人由其工作人员签署。与上同理,可以接受。

案例8　三个部分两重文字,位置有调换,如何解读?

案中,提单印就签署栏显示:

"印就"签署栏名称:Signed for the Carrier：
"印就"文字:ABC CO., LTD.
签字:(自然人手签)

位置的改变,手签仍然属于表面邻近"印就"文字——ABC CO., LTD. 的范围之内。与上同理,可以接受。

案例9　三个部分两重文字,由"印就"变为"打印",位置又有调换,如何解读?

案中,提单签署栏无名称,并显示:

4-1	4-2	4-3
"打印"ABC CO., LTD.	"打印"Signed for the Carrier	"打印"Signed for the Carrier
签字:(自然人手签)	"打印"ABC CO., LTD.	"打印"ABC CO., LTD.
"打印"Signed for the Carrier	签字:(自然人手签)	签字:(自然人手签)

显然,以上三种情况同理,均适用于法律上类似于表见代理的"紧密相邻"原则,可以接受。

结语

提单和其他单据一样,是法律上的一种证据形式,即书证。提单的签署和其他单据的签署一样,最高目的是证实作用,即:为了证实单据的出具行为,完整地说,是为了证明单据内容的真实性。换言之,如果单据内容的真实性无法保证,那么,单据签署人必须为此承担责任。提单签署事关承运人固有的庄严的承运责任,而由于行业的特殊性,提单签署往往链条比较长,层次比较多,所以,对提单签署连续性和签署层次感的把握对信用证下单据签署的理解和把握具有示范的意义。

本文发表于《中国外汇》2013 年 6 月期下半月刊

21.如何确定远期汇票的见票日？

作者：林建煌

信用证下远期汇票的付款期限，常常涉及付款银行见票，相应地，其付款到期日需根据付款银行的不同，交单是否存在不符点等情况，具体分析而定。

实务中，远期信用证下涉及的汇票付款期限有两种：一是远期定日付款，二是"见票后定期付款"。后者，信用证规定付款期限为"见票后 XXX 天（at xxx days after sight）"。显然，这涉及付款到期日的计算起点，即汇票付款行何时见票。而对见票日的判断，由于与见票的付款银行、单据有无不符点、有无拒付，以及是否存在指定银行、指定银行是否愿意承担付款责任等密切相关，并可能存在种种组合变化，因而显得比较复杂。

新版 ISBP 的规定

尽管旧版 ISBP 对"见票后定期付款"的信用证下付款到期日的计算极其详细，但措辞反复不清，还是引发了许多争议。为此，新版 ISBP745 做出了以下规定：

ISBP745 第 B5 段：

当汇票付款期限做成，例如，"见票后 60 天（at 60 days after sight）"时，付款到期日按如下规则确定：

a. 在相符交单的情况下，付款到期日为向受票银行，即开证行、保兑行或同意按指定行事的指定银行（"付款银行"）交单之日后的 60 天。

b. 在不符交单的情况下：

i) 当上述付款银行未发出拒付通知时，付款到期日为向其交单之日后的 60 天；

ii) 当上述付款银行为开证行且其已发出拒付通知时，付款到期日最迟为开证行接受申请人放弃不符点之日后的 60 天；

iii) 当上述付款银行是开证行以外的一家银行，且其已发出拒付通知时，付款到期日最迟为开证行的接受通知书日期后的 60 天。当上述付款银行不同意按照开证行的接受通知书行事时，开证行应承担在到期日承付的责任。

c. 付款银行应向交单人通知或确认付款到期日。

上述内容没有变化，但比旧版明确，特别是针对不符点单据下见票日的确定，进行了分门别类的规定。

本段的规定尽管只是表明了"见票后定期付款"确定到期日的方法，而没有直接规定见票日，但从其中的逻辑过程可以间接推断见票日的确定方法和适用范围。

本段的规定适用于接受汇票的付款银行,也是信用证的有效银行,而且受益人已向其交单并提示汇票的情况。如此,见单日与见票日将合而为一。

本段的规定区分相符交单和不符点交单,以下分别加以说明。

相符交单下的到期日

相符交单下的到期日应为向接受汇票的付款银行的交单日后第 XXX 日。

换言之,此时到期日的确定只与付款银行的见票日,也是向有效银行的交单日有关,而与信用证规定的 5 个审单工作日无关。

第一种情况,信用证规定开证行为汇票的付款银行,而交单也向作为有效银行的开证行作出。此时到期日的计算起点以开证行见票日,即见单日为准。显然,这类信用证可以是开证行直接兑用信用证,无指定银行和保兑行,包括承兑信用证和延期付款信用证;也可以是绕过指定银行或保兑行直接向开证行交单的远期议付信用证。

第二种情况,信用证规定保兑行为汇票的付款银行,而交单也向作为有效银行的保兑行作出。此时到期日的计算起点以保兑行见票日,即见单日为准。显然,这类信用证可以是经加保的开证行直接兑用信用证,无指定银行,包括承兑信用证和延期付款信用证;也可以是绕过指定银行向保兑行交单的远期议付信用证。

第三种情况,信用证规定指定银行为汇票付款行,计算起点以指定银行见票日,即见单日为准。显然,这类信用证只限于承兑信用证和延期付款信用证,而不涉及远期议付信用证。

当然,汇票的付款银行与有效银行在多数情况下,合而为一,见票日与见单日等同,所以,不会太复杂。实务中的困难在于,付款银行可能不是指定银行、保兑行或开证行等有效银行,或者付款银行可能不是向其交单的有效银行。此时,交单日的确定与付款银行见票日的确定将分离,到期日的确定必定复杂起来。如何确定到期日呢?

比如,信用证规定汇票付款行为保兑行,但交单绕过保兑行直寄开证行,仍以保兑行见票日为准,且以开证行通知为前提。国际商会在 R378 中指出:"信用证要求见票 120 天的汇票以保兑行为付款人,在此种情况下,到期日应确定为单据提交保兑行后 120 天。开证行有在保兑行收到单据后 120 天对其履行偿付义务。"

再比如,信用证规定汇票付款行为指定银行,且向指定银行交单,但指定银行事先不履行指定,事后也不准备履行指定,则仍以指定银行见票日为准,且以开证行通知为前提。请注意,根据国际商会在 R722/TA690rev4 中的意见,指定银行事后也可追溯并确认按指定行事,并可提前付款予以融资,只要在到期日付款之前。

又比如,信用证规定汇票付款行为第三方偿付行。由于第三方偿付行只见票未见单,所以上述规则按理不适用。实务中,理应以 UCP600 第 13 条的无单偿付规则或ICCURR银行间的无单偿付规则为准,并参照上述提到的国际商会在 R378 中的意见处理。

不符点交单下需区分判断

汇票付款行未拒付的。此时,视同相符交单处理,即到期日为向付款银行的交单日后第 XXX 日。

汇票付款行已拒付的,且其是开证行。此时,到期日最迟为开证行同意申请人放弃不符点后的第 XXX 日。换言之，到期日由接受单据的开证行确定。而开证行确定的到期日，可以比这个早，但最迟不得晚于这一天。

汇票付款行已拒付的，但其不是开证行。此时，到期日最迟为开证行接受通知书上显示的一个特定日期后的第 XXX 日。

在开证行接受单据后，该汇票付款行如为指定银行又不愿意以自己的身份履行指定，或如为保兑行又不愿意承担保兑责任时，到期日由接受单据的开证行确定，规则同上。指定银行或保兑行将直接将开证行通知书中确定的到期日告知受益人，并由开证行承担在到期日的承付责任。而在开证行接受单据后，汇票付款行愿意以自己的身份履行指定或承担保兑责任时，到期日由指定银行或保兑行自行确定，规则参照以上情形，并告知受益人。至于开证行通知的到期日，直接约束开证行对指定银行或保兑行的偿付责任。

案例 1 R722/TA690rev4：延期付款信用证下指定银行收到开证行承兑电后，其对受益人的融资受 UCP600 保护吗？

案中，信用证规定由指定银行延期付款，其不是保兑行。指定银行收到相符交单后并没有承付，仅仅转寄单据给开证行。包括以下两种情况：

(1)在接到开证行承兑通知后，指定银行与受益人同意(express agreement)提前融资预付（即在开证行承兑之后，到期日之前）；

(2)在接到开证行承兑通知后，指定银行发送一份承兑电给受益人，以自己的名义进行承付。在到期日之前，当受益人要求指定银行进行融资时，指定银行对该单据项下的款项进行提前预付。

就以上两种情况，咨询者问，指定银行的融资能否受到 UCP600 的保护？

分析及结论：

国际商会表示：在两个案例中，指定银行在收到相符单据的时候均未做出延期付款承诺。

在本案例情况(1)中，指定银行的预付是在收到开证行的承兑电后，而指定银行与受益人间的 EXPRESS AGREEMENT（协议）性质是不清楚的，关键在于指定银行是否已经做出延期付款承诺。根据 UCP600 第 12 条 c 款："非保兑行的指定银行收到或审核并转递单据的行为并不使其承担承付或议付的责任，也不构成其承付或议付的行为"的规定，指定银行在没有按指定行事做出延期付款承诺时，并不构成承付。UCP600 第 7 条 c 款规定："指定银行承付或议付相符交单并将单据转给开证行之后，开证行即承担偿付该指定银行的责任……无论指定银行是否在到期日之前预付或购买了单据。"根据该规定，指定银行承付或议付并将单据转给开证行后，开证行才承担偿付该指定银行的责任。

另外，UCP600 第 12 条 b 款规定："开证行指定一银行承兑汇票或做出延期付款承诺，即为授权该指定银行预付或购买经其已承兑的汇票或已做出的延期付款的承诺。"此条款强调了 UCP600 所保护的指定银行的预付融资，仅限于其本身已经做出的延期付款承诺，而不保护对其他银行做出的延期付款承诺所提供的预付融资。

必须指出的是，一个银行同意在 UCP600 范围外给受益人提供融资，该融资只受

"天九湾"单证案例2014年度汇编

双方所签订条款的约束,而不受UCP600保护。

在本案例情况(2)中,在相符单据提交时候,指定银行并没按指定行事,但随后发承兑电做出远期付款承诺,并在到期日前预付给受益人。

对于这种情况,必须指出,指定银行可以在到期日之前的任何时候按指定行事和在开证行到期偿付指定银行之前的任何时候,预付给受益人。只要相符单据提交给开证行,开证行就有义务在到期日偿付指定银行。本案例中,该指定银行做出由本身做出的延期付款承诺项下的预付是符合UCP600第7条c款和第12条b款规定的。

点评:

国际商会认定在情况(2)下,指定银行融资是受UCP600保护的,而在情况(1)下,主要看EXPRESS AGREEMENT(协议)性质,指定银行是否对受益人做出延期付款承诺。

国际商会在分析过程中强调,指定银行给受益人融资是否受UCP600的保护主要看两点:第一,相符单据并将单据转给开证行是基本条件;第二,指定银行按指定行事,以自己的名义,做出延期付款承诺(即有书面通知,比如承兑电,标明在某个确定的日期,将付一定的金额给受益人),事后指定银行预付或购买的必须是自己做出的延期付款承诺。

受UCP600保护的最终用意在于,万一发生受益人欺诈时,指定银行可因其融资获得善意第三人的地位。这个地位之重要,已经在UCP500时期的桑塔德案件的审理中彰显得淋漓尽致。

建议:

指定银行在延期付款信用证项下向受益人提供到期日前预付融资时,为获得善意第三人的地位,无论是否已经收到开证行的承兑电,均应在放款同时出具一份承兑通知书,且一律注明:

"我行承诺到期日(某年某日)付款(金额)给贵公司,如需融资可自即刻起提前付款,我行到期日如未获开证行(或保兑行)偿付,保留向贵公司追索的权利。"

案例2　R270:不符点交单下保兑行拒付承兑汇票,见票日按什么时候确定?

案中,信用证要求远期汇票,规定保兑行见票后90天付款。

分析及结论:

国际商会表示:这里假定保兑行基于单据存在不符点拒绝承兑汇票。此类信用证下,保兑行转递单据给开证行时,应当同时在面函上注明付款到期日,该到期日的计算方式同保兑行收到的是相符交单的情况。保兑行应当确定付款到期日。

但是,保兑行拒付后受益人重开以开证行为汇票付款行的汇票除外。对此,国际商会指出,此时,应以开证行作为汇票付款人的见票时间来掌握,并据此计算付款到期日。

点评:

如此看来,在国际商会眼里,相符交单或虽不相符但开证行没有拒付的单据,仍以信用证规定的付款银行——保兑行或指定银行见票为准;而在受益人更换为以开证行为付款银行的汇票后,则以开证行见票为准。

二者共同的规则是,汇票付款银行是谁便以谁见票为准,并据此计算付款到期日。

付款银行必须通知付款到期日

付款银行一旦通知付款到期日,便意味着其对受益人的付款责任,将从此脱离单据,从而净化信用证下银行与受益人之间的关系。至于如何通知到期日,形式不限,可以是电讯通知、信函通知,当然也包括退回经承兑的远期汇票作为一种通知形式。

信用证下汇票,是有形的付款提示。但是,汇票毕竟是出票人对付款人的单方面委托或单方面命令,通常来说,对付款人并不具有与生俱来的当然约束力。为了让付款人明确承担汇票下的付款责任,从而促进汇票的流通,于是票据法或票据公约就有了基本相同的设计——汇票的承兑。

最新的国内《票据法》有如下规定:

"第38条 承兑是指汇票付款人承诺在汇票到期日支付汇票金额的票据行为。

"第39条 定日付款或者出票后定期付款的汇票,持票人应当在汇票到期日前向付款人提示承兑。

"提示承兑是指持票人向付款人出示汇票,并要求付款人承诺付款的行为。"

信用证安排下的汇票因为出票背景的不同,有其特殊性。以远期汇票承兑为例,付款行承兑时,按照国内票据法理应把已承兑的汇票退回持票人,但是实务中信用证安排下远期汇票经承兑后,付款前一般均由付款行代保管。

案例3 R256:信用证下汇票是否必须进行有形承兑?

案中,信用证下要求了一张远期汇票。开证行承兑时,只发了一个承兑电文。这样可以吗?

分析和结论:

国际商会认为:"开证行从议付行收到的单据符合信用证的条款,并以电子通讯方式向议付行发出了承兑通知。就汇票(及单据)的承兑而言,满足了UCP500第4条,因而议付行有权在到期日得到付款。"

点评:

无形承兑是信用证下汇票实务的惯例。

当然,如果持票人对此作出特别要求,比如要求汇票付款行按票据法要求承兑后退回持票人,此时汇票付款行仍应满足。

另外,远期汇票的承兑,包括了当事各方同意延展到期日的情况。国际商会在R721/TA674rev的结论中指出:此时是否需要使用新汇票替换旧汇票,是否需要重新做出延期付款承诺,取决于承兑地当地法律的规定。如果开证行、保兑行或保兑行以外的任何善意第三人,同意申请人和受益人重新商定的付款条件,那么,无需替换汇票或重新做出延期付款承诺,但远期汇票或延期付款承诺需要重新计算到期日,并重新承兑。

本文发表于《中国外汇》2013年8月期上半月刊

22. 再话开证行审单义务

作者：林建煌

银行审单义务是一个经典的话题。2004年的青岛凯扬关于进口开证行审单义务案，颇有代表性。法院判决结果一出，当时几乎让所有人都大跌眼镜。事隔多年之后，这个案件仍值得银行界和法律界再三咀嚼和反思。开证行在信用证下是否有审单义务？开证行的审单义务，是基于信用证关系相对于受益人来说，还是基于开证申请书关系相对于申请人来说？申请人在接受单据后是否可以声称不符点，并要求开证行退款？

开证行审单义务的法院观点

青岛凯扬案中，开证行在单据存在不符点情况下未向申请人提示不符点，申请人确认付款赎单，开证行对外付款。事后发现涉嫌欺诈，申请人要求开证行赔偿损失。

一审法院判决：开证行胜诉。理由是：申请人在审单完毕后向被告出具了同意付款的委托书，按照《信用证开证合同》中有关"甲方如因单证不符之外而拟请求乙方拒绝付款/拒绝承兑/拒绝确认迟期付款时，应在进口信用证付款/承兑通知书规定的期限内，向乙方提出书面拒付请求及理由，一次列明所有不符点，同时将乙方交给甲方的资料全部退回华夏银行"的约定，应当对其未按约定履行的行为承担法律后果。

二审法院判决：开证行败诉。理由是：凯扬公司虽然在付款委托书上签署了审核单据的意见，但因开证合同未约定凯扬公司具有审单义务而不能依据付款委托书认定凯扬公司具有审单义务。华夏银行未合理小心地审核信用证规定的单据，没有适当履行独立审单义务，应承担由此给凯扬公司造成的信用证款项及利息损失。

最高院再审判决：根据《信用证开证合同》的约定，开证行和申请人均有义务审单。而造成本案损失的直接主要原因是受益人涉嫌欺诈，而信用证存在不符点仅仅是在付款过程中的一个拒付理由，不能从根本上阻止受益人实施欺诈。因此，开证行承担1/4责任，申请人承担3/4责任。

关于审单义务的理由是：

首先，开证行有审单义务。《信用证司法解释》第7条第1、2款规定，独立审单既是华夏银行的权利，同时也是其负有义务。《信用证开证合同》规定："华夏银行应依照国际商会第500号出版物《跟单信用证统一惯例》等办理该信用证业务，并同意承担由此产生的一切责任。"根据以上合同条款的约定，华夏银行在审单过程中应当按照UCP500的规定，"必须合理小心地审核信用证规定的一切单据，以确定是否表面与信用证条款相符合。"对于信用证与"受益人提交的传真件副本"记载内容不一致、明显存在不符点的事实,应当明示确定并向凯扬公司提示。然而华夏银行对此未作任何提示,即将所有单据交给凯扬公司。

其次,申请人有审单义务。对于作为开证行的华夏银行在审单过程中,是否联系开证申请人凯扬公司参与审单,可以由开证行与开证申请人协商并作出约定。本案中,从凯扬公司在与华夏银行签订的《信用证开证合同》的规定中可以看出,申请人凯扬公司是参与审单的。凯扬公司作为实际付款人也应认真审核单据,对单据与信用证存在明显不符点,可以按约定将其列明并将所有资料退回华夏银行。而凯扬公司不仅未列明不符点,反而签收了单据通知书并在"付款委托书"上明确表示同意付款。华夏银行是在收到凯扬公司同意付款的委托后对外付款的。

显然,如果不考虑欺诈的因素,在最高院眼里,很可能开证行和申请人需要各自承担一半的责任,各打五十大板,因为开证行和申请人均有审单义务。申请人的审单义务直接来自于《信用证开立合同》的约定,而开证行的审单义务则既来自于《信用证开立合同》的约定,也来自于《信用证司法解释》的规定。在开证行和申请人都有审单义务的情况下,单据有不符点,开证行对外付款,申请人确认付款,所以,责任分担。

开证行为自己而审单

毫无疑问,开证行具有审单义务。法律上,义务有绝对义务和相对义务之分。绝对义务,又称"对世义务",是相对于不特定的法律主体的义务,对应于不特定的权利人。相对义务,又称"对人义务",是相对于特定的法律主体的义务,对应于特定的权利人。就开证行审单义务而言,其会是绝对义务,还是相对义务呢?那么,由于《信用证司法解释》没有说明开证行审单义务的相对人,是否可以认为这是对不特定人的绝对义务呢?常识告诉我们,答案是否定的。这理应是针对开证行在所参与的涉及单据的各种合同中对合同对手的义务,即这仍应是相对义务。

信用证交易中,开证行所参与的涉及单据的合同,主要是两类:一是信用证,二是信用证开证合同和开证申请书。在这两类合同下,开证行的审单义务对于交易对手而言,到底会是一种什么样的义务呢?毫无疑问,开证行不是为审单而审单。审单,即是确认单据是否与信用证及相关规定相符。如果确认相符,则开证行必须在信用证下对受益人付款,开证行有权在开证申请书下向申请人要求偿付,而申请人必须在开证申请书下偿付开证行;如果确认不符,则开证行在信用证下对受益人无付款义务,开证行无权在开证申请书下向申请人要求偿付,而申请人在开证申请书下对开证行无偿付义务。简言之,开证行的审单义务,最终会指向自身对受益人的付款义务和对申请人的要求偿付的权利。

这一点在 UCP600、最高法《信用证司法解释》以及美国《统一商法典》中都有类似规定,但都不完整。

UCP600 第 15 条:

a.当开证行确定交单相符时,必须承付。

b.当保兑行确定交单相符时,必须承付或者议付并将单据转递给开证行。

c.当指定银行确定交单相符并承付或议付时,必须将单据转递给保兑行或开证行。

"天九湾"单证案例 2014 年度汇编

UCP600 第 16 条：

a.当按照指定行事的指定银行、保兑行(如有)或开证行确定交单不符时，可以拒绝承付或议付。

上述条款规定了，如为相符交单，开证行必须在信用证下付款；如为交单不符，开证行可以在信用证下拒付。"可以拒付"与"无付款义务"，这两个短语，同义反复。请注意，这里没有涉及开证行与申请人的偿付关系，因为 UCP600 毕竟只是直接约束信用证，约束开证行与受益人，并不直接约束申请人和开证申请书。

2005 年的最高法《信用证司法解释》：

第 5 条 开证行在作出付款、承兑或者履行信用证项下其他义务的承诺后，只要单据与信用证条款、单据与单据之间在表面上相符，开证行应当履行在信用证规定的期限内付款的义务。

上述条款规定了，如为相符交单，开证行必须在信用证下付款；但没有提到开证行在开证申请书下对申请人的要求偿付的权利，也没有提到如交单不符，开证行对外的权利和义务。

1995 年版的美国《统一商法典》第 5—108 条：

(a)除第 5—109 条另有规定外，凡是根据(e)款所指的标准实务判断其表面与信用证的条款与条件严格相符的单据提示，开证人都应兑付。开证人不得兑付表面非如此相符的单据提示，但第 5—113 条另有规定及开证人与申请人另有约定者除外。

(i)如开证人根据本篇的要求或许可兑付了单据提示，则开证人：

(1)有权取得申请人以可有效使用的资金作出的即时补偿，且补偿不迟于开证人实际拨付资金给提示人的日期；

(5)在其已履行义务的范围内解除对信用证的责任，除非开证人已兑付的单据提示中受益人的某个必要签名是伪造的。

显然，上述条款就比较全面，规定了：如相符交单，开证行必须在信用证下付款，并有权在开证申请书下获得申请人的偿付；如交单不符，开证行不得在信用证下付款，除非与申请人之间在开证申请书下另外约定。前者不难理解，后者仍然在表达开证行在信用证下无付款义务。因为无付款义务与有拒付权利，本就是同义反复。至于例外的情况，则在于表明申请人对开证行的特别偿付授权。这一授权意味着申请人的特别偿付义务和开证行获得偿付的特别权利。有了这一特别偿付授权，开证行自然可以决定是否对不符点交单予以付款。

义务意味着责任，违背义务意味着承担责任。就青岛凯扬案来说，开证行审单即便漏了不符点，也只是意味着其一旦"误付款"，将无权向受益人追索，也无权向申请人要求偿付，这才是开证行违背审单义务的后果。申请人违背审单义务的后果，与此相似。而由于开证行与申请人的违背审单义务所需要承担的责任，是各自承担，从而互相独立，所以，最高法开证行"联系申请人参与审单"的观点，本身就值得商榷。须知，独立审单是信用证实务的常识。

开证行为自己而对外提示不符点

开证行审单会有两种结果:一是发现交单相符,二是发现交单存在不符点。的确,开证行有审单义务。那么,开证行有义务对外提示审单结果吗?

显然,开证行在信用证下对受益人付款,无需提示审单结果,因为受益人交单就是希望开证行付款。相符交单下开证行付款是义务,交单存在不符点下开证行仍可以付款,既然开证行愿意付款,受益人便不会也没有必要关心交单是否相符。与此同理,申请人在信用证下对开证行偿付,也无需提示审单结果,因为开证行向申请人提示单据便是在要求申请人赎单付款,既然申请人愿意付款,开证行便不会也没有必要关心交单是否相符。

但是,开证行在信用证下对受益人拒付,则必须向受益人提示不符点,因为如果没有提示不符点,开证行便无法证明交单不符,从而无法解除其对受益人的付款责任。换言之,开证行对受益人提示不符点,仍是在为解除自己的付款责任举证。与此同理,申请人在开证申请书下对开证行拒绝偿付,则必须向开证行提示不符点,因为如果没有提示不符点,申请人便无法证明交单不符,从而无法解除对开证行的偿付责任。换言之,申请人对开证行提示不符点,也是在为解除自己在开证申请书或信用证开证合同下的偿付责任举证。

UCP600 第 16 条:

b.当开证行确定交单不符时,可以自行决定联系申请人放弃不符点。然而这并不能延长第 14 条(b)款所指的期限。

c.当按照指定行事的指定银行、保兑行(如有)或开证行决定拒绝承付或议付时,必须给予交单人一份单独的拒付通知。

该通知必须声明:

ii.银行拒绝承付或议付所依据的每一个不符点。

如上述规定,开证行确定交单不符点时,"可以"联系申请人提示不符点并寻求其对不符点的态度。"可以"二字本身,同时也意味着开证行"可以"不联系申请人不提示不符点。开证行向申请人可以"提示不符点",也可以"不提示不符点",在法律上,这意味着开证行的权利。换言之,开证行在开证申请书下要求赎单时并没有义务向申请人提示不符点,即便单据存在不符点。事实上,与此同理,几乎不会有受益人在寄单的时候向开证行提示不符点,除非为了促进开证行加快审单而要求电提或面提不符点。准确地说,受益人审单或委托出口方银行审单后要求电提或面提不符点,归根结底,仍然是为自己加快收款考虑,而不是为了信用证下的对手——开证行。同样地,开证行审单后联系申请人提示不符点,仍是在为了促进申请人加快决定是否予以偿付,归根结底,仍然是为自己加快处理单据,而不是为了开证申请书下的对手——申请人,虽然开证行常常向申请人提示不符点。

当然,开证行与受益人可以另有约定,这种约定通常会体现为电提不符点中往来报文。同样地,开证行与申请人也可以另有约定,这种约定可以在《信用证开证合同》中,也可以在《开证申请书》中,还可以体现在开证行给申请人的《进口到单通知书》和申请人给开证行的《接受单据并确认付款委托书》中。请注意,这种"另有约定",通常只会涉及银行的审单标准,如全额保证金跨境人民币信用证中约定免审单;而极少涉及代理审单,如开证行为申请人代理审单并提示可能存在的不符点。回到青岛凯扬案,就事实来看,开证行根本没有与申请人约定代审单,也没有约定必须向申请人提示不符点。

申请人接受单据后可以反悔吗?

"谁过错,谁担责。"就青岛凯扬案而言,在法定的审单义务范围内,看不出开证行有什么过错,所以,开证行没有什么理由为自己在开证申请书下的审单义务承担责任。因为开证行是在为自己审单,而无义务向申请人提示审单结果,也无义务向申请人提示不符点。值得注意的是,反过来看,申请人如果不愿意赎单拒绝偿付,倒有义务向开证行提示审单结果及不符点,这一点在《信用证开立合同》中规定得很清楚。这正是申请人所应当承担的约定的审单义务。

上述观点,可以从信用证下开证行对受益人的审单义务得到印证。信用证下,开证行如果愿意对受益人付款,不需要向受益人提示审单结果和不符点;只有开证行对受益人拒付时,才需要向受益人提示审单结果和不符点。而受益人向开证行交单,也不需要表明审单结果和是否存在不符点。

为什么呢?案中,开证行对受益人的付款行为,是基于申请人愿意付款赎单的意愿而作出的。开证行对受益人付款,便默认了开证行接受单据,包括单据上可能存在的不符点,所以,无需向受益人提示审单结果和不符点。同样地,申请人对开证行偿付,便默认了申请人接受单据,包括单据上可能存在的不符点,所以,无需向开证行提示审单结果和不符点。在法理上,主流看法认为,开证行是申请人的间接代理。既然作为委托人的申请人已经偿付,作为代理人的开证行有必要纠结于审单结果和不符点不放吗?在这个意义上,案中所谓的开证行没有向申请人提示审单结果及不符点,本就不是其审单义务的范围;而案中申请人的损失,颇有点咎由自取的味道。因为如果申请人想拒绝偿付,反倒必须承担开证申请书和信用证开证合同下约定的审单义务——向开证行提示审单结果及不符点,而事实上申请人却没有做到。

法律上,开证行无义务向申请人提示审单结果和不符点,究其原因是开证行在为自己审单,而不是为别人审单。当然,实务中,申请人可以与开证行约定代理审单事宜,此时,开证行对申请人的审单义务需要按约定来认定。据说,新加坡当地银行开证都有义务向申请人提示审单结果和不符点,这应该是当地法律规定或双方约定的结果。俗话说:"一分钱,一分货。"如此一来,开证行按理会向申请人收取相应的代理审单费,而且开证行通常都会向当地保险公司投保审单险。正因为此,多年前国内多家银行把出口的"议付审单费",改为"议付费"和"单据处理费",以避免"名实不符"的误会。对于开证行来说,担心的不是向申请人承担代理审单责任,而是责任界定不清晰。换言之,只要责任边界清晰,那么,完全可以把责任的承担转化为银行的服务定价中,甚至专门推出代理审单服务,收取相应的代理审单费。

既然最高法认为,案中的《信用证开证合同》约定开证行有向申请人提示审单结果和不符点的义务,开证行和申请人作为当事双方何不在《信用证开证合同》或《开证申请书》中,把开证行向申请人提示审单结果和不符点的责任约定得更清楚明确呢?

结论

开证行、申请人和受益人审单,都是在为自己的利益考虑。最高法《信用证司法解释》中开证行的法定审单义务,是相对义务,一方面是相对于信用证关系下的受益人,另一方面是相对于开证申请书和信用证开证合同下的申请人。开证行违背审单义务的后果是,必须承担误提不符点导致的信用证关系中对受益人的"误拒付",事后申请人要求提货而受益人却已转卖货物的风险;或者,漏提不符点导致的信用证关系中对受益人的"误付款",事后申请人不愿意赎单同时无法向受益人追索的风险。受益人交单没有义务向开证行提示不符点,同样地,开证行向申请人寻求赎单意见并没有义务向其提示不符点。"提示不符点"并不是开证行对申请人的审单义务的范围,反而,申请人拒付偿付时,则有义务向开证行"提示不符点"。开证行接受单据,意味着对受益人放弃了主张不符点的权利;同样地,申请人接受单据,意味着对开证行放弃了主张不符点的权利。"提示不符点"的前提是审单。申请人审单和开证行的审单,互相独立,这是常识,除非有"代理审单"的约定。实务中,申请人与开证行约定代理审单的情况极为少见。这意味着,信用证下"代理审单",本就可以发展成一块独立的银行业务。

本文发表于《中国外汇》2013 年 9 月期下半月刊

23. 正本提单的份数

作者：林建煌

提单必须显示全套正本的出具份数

承运人出具提单的情况下，持单人需要交付提单凭以换取货物。在海运过程中，为了避免正本提单在转递中遗失，致使收货人不能在港口凭提单提货，及便于发货人通过各种方式向收货人传递正本单据，信用证通常要求全套正本。正本提单出具时一套一般为一式三份（3/3），每份正本提单的效力是相同的，即其中一份凭依提货，其余各份均告失效。实务中，如果持单人不在目的港提货，承运人都会要求其提供全套正本提单。其实，即使在目的港提货，承运人也常常都会要求其提供全套正本提单。

那么，怎样判断受益人提交的提单为全套正本呢？显然，如果在提交的提单上没有显示出具的正本份数，这是一件极其困难的事情。换言之，这需要结合提单显示的出具份数和实际提交的份数综合判断。为防止货方投机、欺诈，利用数份正本提单进行一物两卖，国际商会便明确要求提单上必须注明正本出具份数。

ISBP745 第 E11 段 a 款规定：

A bill of lading is to indicate the number of originals that have been issued.

提单应注明所出具的正本份数。

至于一份提单如何注明正本出具份数呢？常见的有以下几种：

——提单常常设有一个栏位用以表明出具的正本份数。如栏位名称显示：originals issued、number of original B/L、number of B/L 等；

——有时正本份数出现于提单的声明之中，如 In witness of three(3) originals bill of lading have been signed, one of which being accomplished, the other(s) to be void.

有时候也会反常。比如：

【案例】R351：提单正本出具份数，在船公司证明中证实。可以接受吗？

案中，提单未标明正本份数，但船公司出具了关于所出具的正本提单为几份的证明。可以接受吗？

国际商会说：如果提交此类证明，该证明应该由承运人出具，且是提单的正式附件，即标明该单据系 XX 号 XX 日期提单的组成部分。The certificate should be form the carrier and should have been issued as an official addendum to the bill of lading, i.e. indicate that the document is an integral part of B/L No. … dated …

点评:

换言之,如果案中的船公司证明,不是提单的附件,则将视为未要求单据,不予理会。此时,提单由于未标明正本份数,不可接受。

提单默认必须提交显示的全部正本份数

单据的提交与单据的出具,不尽相同,提单同样适用。相应地,单据的提交份数与单据的出具份数也不尽相同。信用证下的单据,不管正副本,往往根据需要出具多份。而提交给银行,可能只是其中的一部分,也可能是全部的份数。当然了,提单由于其特殊性,默认必须提交显示的全部正本份数。

ISBP745 第 A29 段规定:

a. The number of originals to be presented is to be at least the number required by the credit or UCP600.

提交的单据正本数量应至少为信用证或 UCP600 所要求的数量。

b. When a transport document or insurance document indicates how many originals have been issued, the number of originals stated on the document is to be presented, except as stated in paragraphs H12 and J7(c).

除非第 H12 段和第 J7 段 c 款另有规定,当运输单据或保险单据注明已出具的正本数量时,该单据注明的正本数量均应提交。

c. When a credit requires presentation of less than a full set of original transport documents, (for example, "2/3 original bills of lading"), but does not provide any disposal instructions for the remaining original bill of lading, a presentation may include 3/3 original bills of lading.

当信用证要求提交少于全套的正本运输单据,(例如,"2/3 正本提单(2/3 original bills of lading)"),但未规定对剩余份数的正本运输单据的任何处置指示时,交单可以包括 3/3 正本提单。

实务中,就单据出具份数作出要求只是针对正本而言。约束副本的出具份数则没有意义,因为即使信用证对单据副本的出具份数作出要求,操作起来也无法控制。而且,信用证中对单据份数的要求,常常是对单据提交份数的要求。但是,有时信用证或 UCP 则会对单据标注正本出具份数作出要求。比如:信用证要求 3/3 set of bill of lading。这里的要求应该解读为:海运提单应该出具 3 份正本(对应于分母的"3"),并且提交 3 份正本(对应于分子的"3")。此时,提交的提单似乎注明正本出具份数为 3 份。此时,在出具 3 份正本的前提下,提交也只能为 3 份正本。有人问,如果提单显示出具份数为 2 份且提交 2 份,可以吗?根据上述 a 款的规定,那是不可以的,因为可能影响申请人对提单的使用。而如果提单显示出具份数为 4 份且提交 4 份,又可以吗?同样根据上述 a 款的规定,这是可以的,因为没有对申请人造成伤害。

请注意,信用证要求非全套正本运输单据,但没有指示剩余份数的正本运输单据的处置方式时,交单可以包括全套。为什么呢?这种情况表面上看不出会对申请人造伤害。比如：信用证要求 2/3 提单，实际提交了 3/3 全套提单，只要表面上看不出会对申请人造成伤害，没什么不可以接受。换言之，如果表面上可以看出提交全套提单会对申请人造成伤害，则不可接受。比如：信用证指示 1/3 提单必须由受益人径寄申请人时，则不可接受 3/3 全套提单的提交，即便信用证 47 场对 1/3 提单的要求可能只是"非单据化条件"——如 The beneficiary must send 1/3 original bill of lading to the applicant directly，仍不可接受。因为这会改变申请人的预期，并可能影响到申请人对货物接收的一系列安排。

本文发表于《中国外汇》2014 年 3 月期下半月刊

24.如何判断单据货描？

作者：林建煌

信用证的货物描述与 UCP600 的货物描述一样吗？UCP600 意义上的货物描述包括包装条件吗？包括重量信息、原产地信息吗？单据上货物描述栏位中的信息一定是货物描述吗？

发票货描

UCP600 第 5 条的抽象性原则规定了——"银行处理的是单据，而不是单据可能涉及的货物、服务或履约行为"。然而，信用证并非横空出世，其存在毕竟是以单据交易的方式实现"象征性"交货，以支持贸易合同下的货款结算。

所以，单据上，特别是作为贸易合同下交货情况全面反映的发票上的货物描述，就显得极其重要。正如国际商会在 R251 中所说：货物描述的重要性对受益人来说是可以证明正确的货物已出运，对银行尤其是申请人来讲则可以确定所提交的单据从表面看已代表了要求的货物。从发票的功能来看，不描述货物怎么可能全面反映交货情况呢？！

那么，什么是货物描述 description of goods？《现代英汉词典》："description 描述，指为标识某一给定的项所需的详细说明。The details required to identify a given item."货物描述，顾名思义，便指为标识货物所需的详细说明。值得注意的是，实务中的货物描述仅限于有形货物对应的描述。至于无形服务和履约行为，可参照解读。

信用证以 SWIFT MT700 开立时，货物描述往往在 45A 场——description of goods and/or services and/or performance 中规定。然而，通常在该场中规定的内容，往往比较宽泛，还会包括货物品牌、规格、质量、数量、产地、制造商、贸易术语、单价、总值、费用、净值、包装、唛头等，有时还会包括分期装运表、装运期、装运地、目的地等信息。

那么，这些内容都是货物描述吗？

我们认为，货物描述，在 UCP 意义上，理应包括货物品牌、名称、质量、规格等，以及作为信用证 45A 场货物描述一部分的单价和贸易术语等，但并不包括货物数量、产地、制造商、包装、唛头、总值、费用、净值等。

相应地，UCP 意义上的发票货物描述显示，根据第 C3、C4、C5 段的规定，必须遵循以下三个基本原则：

——发票货描，必须符合信用证的规定；

——发票货描，必须反映实际装运情况；

——发票货描，不得改变货物的性质、等级和类别。

至于信用证 45 场规定的货物数量、产地、制造商、包装、唛头等，虽然不是货物描述，理应视同货物描述，在发票上参照满足，与信用证规定一致。而信用证 45 场规定的总值、费用、净值等，虽然不是货物描述，也不视同货物描述，但应根据 ISBP745 第 C6 段的规定在发票上予以满足。比如：

【案例】R381/R471：信用证货描中规定原产地，是货物描述吗？

案中，信用证规定货描时并规定：origin：Country T，提交的发票没有显示 origin：Country T，而仅仅在唛头中显示了 Country T white refined sugar。

分析及结论：

国际商会说：这是可以接受的。没有要求货物描述一模一样。从提供的信息来看，发票货描的所有细节符合信用证规定，即便没有按照信用证规定的方式排列、摆布。

点评：

显然这里把信用证 45A 中规定的原产地视同货描的一部分，所以，满足时相符即可，而无须照抄。

尽管如此，我们还是认为，从表面上看，发票上显示 Country T white refined sugar 由于没有显示"origin"字样，并没有清楚表明规定的原产地。这一判断符合国际商会在 R320 和 TA772 中的看法，即单据必须按照信用证要求清楚地表明规定的货物原产地，不能没有显示"origin"字样。

印证：

TA590rev 中，信用证要求发票及原产地证明，并在 45A 货描中规定：Origin Russia。结果，提交的发票中仅显示"Russia"，少了"Origin"字样。国际商会在分析及结论中说："发票货描中少了'origin'字样可以拒付，因为其并没有说明"Russian"到底是指向原产地还是货物商标。然而，同一次交单中的原产地证明清楚地告诉我们货物原产地是"Russia"，基于这一事实，则应认定为没有不符点。"显然，这一意见背后的潜台词是，既然货物原产地信息规定在信用证的 45A 中，理应参照货描掌握，必须相应显示在发票中。至于发票上漏了"Origin"字样，则由于原产地证明上显示的"Origin Russia"可以参照解读出来，所以，仍可以接受。

【案例】Case264：信用证货描中规定的货物包装描述和其他标记信息，算货物描述吗？

案中，信用证在 45A 场中直接对包装作出规定，goods in export standard packing。那么，该包装条件是否属于 UCP 意义上货物描述的一部分呢？还是仅为 45A 场货物描述的一部分？

咨询者问：按照 UCP 的规定，发票货描必须与信用证规定一致。如果涉及信用证规定 45A 中规定的货物包装描述，发票又如何满足呢？是保持与信用证一致吗？如果是其他额外信息，如"bought/sold"，又如何满足？

分析及结论：

国际商会回答说：UCP 关于发票货物描述的条款只涉及货物描述，不涉及货物包装的描述。发票的货物包装的描述必须与信用证规定的一致。其余标记信息只要不矛盾即可接受。

点评：

显然，在国际商会眼里，45A 中规定的包装条件并不是 UCP 意义上货物描述的一部分。

信用证 45A 中规定的货物包装描述等，虽然不是 UCP 意义上的货描描述，但好歹也是 45A 场的货物描述的一部分，理应参照货物描述掌握。所以，必须在发票上中予以显示。至于信用证 45A 中规定的如"bought/sold"等其他标记信息，发票上可显示可不显示，如显示适用于 UCP600 第 14 条 d 款"不得矛盾"的原则。

引申：

信用证 45A 规定的货物包装描述，是否必须显示在装箱单上？如果装箱单上显示了规定的货物包装描述，发票是否可以不显示呢？

我们认为，根据 ISBP745 装箱单部分第 M1 段对装箱单包装功能的要求，和第 M4 段对信用证规定的特定包装要求，发票必须显示货物包装描述，至于装箱单是否显示不重要，装箱单显示了也并不意味着发票可以不显示。因为信用证 45A 规定的货物包装描述，虽然不是货物描述，但毕竟视同货物描述处理。

至于单价和价格术语，根据 ISBP745 第 C6 段和第 C8 段的规定，可以作为 UCP 意义上货物描述的一部分，发票必须显示。

除此之外的其他信息，如装运表等，则发票可以不显示，显示以不矛盾即可。

其他单据货描

至于其他单据上的货物描述呢？

UCP600 第 14 条 e 款：

In documents other than the commercial invoice, the description of the goods, services or performance, if stated, may be in general terms not conflicting with their description in the credit.

除商业发票外，其他单据中的货物、服务或履约行为的描述，如果有的话，可使用与信用证中的描述不矛盾的概括性用语。

显然，以上规定是对 UCP600 第 14 条 d 款规定的单据的数据"不得矛盾"原则的发挥。这里的规定表明：

第一，"商业发票"，准确地说，包括商业发票的变通形式，如税务发票或形式发票等。

与发票部分的解读相呼应，这里的"商业发票"，理应不限于商业发票本身，还包括承担着与商业发票相似功能的各种变通形式，如海关发票 customs invoice、税收发票 tax invoice、最终发票 final invoice、领事发票 consular invoice 等，以及具有部分发票功能的临时发票 provisional invoice、形式发票 pro-forma invoice 等。

实务中，有时会看到的利息发票 interest invoice、美国海关用的鞋类中间材料构成清单 interim footwear invoice 等，它们不具有商业发票反映基础交易的交货全貌的功能,这里并不适用。

第二,"货物描述",准确地说,包括货物描述的扩展形式,如服务或履约行为等。

与 UCP600 第 5 条的信用证抽象性的规定相呼应,本款的货物描述的范围涵盖了货物、服务和履约行为。不过,实务中,一般仍通称为"货物描述"。除非特别说明,本书的"货物描述",也包括服务或履约行为的描述。

值得一提的是,这里所谓货物、服务或履约行为,似乎与 UCP600 第 5 条规定中提及的货物、服务或履约行为并不完全等同。前者,只限于作为贸易合同的交易标的的货物、服务或履约行为;而后者,显然已超越了交易标的的范围,因为与以货物交易为内容的贸易合同不同,单据是信用证安排的唯一标的。但是,单据总是代表着单据背后的货物,包括货物本身、货物包装状况、货物运输行为、货物运输保险行为、货物检验行为等等。

第三,其他单据,可以显示货物描述,也可以不显示货物描述,可以显示货物描述的全称,也可以显示统称。

这里的规定对于其他单据上的货物描述,使用了"如果有的话 if stated"这一措辞加以修饰。显然,这隐含的意思,即商业发票以外的单据可以没有货物描述。当然,这并不排斥有货物描述。

这里的规定对于其他单据的货物描述的要求,可以使用"全称",也可以使用"统称",并以与信用证描述不矛盾为前提,从而,与 UCP600 第 14 条 d 款的规定保持一致,因为货物描述也是单据上的一种数据。比如:R363 中,信用证规定货描:Iron ore concentrate,铁精砂。提交的保险单据显示货描:Koolyanobbing Lump Iron ore,西澳洲块状铁矿石。二者矛盾吗?国际商会在分析及结论中说:这是可以拒付的,银行不是货物方面的专家。

此外,其他单据的货物描述,是否可以有信用证规定以外的额外信息呢?理应可以参照 ISBP745 第 C5 段的规定掌握,并遵循 UCP600 第 14 条 d 款"不得矛盾"的原则。

请注意,快递收据的货描可能不是 UCP 意义上的货描,而仅仅是快递对象的单据、样品,当然仍有可能是信用证规定的货物。植物检疫证明的货描可能也不是 UCP 意义上的货描,而仅仅是检疫的对象,如木质包装物等。

怎样算货物描述的全称?怎么又算统称 in general terms 呢?《现代英汉综合大辞典》:"general term,普遍项、通项、一般项。"UCP600 第 14 条 e 款译为"概括性用语"。实务中,一般译为"统称"。

显然,货物描述"统称",是与"全称"相对而言的,它是在货物描述"全称"基础上的概括性用语。因为货物描述"统称"是在内涵上对"全称"的概括,所以,从货物外延的角度看,货物描述"统称"要大于"全称",即货物描述的范围比全称更为宽泛。

至于为什么允许使用货物描述"统称"呢?国际商会在 Case 43 的结论中说:"货物是专业性很强的电子设备,信用证的货物描述含有 300 多个技术名词。由于受益人熟知产品的详情与特性,要求商业发票的货物描述与信用证规定相符甚至相同是合理的。而货物装在集装箱内,承运人无法看见,即使看见也无从辨认。如果要求承运人在运输单据内照抄信用证货物描述,就没什么意义了。"

实务中,如何掌握货物描述的"统称"呢?

对统称的掌握,往往是仅仅照抄信用证或发票中货物的品名,而舍弃对该品名之后更加详细的规格、商标、成分、花色等的进一步描述,或舍弃品名的一些修饰语,而仅仅保留货物品名的中心名称。这种做法是信用证业务中一直被接受的事实和标准银行实务。比如:发票显示货描 FERRUM AGRICULTURAL SPHERE,而保险单显示货描 FE SPHERE,前者是货描全称,后者则是前者的缩写,即统称。又比如:R455 中,信用证规定货描:Products of consumer electronics, electronic components,而提交的发票显示货描:Products of consumer electronics, electronic components:radio, TV,提交的提单仅显示货描:radio, TV。国际商会说这可以接受,因为提单显示了货描的统称。

值得注意的是,所谓货物描述"统称",不能简单地理解为只要是"全称"的概括性用语即可。

实务中更常用层次最接近、包含最直接或范围最小的统称。比如:通常使用"拖拉机"作为"农用拖拉机"或"军用拖拉机"的统称,而不是概括性更强的"运输工具"。当然,如果单据上,使用了"运输工具"作为统称,银行也没有理由视之为不符点。

实务中,有时也不能简单在从全称中抽取一个单词即作为统称。比如:使用"花flower"作为"玫瑰花 rose"的统称没有问题,但如果用以作为"塑料花 plastic flower"的统称,则显然是一个不符点。

本文发表于《中国外汇》2014 年 5 月期下半月刊

25. 信用证可以"短路"付款吗？

作者：林建煌

短路问题

法律框架内的信用证纠纷，更多情况下不是受益人"欺诈"，还没有严重到需要祭出止付令，通常只是受益人与申请人之间的一般商业纠纷。此时，受益人与申请人之间的利益又该如何平衡呢？

这里以 2008 年湖南信用证下出口纸盒规格纠纷案为例。

案中，湖南一家企业出口纸盒去西班牙，由香港转口，合同规定其中一种规格是 2 330 mm。香港开证行开立的信用证显示规格为 2 300 mm。出口方到底如何出货和出单呢？是按基础合同规定的 2 330 mm 出货，还是按信用证规定的 2 300 mm 出货呢？如果按基础合同规定的 2 330 mm 出货的话，那么出单是按实际 2 330 mm，还是按信用证规定 2 300 mm 呢？如果按实际 2 330 mm 出单，开证行拒付，出口方是否还可以直接找香港进口方要求依据基础合同付款呢？

这已经牵涉到信用证付款的短路问题。

信用证的短路问题是：开证行未付款，出口商可以找进口商直接要求付款吗？

信用证的短路问题，究其实，源于信用证运作独立性的单向性。信用证运作的独立性表明，信用证独立于作为其开立基础的基础合同和开证申请书等。它对应于 UCP600 第 4 条：

UCP600 Article 4(a)：

A credit by its nature is a separate transaction from the sale or other contract on which it may be based. Banks are in no way concerned with or bound by such contract, even if any reference whatsoever to it is included in the credit. …

就其性质而言，信用证交易独立于可能作为其开立基础的销售合同或其他合同，即使信用证中含有对此类合同的任何援引，银行也与该合同无关，且不受其约束。……

请注意以上规定中的措辞。此处的信用证独立于基础合同的独立性，是单向的，即前者独立于后者，而不是像标准译本里所看到的双向的"相互独立"。令人困惑的是，后者也独立于前者吗？或者说，基础合同独立于信用证交易吗？

何谓独立 be separate from？

《高级汉语大词典》："独立，不依靠他人［independence］。"

25.信用证可以"短路"付款吗？

URDG758 第 5 条描述见索即付保函的独立性时用的是一个与此相近的短语 be independent of.《美国传统辞典（双解）》："independent, free from the influence, guidance, or control of another or others; self-reliant… 不受他人控制的；自主的不受其他某个或某些人或事物的影响、指导或控制的；自我依靠的……"

通俗而言，独立，即不受控制，不受影响。前者不受后者的影响，便称前者独立于后者。后者不受前者的影响，便称后者独立于前者。二者互不影响，便称前者与后者相互独立。

信用证运作独立性[①]的单向性表明，信用证交易不受基础合同影响，反之，基础合同则可能会受信用证交易的影响。

如前所述，信用证下单据交易，代表着货物交易。比如：信用证下交单相符，往往对应于交单所代表的货物，符合基础合同的规定。交货相符，意味着申请人在基础合同下有付款的责任。交单相符，意味着开证行在信用证下有付款的责任。开证行必须付款，申请人予以偿付，顺理成章。但有时申请人可能无力付款，这是否意味着开证行也可以不付款了呢？显然不是。信用证运作的独立性表明，这并不解除开证行在信用证下的付款责任。换言之，开证行对信用证下相符交单的付款责任，并不受申请人付款能力的影响。

但是，实务中，有时交货与交单并不一一对应。比如：交货符合基础合同的规定，但信用证下交单有不符点。交货相符，意味着申请人作为买方在基础合同下有不可推卸的付款责任。交单有不符点，意味着开证行可以对外拒付，解除信用证下付款责任。此时，开证行作为申请人的代理，绝大多数情况下，会尊重并接受申请人的意愿在信用证下予以付款。但事有意外，在申请人有心付款而无力偿付开证行付款的情况下，开证行往往会选择对外拒付。这意味着开证行在信用证交易下的拒付权利，并不受基础合同下申请人的付款责任的影响，也再一次体现了信用证运作的独立性。现在的问题是，对于受益人来说，由于其交单不符合信用证的规定，开证行拒绝付款，这是否意味着受益人收款至此就完全没有希望了呢？换言之，受益人作为基础合同的卖方，是否可以绕过信用证，直接找基础合同的买方——申请人，要求付款呢？这就是信用证的短路问题。

短路原则

我们认为，这是可以的，只要基础合同未规定必须绝对地、唯一地、排他性地以信用证的方式结算货款。事实上，几乎所有的基础合同都不会有此排他性的规定。

那么，为什么呢？

我们以为，归根结底，是因为信用证独立性的单向性，即虽然信用证交易独立于基础合同，但基础合同通常并不独立于信用证交易。换言之，信用证下开证行没有付款，基础合同下进口商便有义务向正常交货的受益人付款。有意思的是，早在 1977 年，英

[①] 王咏梅：《论信用证单据不符对买卖双方权利义务的影响》，《安徽农业大学学报（社会科学版）》，2005 年 7 月，第 14 卷第 4 期。

国法院就已经在 E.D. and F Man LTD. vs. Nigerian Sweets and Confectionery Co., Ltd., 一案①的判决中对此给予了印证。

案中,受益人在证下交单,申请人赎单并向开证行付款后开证行破产,受益人未能在证下获得付款便要求申请人在基础合同下付款,将其诉之法院。after the applicant had paid the issuing bank to settle the relevant L/C drawings, the issuing bank was wound up. The beneficiary, which failed to receive payment under the L/C due to the insolvency of the issuing bank, sued the applicant for the purchase price under the sales contract.

英国法院分析:The English court held that without an express specification in the sales contract that the L/C that it represented a means of absolute payment, the L/C was only considered to be a conditional payment, and the primary liability to pay under the sales contract still rested with the purchaser.

英国法院最终判决:申请人败诉,申请人必须在基础合同下向受益人付款。It followed that the applicant had to pay the beneficiary under the sales contract and to recover its payment to the issuing bank as an unsecured creditor.

回到本节开头纸盒案中,出口方到底应该如何出货和出单呢?

我们倾向于首先请申请人确认,或改证,或改基础合同,以保持二者一致。通常来说,还是以修改信用证为上。如果信用证来不及修改,则秉承"诚信"的原则,仍按基础合同规定的 2 330 mm 出货,并按实际 2 330 mm 出单。开证行如果拒付,只要能确认基础合同并无排他性的规定必须以信用证方式结算货款,那么出口方就完全有权依据基础合同直接找香港进口方要求付款,而香港进口方在基础合同对交货相符有不可推卸的付款责任。

有人可能会问:如果受益人毅然选择按信用证出货并出单,不行吗?我们认为,也未必不可,但须慎重行事。

开证行是申请人的代理,开证行在信用证上显示的纸盒规格 2 300 mm,便意味着对基础合同规格 2 330 mm 的修改,从而代表着申请人对基础合同进行修改而发出的新要约。受益人可以选择不接受新要约,按基础合同的规格 2 330 mm 出货并出单。当然了,受益人也可以选择按照信用证的规格 2 300 mm 出货并出单。因为这意味着,受益人以出单的方式接受了申请人的要约,而由于相符交单,开证行承担着不可推卸的付款责任。开证行一旦付款,相应地,申请人便须义不容辞地偿付开证行。此时,将会发觉,基础合同由于信用证的不同规定,已经被修改了。显然,这从另一个角度体现了信用证对基础合同的影响,即基础合同并不独立于信用证交易。

比如:在 Enrico Furst & Co. vs. W. E. Fischer Ltd. 一案中,基础合同规定开立加保兑的信用证。信用证实际开立后,并没有按合同的规定予以保兑。卖方对此没有提出异议,而仅仅要求买方将信用证延期。之后,卖方以信用证与合同不符为由诉诸法院

---

① [1977] 2 Lloyd's Rep. 50

要求解除合同。英国法院判决,卖方无权再解除合同,因卖方已放弃了要求买方严格按原合同履行的权利。

实务往往比这要复杂,按信用证的规定出货并出单,可能未必是申请人的本意。信用证的规定,可能是申请人申请失误或开证行开证失误等导致。此时,如果受益人执意按信用证的规定出货并出单,事态就复杂化了,这可能会被认为已经违背了商业交易的基本"诚信",严重者便会构成信用证欺诈。所以,对于受益人来说,为慎重起见,请申请人改证或修改基础合同,以保持信用证与基础合同一致,才是上策。

不符点交单下的短路

不符点交单下是否还适用于短路原则呢?是的,对于信用证的短路问题,1977年 E.D.and F Man LTD. vs. Nigerian Sweets and Confectionery Co., Ltd.,一案英国法院以判例的方式作了肯定的回答。细心的朋友看出来了,案中只是表明,短路适用于相符交单的情况,而实务中,更普遍的情况是不符点交单呢。于是短路问题便转化为:不符点交单下,短路还适用吗?即不符点交单下,开证行未付款,出口商是否可以找进口商直接要求付款呢?

我们的回答是:短路也一样适用于不符点交单,肯定可以,但可能被阻止。

《美国统一商法典·买卖篇》1995年版第2—325条"信用证、经保兑的信用证"第2款:

买方向卖方提供适当信用证后,暂时中止付款义务。如果信用证被拒付,则卖方可以在及时通知买方后要求买方直接付款。

The delivery to seller of a proper letter of credit suspends the buyer's obligation to pay. If the letter of credit is dishonored, the seller may on seasonable notification to the buyer require payment directly from him.

从以上的规定可以看出,是否短路,与信用证下交单是否有不符点无关。问题是,那会与什么有关呢?我们认为,短路只与基础合同下交货是否有实质性违约才有直接的关系。换言之,不管交单是否有不符点,只要交货没有实质性违约,便允许短路,申请人便在基础合同下有不可推卸的付款责任;而一旦交货实质性违约,便不允许短路,申请人解除在基础合同下的付款责任,准确地说,短路可以,但会因为"实质性违约"或"根本违约"而被阻止。

为什么可以短路呢?

国内最新《合同法》[①]:

第65条 当事人约定由第三人向债权人履行债务的,第三人不履行债务或者履行债务不符合约定,债务人应当向债权人承担违约责任。

众所周知,"银行结算的本质,是代理结算",信用证的开证行与申请人之间,归根结

[①] 《中华人民共和国合同法》已由中华人民共和国第九届全国人民代表大会第二次会议于1999年3月15日通过,现予公布,自1999年10月1日起施行。

底就是代理关系。申请人委托开证行在信用证下向受益人凭单付款,而当作为代理人的开证行在没有付款的情况下,申请人作为委托人当然有义务继续担起付款的责任了,难不成申请人还成了甩手掌柜?这还有疑义吗?肖伟法官的分析很有道理,他说:"从合同法的理论上讲,以信用证付款是一种债务的替代履行,而不是债务的转移。两者的根本区别在于,前者中的第三人并未取代原债务人而成为新债务人,在第三人履行债务完毕之前,原债务人的责任不能免除。如果第三人未能履行,原债务人仍承担履行责任。而后者中的第三人取代原债务人而成为新债务人,原债务人不再对履行债务承担任何责任。……换句话说,买卖双方约定由开证行向卖方支付货款,如果开证行未履行,则买方仍负有向卖方支付货款的责任。"[①]

法院观点

事实上,上述的看法,已有我国法院判例的明确支持。

在1996年"江苏省江阴市对外贸易公司诉美国沃斯特·阿尔卑斯贸易公司购销合同货款纠纷案"[②]中,1995年6月23日,江阴外贸代理甘肃广星公司与美国沃斯特·阿尔卑斯贸易公司签订一份合同,约定江阴外贸向美国贸易公司购买120万美元的苯乙烯,以信用证方式付款。经江阴外贸申请,中国银行江阴支行开出信用证。7月22日,货抵张家港。7月25日广星公司委托张家港外轮代理公司向张家港海关报关。张家港海关认为收货人江阴外贸以一般贸易伪报成进料加工,涉嫌走私,扣留监管了该批货物。8月9日,中国银行江阴支行收到美国得克萨斯商业银行寄来的单据,审单后认为单证存在不符点,通知江阴外贸和美国得克萨斯商业银行。江阴外贸要求中国银行江阴支行拒付信用证项下所有货款。因此,中国银行江阴支行通知美国得克萨斯商业银行并退回全套单据。10月16日,美国贸易公司以江阴外贸拒不履行应尽义务为由诉至江苏省高级人民法院。

江苏省高院一审判决美国贸易公司胜诉,认为:信用证条款属于当事人选择支付货款的一种方式,在信用证与单据之间存在瑕疵时,当事人应重新约定付款方式,不影响货物交接义务的履行。江阴外贸已实际接受货物,应承担支付货款的义务。江阴外贸不服一审判决,向最高院提起上诉。

最高院二审认为:即使信用证确实存在不符点,也只构成拒付信用证款的理由,并不构成买方拒收货物和最终拒付货款的理由,驳回上诉。

我们认为,这一判决意义特别重大,它为在信用证下由于单据不符被拒付的出口商指出了一条追账的阳光大道。换言之,出口商的交单,即便被开证行拒付,而且这拒付就是进口商的意思,只要不构成基础合同下的"根本违约",仍可向进口商直接要求付

---

① 肖伟:《跟单信用证开证申请人与受益人之间的法律关系》,引自《信用证理论与审判实务》,孙亦闽主编,厦门大学出版社,2003年4月,第362页。

② 王咏梅:《论信用证单据不符对买卖双方权利义务的影响》,《安徽农业大学学报(社会科学版)》,2005年7月,第14卷第4期。

款，法律将为这一做法撑腰。最高院的"这一看法虽然不是法律，但经公报出来之后，将对全国法院系统具有指导意义，为全国法院系统在司法实践中所参照。"①

本文发表于《中国外汇》副刊《金融与贸易》2014年6月期第二期

---

① 肖伟:《跟单信用证开证申请人与受益人之间的法律关系》，引自《信用证理论与审判实务》，孙亦闽主编，厦门大学出版社，2003年4月，第370页。

26. 安特卫普属于"北欧港口"吗?

作者:王栋涛

"一石激起千层浪",国际商会 2014 年春季迪拜年会通过的一则意见——TA.796rev,一经公布即引发信用证实务界关于安特卫普是否为"北欧港口"的激烈讨论。部分银行赞同该意见结论,而为数不少的银行则提出质疑。就信用证审单而言,安特卫普属于"北欧港口"吗?应如何看待 TA.796rev?这已成为时下信用证实务界热议的话题。本文将通过剖析隐藏在其背后的两种不同的信用证解释规则,尝试对上述热点问题做出自己的回答。

TA.796rev

信用证要求从"ANY NORTH EUROPEAN PORT"(任何北欧港口)起运,并要求提交"FULL SET OF CLEAN ON BOARD BILL OF LADING"(全套已装船的清洁提单),实际提交的海运提单显示货物从安特卫普装运。开证行凭不符点——安特卫普不在信用证规定的地理范围内拒付,并进一步称比利时位于西欧而不是北欧,同时引用 www.mapsofworld.com 以支持其观点。而指定银行则认为单据没有不符点,因为信用证并未定义北欧的地理区域。

国际商会认为,UCP600 第 14 条 a 款规定,银行须仅基于单据本身来审核单据。对于地理区域或范围,不应由国际商会银行委员会来定义或确定。信用证的要求是模糊和容易引起歧义的,根据 ISBP745 预先考虑事项第 V 段的规定,开证申请人应承担由于未能对"任何北欧港口"应如何定义做出特别规定而带来的表述含糊不清的风险。提单没有不符点。

两种不同的信用证解释规则

由于信用证条款或单据内容模糊不清或相互矛盾等局限性以及语言习惯的差异、语言环境的变化或者当事人语言表达能力和意思领悟能力的差距等原因,实务中经常出现当事人对信用证某些条款的含义或单据内容产生争议,甚至引发纠纷。这就需要对信用证条款的含义或单据内容给予恰当的理解,即信用证条款解释或信用证解释,而这种解释理应遵循一定的规则,实务中形成的信用证解释规则主要有通常理解解释、整体解释、行业惯例解释、不利于条款制定人解释以及实质重于形式解释等规则。

TA.796rev 中,开证行和指定银行之所以会对同一套单据是否存在不符点持有截然不同的观点,就是因为他们对于"任何北欧港口"这一信用证条款所秉持的信用证解释规则并不相同。

26.安特卫普属于"北欧港口"吗？

（一）开证行秉持的信用证解释规则是通常理解解释规则

通常理解解释规则，是指除非在信用证及或单据上下文语境下，某概念存在特殊的含义，否则该概念应当按照最常见、最普遍的意思进行解释。TA.758rev 中，提单显示"SHIPPED ON BOARD DATE: 14 SEP 2011"，而装箱单显示"SHIPPING DATE 13.09.2011"。开证行以"装箱单显示的 SHIPPING DATE 与提单不一致"为由拒付。国际商会使用了通常理解解释规则对装箱单中的用语"SHIPPING DATE"进行了解释。他们认为，装箱单上的"SHIPPING DATE"可能涉及出口方工厂运出的日期，也可能与承运人在货物接收地的接管货物日期有关，因此，不能认为箱单上的"SHIPPING DATE"与提单上的"SHIPPED ON BOARD DATE"存在矛盾，不符点不存在。

TA.796rev 中，开证行对信用证条款"任何北欧港口"的理解，采取通常理解解释规则。依开证行逻辑，在绝大多数人看来，北欧应是一个相对固定的地理范围，而安特卫普则未被划入这一默认的地理范围，而应属于西欧的地理范围；同时，从公开网络资料 www.mapsofworld.com 中，可以确定北欧和西欧这两个用语通常具有的含义，安特卫普应属于西欧港口而非北欧港口，构成不符。

（二）指定银行秉持的信用证解释规则是不利于条款制定人解释规则

不利于条款制定人解释规则，是指如果出现信用证条款含义模糊不清，那么对于信用证条款的直接制定人——开证行（间接人为开证申请人）较为不利的那种信用证条款解释具有优先性。ISBP745 预先考虑事项的第 V 段，直接体现了这种解释规则。TA.786rev2 中，信用证规定单价为 1.84 USD/KG，发票依据公重而非净重计算货物金额。国际商会根据不利于条款制定人解释规则认为，在信用证未明确规定支款金额的计算依据如净重、毛重、公重等的情况下，用于计算支款金额的任何依据都是可以接受的，提交的发票以公重而非净重计算货物金额，不是不符点。

TA.796rev 中，指定银行对信用证条款"任何北欧港口"的理解，采取不利于条款制定人解释规则。依指定银行逻辑，北欧港口没有明确的地理范围，是模糊不清的概念，同时，信用证又没有对北欧港口做出特别定义，因此，根据不利于条款制定人解释规则，对于接受格式条款的当事人即受益人较为有利的那种信用证条款解释具有优先性，即安特卫普作为提单的起运港，满足信用证规定起运港为任何北欧港口的要求，没有不符点。

似乎开证行和指定银行所秉持的信用证解释规则都有各自的道理，但适用这两种规则后所获得的审单结果却是迥异的——适用开证行所秉持的"通常理解解释规则"，提单存在不符点"安特卫普不在信用证规定的地理范围内"；而如适用指定银行所秉持的"不利于条款制定人解释规则"，则不存在不符点。

不同信用证解释规则的优先适用

接下来要问的问题是，TA.796rev 中到底应优先适用哪条信用证解释规则？这涉及适用通常理解解释规则的预设前提：在具体语境下，"北欧港口"应有可以确定的通常含义。如果"北欧港口"的通常含义不明晰，呈现"亦此亦彼"的模糊性（我们姑且称具有这种模糊性的概念为"模糊概念"），就无法适用开证行所秉持的"通常理解解释规则"，

"天九湾"单证案例 2014 年度汇编

优先适用的信用证解释规则应为指定银行所秉持的"不利于条款制定人解释规则"。

（一）"北欧港口"是否属于"模糊概念"

我们认为，在信用证审单实务中，存在以下三项因素会导致概念出现"亦此亦彼"的模糊性：

一是模糊概念内涵的不确定性。TA.796rev 下，"北欧"是地理概念，此类地理概念内涵的界定不仅取决于地理位置，还会受到地缘政治、气候、文化习俗、语言习惯等非地理因素的影响。较为极端的例子是"中亚"，这一地理概念就有以下五种不同的含义：第一，来自苏联官方的定义，即仅指其下属的五个加盟共和国哈萨克、吉尔吉斯、乌兹别克、塔吉克、土库曼；第二，是较为狭窄的概念，是指历史上曾经为俄罗斯所统治的位于亚洲中部的非斯拉夫人居住的地区；第三，指亚洲中部地区（不论这些地区是否曾受俄罗斯统治）；第四，根据种族划分，即突厥人、东伊朗人居住的地区；第五，按照联合国教科文组织在苏联解体之前不久，根据气候和风俗作出的地域范围更为广阔的定义。又比如，"西欧"这个地理概念也有两种不同的界定。第一，狭义上指欧洲西部濒临大西洋的地区和附近岛屿（包括英国、爱尔兰、荷兰、比利时、卢森堡、法国和摩纳哥）；第二，从政治经济角度出发，也把德国、意大利、奥地利、瑞士、西班牙、葡萄牙等欧洲发达资本主义国家纳入西欧。"中东"、"远东"、"华北"等地理概念也都具有这种内涵的不确定性。

因此，我们认为，从概念内涵的角度来看，类似"北欧"这类地理概念具有模糊性。而模糊概念内涵的不确定性将导致外延的相互重叠。例如，地理位置位于欧洲中部的德国，既可以归属于"中欧"这个地理范畴，又属于以国家经济发展程度为界定标准的"西欧"这个范畴；地理位置位于亚洲中部的蒙古国，既可以归属于"中亚"这个地理范畴，又属于以地缘政治为界定标准的"东北亚"这个范畴。

二是所描述的事物具有连续性。举例来说，信用证要求黄色布料（YELLOW CLOTH），而由买方驻出口国代理所出具的检验报告显示布料颜色为橙黄色（CLOTH WITH COLOUR ORANGE-YELLOW）。开证行拒付，不符点为检验报告所载明的货物描述颜色为橙黄色，与信用证要求的黄色不一致。而受益人则认为没有不符点，其理由是信用证要求的黄色是一种色系，有黄色偏红、偏绿、偏白等，这些都属于黄色；同时，信用证如果要求的颜色是正黄色，应有特别说明。先不论此案例中的不符点是否存在，我们认为，颜色在光谱上是连续不断的，而用有限的词汇去描述具有连续性的颜色，这就使得各种颜色概念都具有模糊性。

类似"北欧"这类地理概念也是如此——北方也具有连续性，存在正北偏东和正北偏西两个不同的地理纬度。因此，从所描述的事物具有连续性这个角度来看，类似"北欧"这类地理概念具有模糊性，进而导致外延的相互重叠：从地理位置上看，安特卫普位于欧洲的西北部，而这既可以理解为欧洲西部偏北，也可以理解为欧洲北部偏西，如此，为何就不能认为安特卫普既可以归属于"西欧"这个范畴，同时又属于"北欧"这个范畴呢？

三是内涵相对固定，但外延的边界却不明确。例如信用证要求货物描述为水果，而提交的发票显示货物为苹果、桃子和番茄。问题是，番茄属于水果吗？我们认为，水果这个概念具有明确的内涵，但在水果和蔬菜这两个概念的外延却没有明确的边界，应依不同人群的不同食用习惯而定。就信用证审单而言,与其说番茄属于水果,还不如说番茄既属于蔬菜,也可以说是水果的一种。

同时,我们还应看到"模糊概念"具有界限性。即有些模糊概念虽说语义模糊不清,但并非完全模糊无界,其外延往往在一定的范围内有大致的界限。例如,TA.796rev下,如果提单的装货港显示为希腊的比雷埃夫斯港口,我们以为,审单结论理应与原案不同,不能由于北欧港口语义含糊不清而认为不符点不存在,因为北欧,在与南欧对比下,还是有一定的界限的。

回到 TA.796rev,通过上述分析,我们可以得出结论,信用证要求的"北欧港口"是模糊概念。在该案例下,不应适用通常理解解释规则,而应适用不利于条款制定人解释规则。故国际商会采纳了指定银行的观点,认为信用证的要求是模糊和容易引起歧义的。根据 ISBP745 第 V 段的规定,开证申请人应承担,由于没有对"任何北欧港口"应如何定义做出特别规定而带来的表述含糊不清的风险,提单没有不符点。

(二)信用证解释规则优先适用的原则

TA.796rev 下开证行和指定银行关于信用证解释规则之争,以指定银行秉持的"不利于条款制定人解释规则"获胜而告终。通过上述分析,我们可以看到,当多种信用证解释规则出现相互冲突时,应关注每种信用证解释规则所适用的预设前提,首先排除前提条件不具备的解释规则。

例如,信用证要求以空运方式将货物从东京运至上海,价格术语为 CFR SHANGHAI,提交的发票显示的价格术语为 CPT SHANGHAI。开证行秉持尽量使条款生效的解释规则,认为空运下的 CFR 是对默认的 CFR 的变形,发票显示的价格术语不符合信用证要求,存在不符点。受益人秉持不利于条款制定人解释规则,认为 CFR 只能适用水运运输,不能用于空运,信用证规定自相矛盾。根据 ISBP745 第 V 段的规定,开证申请人应承担由于信用证条款自相矛盾而带来的风险,没有不符点。这个回合还会像TA.796rev 一样,是"不利于条款制定人解释规则"又一次获取胜利吗?

我们认为,信用证解释规则的原则,应为在坚持表面审核的大原则下,尽一切可能去探求当事人的客观意思。不利于条款制定人解释规则的预设前提是"含糊不清或自相矛盾"的信用证条款在信用证整体语境下缺乏合理解释。在该案例下,基础交易当事人完全可以在货物买卖合同中,对于 CFR 下买卖双方当事人的权利和义务加以变更,从而调整 CFR 的适用范围。在这种合理解释下,显然,适用受益人秉持的不利于条款制定人解释规则的前提条件并不存在,即信用证条款没有"含糊不清或自相矛盾",提交的发票对于信用证要求的价格术语进行变更,构成不符。

原文发表于《中国外汇》——副刊《金融&贸易》2014 年 9 月刊

27. 由"毛重"引发的争议

作者：王栋涛

此"毛重"非彼"毛重"？

2014年3月，境内某银行向澳大利亚受益人开立适用于UCP600的即期付款信用证。信用证要求提交发票、提单以及检验公司出具的重量单等商业单据。交单行向开证行提交上述商业单据，其中，涉及毛重的显示如下：

1. 提单显示货物总毛重为51.15 MTS。
2. 装箱单显示货物的重量信息如下：

NO.	Container NO.	Gross weight of goods per container (MTS)
1	ABCD123	19.33
2	ABCD321	19.55
3	ABCD231	19.47
	Total	58.35

3. 检验公司出具的重量单显示货物的重量信息如下：

Invoice NO.：XXXX

Goods description：XXXX

NO.	Container NO.	Gross weight (MTS)
1	ABCD123	19.33
2	ABCD321	19.55
3	ABCD231	19.47

开证行收到单据后随即发出拒付电，不符点为："装箱单显示的毛重与提单显示的毛重不一致。"

交单行收到单据后，回电称其不接受该不符点，理由是"提单载明的毛重为货物净重加外包装重量，而装箱单显示的毛重为货物净重加外包装重量加集装箱重量"。不过，为尽快获取货款，交单行联系受益人后，决定立即补寄更正后的装箱单，替换原有的

装箱单。在交单期内,开证行收到交单行寄送的更正后的装箱单,显示货物的重量信息如下:

NO.	Container NO.	Gross weight of goods per container (MTS)
1	ABCD123	17.03
2	ABCD321	17.15
3	ABCD231	16.97
Total		51.15

开证行审核更正装箱单后,再一次发出拒付电,不符点为"装箱单显示的每一集装箱的毛重与重量单显示的每一集装箱的毛重不一致"。交单行收到开证行第二次拒付电文后,回复不同意交单行所提的不符点,并请香港某律师事务所出具律师函称,开证行先后两次凭以拒付的不符点均不存在,其理由如下:第一,在信用证提单、装箱单和重量单条款中均没有要求注明毛重;第二,更正后装箱单所载明的毛重与提单一致,均为货物净重加外包装重量,而检验公司出具的重量证所显示的毛重为货物净重加外包装重量加集装箱重量;同时附上检验公司出具的证明,证实其出具的重量证上的毛重这一概念的内涵确为货物净重加外包装重量加集装箱重量。最终,通过申请人和受益人在信用证外的反复磋商,该信用证纠纷最终以减价的方式得以解决。

焦点问题

虽然本案已尘埃落定,但我们不禁要问,开证行所提的不符点究竟是否存在?纵观整案,我们认为有以下三个问题值得关注:问题一,提单、装箱单(包括更正后的装箱单)以及重量单中显示的"毛重",是否应具有内涵上的一致性;问题二,提单、装箱单(包括更正后的装箱单)以及重量单中显示的"毛重"应解释为货物净重加外包装重量,还是应解释为货物净重加外包装重量加集装箱重量;问题三,该案例下,受益人有办法挽救被拒付的厄运吗?显然,开证行和交单行的争议集中于问题一和问题二。

问题一:提单、装箱单以及重量单中显示的"毛重",是否应具有内涵上的一致性?

我们认为,信用证下同一套单据中多处出现的同一概念的内涵,在相同语境下,应具有一致性。这是信用证这一付款机制本身具有的基本原理——"一手交单,一手付款"所决定的。其中,"交单"指的是相符交单,也就是说在付款之前,开证行要确定所提交的单据是否为相符交单。而根据UCP600第14条d款,构成相符交单的条件为"单证、单单和单内之间的数据不相矛盾",所谓的数据就是概念的外延。要确定单证、单单和单内之间同一概念的外延——数据是否不相矛盾,必须具备的前提条件是同一概念的内涵应具有相同语境下的稳定性和一致性。假设缺失这种稳定性和一致性,如果出现不同单据之间或同一单据中,同一概念呈现不同的数据,那么这种情况是否构成矛盾,将会由于对于同一概念内涵的理解不一,出现"公说公有理,婆说婆有理"的情形,从而无法确定单据是否为相符交单,进而开证行在信用证下的付款责任也会变得摇摆不定。因此,信用证审单实务中默认同一套单据中多处出现同一概念的内涵应具有相同语境下的稳定性和一致性。这是维护信用证这种付款机制的稳定性，以及审单结论的明确性和可预见性的客观需要。

因此，本案下，除非单据另有说明，第一次提交的装箱单、更正后提交的装箱单、提单以及重量单中的"毛重"，理应保持内涵上的一致性。第一次提交的装箱单以及更正后提交的装箱单中"毛重"，因其有后置定语"of goods"修饰，所以这两个"毛重"均为货物毛重；根据海上运输实务和提单实务，提单上显示的"毛重"也应该指的是货物毛重；而检验公司出具的重量单的"毛重"，由于其与上行"Goods description：XXXX"之间具有逻辑上的连续性，可以推断其"毛重"也应指货物毛重。

问题二：提单、装箱单以及重量单中显示的"毛重"，应如何解释？

提单、装箱单（包括更正后的装箱单）以及重量单中显示的毛重应解释为货物净重加外包装重量，还是应解释为货物净重加外包装重量加集装箱重量，也是本案开证行和交单行争论的焦点之一。

我们认为，本案下"毛重"这个概念应使用通常理解的，即最常用、最普遍、惯常使用的含义进行解释。百度百科的解释如下：毛重（Gross Weight，缩写 G.W.）是指商品本身的重量加包装物的重量。而按照海关总署公告2008年第52号（《关于再次修订〈中华人民共和国海关进出口货物报关单填制规范〉的公告》）的规定，进出口货物报关单第29项毛重栏目，应填报进出口货物及其包装物的重量之和；第30项净重栏目，应填报进出口货物的毛重减去外包装材料后的重量，即货物本身的实际重量。可以看出，"毛重（或货物毛重）"这个概念惯常使用的含义应为商品本身的重量加包装物的重量。而包装物通常是指为包装商品，并可随同商品一起出售给购货方的各种包装容器，因而显然不应包括集装箱。虽然交单行附上检验公司出具的证明，证实其出具的重量证上的毛重为货物净重加外包装重量加集装箱重量，但由于该证明非信用证所要求的单据，根据UCP600第14条g款，银行将不予理会。

实际上，这种通常理解解释规则，来源于法律上对合同条款的解释规则，在美国法下又被称为"平义解释规则"（plain meaning rule）。其通常被认为是首要的合同解释规则，具体是指，除非合同当事人证明在某些特定的合同中或者特定场景下，合同用语存在特殊的含义，否则合同用语应当按照最常见、最普遍的意思进行解释。我们认为，合同解释规则中的通常理解解释规则，同样适用于对于信用证或信用证下单据中概念的解释，实际上，这也为国际标准银行实务所接受，即除非在信用证及/或单据上下文语境下，某概念存在特殊的含义，否则该概念应当按照最常见、最普遍的意思进行解释。

通过上述对问题一和问题二的分析，我们可以明确，无论是第一次提交的装箱单、更正后提交的装箱单、提单，还是重量单中"毛重"，均应指货物毛重，即为货物净重加外包装重量，因而应具有一致的外延，即数据。不难看出，首次交单中装箱单显示毛重58.35MTS，与提单显示毛重51.15MTS明显构成矛盾；更正后装箱单中每一集装箱的毛重与重量单显示的每一集装箱的毛重不一致，也构成矛盾。据此可以得出结论：开证行先后两次凭以拒付的不符点是存在的。

问题三：受益人有办法挽救被拒付的厄运吗？

本案中，如果在换单时检验公司对出具的重量单所显示的货物重量信息做如下变更：

Invoice NO.：XXXX

Goods description：XXXX

We have inspected containers which contained goods and the weight information are as follows：

NO.	Container NO.	Gross weight of container（MTS）
1	ABCD123	19.33
2	ABCD321	19.55
3	ABCD231	19.47

则从更改后的重量单上下文语境看，gross weight 应指已装载货物后的集装箱总重量，而非装箱单及提单中货物毛重。这也就是说，装箱单及提单中的 gross weight 与重量证中的 gross weight，由于不同的语境，出现了不同的内涵，而具有不同内涵的 gross weight，其数据当然可以不相同。因此，提交更改的装箱单和重量单后，单据就不存在"装箱单显示的每一集装箱的毛重与重量单显示的每一集装箱的毛重不一致"这一不符点了。

案例启示

通过对本案的分析，可以得出以下两个结论：

第一，除非有不同的语境，通常默认同一套单据中多处出现同一概念的内涵具有一致性，且以通常理解解释规则进行解释。

第二，语境的不同，可以打破上述默认的解释原则和方法，导致同一概念的内涵和外延（即数据）在不同单据之间或同一单据内部不一致。

对于第二点尤需注意。因为一个概念只有在上下文构成的语境中才能明确其含义，否则其内涵就无法确定。审单中，虽然同一套单据中多处出现同一概念的内涵可以默认具有一致性，但这种默认是可以被信用证及/或单据的上下文语境打破的。语境的不同，可能会导致同一套单据中多处出现的同一概念的内涵并不相同。对于不同内涵的概念，其外延即数据自然会有可能不一致。而这种不一致不能认定为数据之间的矛盾，因而也不能由此判定为不符点。现举以下三种情况具体说明。

一是单据以明示的方式对概念的内涵做出解释。例如，信用证下提交一套单据中包含二套不同的提单，这两套提单均显示了不同于装运港的收货地，但都未显示前程运输工具，其中一套提单（A 提单）的右上角标记"When the place of receipt has been completed, any notation on this bill of lading of 'on board' or words to like effect shall be deemed to be on board the means of transportation performing the carriage from the place of receipt to the port of loading（当收货地栏位已经填写时，提单上任何

'已装船'或类似批注,将被视为货物已装载到从收货地至装货港的前程运输工具上)",而另一套提单(B提单)则没有类似的标记。A提单和B提单虽然都载有预先印就的"on board"字样,但两个"on board"的内涵不同:B提单中的"on board"默认为货物于装货港已装载到具名船只上;而A提单则打破了上述默认规则,以标记明示,"on board"指货物已于收货地装上前程运输工具。按惯例,A提单的装船批注需包括船名和信用证要求的装货港,而B提单的装船批注则不需要包括这些内容。

二是通过对信用证及/或单据上下文语境的解读,可以推断同一概念的内涵并不相同。例如,发票显示货物描述"stainless steel cantees"(不锈钢水壶),熏蒸证明显示货物描述"wooden cases"(木箱),两个货物描述所体现的数据不一致,可以接受吗?我们认为:发票显示的是信用证要求的货物描述——不锈钢水壶,因其为非木质或植物制作的产品,因而不需要熏蒸;而熏蒸证明显示的货物描述是需要熏蒸的包装物——木箱,两个货物描述的内涵不同,体现的数据自然可以不同,故单据可以接受。又例如,信用证要求提交租船提单以及装船通知,规定卸货港为any port of China(任何中国港口)。提交的租船提单显示卸货港为any port of China;而装船通知显示的出具日期晚于装运日期20天,且显示卸货港为Ningbo。租船提单中的卸货港和装船通知中的卸货港不一致,这构成矛盾吗?我们认为,由于租船运输实务的特殊性,在签发租船提单时,往往无法确定货物销售地以及卸货地,所以允许提单的卸货港照抄信用证规定的港口范围;但出具装船通知时,船只可能已抵达交货国水域,可以明确具体的卸货港,因此在填写装船通知中卸货港栏位时,使用确定的卸货港——Ningbo,这并不构成矛盾。可以看到,特殊的租船运输实务,导致本例中租船提单和装船通知中的两个卸货港含义不尽相同。

三是国际商会颁布的审单规则有特别规定。例如,考虑到货物可能经多次买卖,原始的原产地证可能并不对应信用证下受益人出具的商业发票,因此ICC颁布R705/TA.585rev,明确当原产地证中出口商或发货人不是受益人时,允许产地证中发票号码和日期与受益人出具的商业发票的号码和日期不一致,即允许两个号码和日期的内涵可以不一致。又例如,ISBP745第Q6段允许检验证显示的货物数量高于发票载明的货物数量,即允许检验证中的货物数量与发票中的货物数量,两者的内涵可以不一致。

无论是开证行还是受益人,均应牢记上述结论,并采取相应措施。

对于开证行而言:第一,信用证文本中多处出现的同一概念,如果具有不同的内涵,为避免纠纷,应在信用证文本中明确做出具体说明;第二,如果信用证申请人对单据化条款中某一概念有特定或专门的含义,亦应在信用证文本中做出特别说明。例如,信用证要求检验证注明矿石的specification(规格),但信用证其他条款或场次均未提及矿石的specification,而实际提交的检验证仅显示矿石为钒钛磁铁矿。此时,如果开证行以检验证未显示specification为由拒付,则该拒付不能成立。理由是:规格的通常解释为货物的质量标准,而钒钛磁铁矿显然属于矿石的质量标准范畴。因此,如果开证行欲使检验证注明特定的规格(如化学成分等),则应在信用证条款中对specification做出具体说明(如specification inclusive of chemical position)。

受益人则应特别注意在相同语境下,同一套单据中多处出现同一概念的内涵应具有一致性。例如,信用证要求所有单据必须注明合同号码,此处的合同号码应为默认的信用证基础交易下的合同号码,而提单因多次转让,其显示的合同号码为原始交易的合同号码,而非信用证基础交易下的合同号码。为避免交单后可能出现的不必要的单据审核纠纷,受益人应在信用证开出之前,要求申请人在信用证提单条款或47场注明:提单显示不同于其他单据的合同号码可以接受。

原文发表于《中国外汇》2014年8月下半月刊

28. 保单正本份数引发的纠纷案

作者：陈凌峰

单据中的数据与交单事实的矛盾，其实质为"与情理矛盾"，即与事情最一般的道理和最基本的逻辑相矛盾，理应不能被接受。

长期以来，信用证从业人员受UCP500第13条a款与第21条建立起来的"单证相符、单单一致"审核原则的影响，往往会忽视单据中的数据与交单事实不能矛盾的原则，从而引发信用证纠纷案件，并导致信用证有关当事人的利益受损。本文通过对一起出口信用证项下保单正本份数纠纷案的剖析，深入探讨"单据中的数据与交单事实不矛盾"这一审单标准在信用证实务中的运用。

纠纷案

2013年6月5日，M银行收到越南ASIA COMMERCIAL BANK开来的信用证，信用证金额为USD15960.00；同时信用证规定"insurance policy or insurance certificate in full set（全套保单或全套保险证明）"。M银行遂通知受益人济南TYK公司。6月25日，受益人到M银行交单。受益人提交的单据中，有3份保险单据，并且保险单据上明确注明第一正本、第二正本、第三正本。

7月1日，M银行收到开证行拒付报文，指出的不符点是，"insurance: show number of originals issued（2/2 originals）inconsistently with presented docs（three original insurance pol. presented）（保单上印就出具两份正本，而交单中提交了三份正本）"。

M银行随即与保险公司接洽，保险公司确认开出的保单为两份正本（two originals）、一份副本。M银行立即回复开证行，主要内容为："After investigation we regret to point out that we can hardly concur with the discrepancy. Your credit requires insurance policy in full set. Of the insurance policy presented to you, two is original as the number of originals issued, another one is copy.（经调查，我行不接受不符点。信用证要求全套保单，在我行提交的三份保险单据中，两份为正本单据，另一份为副本单据。）"

开证行坚持不符点，认为三份保单分别明确注明第一正本、第二正本、以及第三正本，所以实际上提交了三份正本，与保单上标明的两份正本数量矛盾。

M银行最终在ISBP681第29段中找到了反驳的理由：提交单据的正本份数须至少为信用证或UCP600要求的数量，或当单据自身表明了已出具的正本数量时，至少为该单据表明的数量。

M 银行遂回复开证行:提交的保险单据份数满足了信用证要求的数量(一套),提交的正本份数(3 份)也符合该单据自身表明的出具份数(2 份),所以单据一致,单单一致,不符点不成立。随后,开证行付款,M 银行顺利收汇。至此,该笔业务结清。

案例剖析

上述案例中,开证行和 M 银行争论的焦点主要集中在保单注明了出具两份正本,而受益人实际提交了三份正本保单(其上分别标注第一正本、第二正本、和第三正本)。这是否构成不符点? 就此我们将否定不符点的观点归纳为三个,分别加以讨论。

观点一:M 银行提出的论据,可以表明不符点不成立。那么 M 银行的论据确实成立吗?

论据 1——M 银行与保险公司接洽,确认出具的保单中,2 份为正本,1 份为副本。

UCP600 第 5 条赋予的信用证"抽象性原则",以及第 14 条构建的"表面相符"的审单标准,均使得银行不能越过单据本身去考虑基础合同、其他交易,抑或是货物情况,来确定单据是否构成相符单据。

在该案例中,通过保险公司调查后获取的事实,并不是单据表面所载的内容,开证行对单据背后的事实并不关心,M 银行和保险公司的调查行为将不被开证行理会。第 3 份保单表面上显示的是"third original",明确表明其为正本,开证行从单据表面可以认定提交的 3 份保单均为正本。因此,M 银行的论据 1 不能成立。

有人认为,既然保险公司确认正本为 2 份,M 银行可要求保险公司出具证明,证实第三份保单确实为副本,开证行所提出的不符点自然就消失了。此观点站得住脚吗?

UCP600 第 14 条 g 款规定,提交的非信用证所要求的单据将被不予理会,并可退还给交单人。这里的"不予理会"应理解为非信用证所要求的单据对银行判断规定单据上数据是否相符不起任何作用。根据案例所载信用证条款,保险公司证明不属于信用证项下要求的单据。因此,即使 M 银行将相关保险证明提交至开证行,开证行也将不予置理,从而对判断交单是否存在不符点不产生任何作用。据此,上述观点不能成立。

论据 2——根据 ISBP681 第 29 段即"提交单据的正本份数须至少为信用证或 UCP600 要求的数量,或当单据自身表明了已出具的正本数量时,至少为该单据表明的数量",因此,该案例中在保单自身表明出具的正本份数(2 份)的情况下,提交的正本份数(3 份)符合该单据表明的份数(2 份)的要求。

首先,笔者认为,M 银行对 ISBP681 第 29 段中的后半段的中文翻译有误,ISBP681 第 29 段的英文原文表述为"The number of originals to be presented must be at least the number required by the credit, the UCP600 or, where the document itself states how many originals have been issued, the number stated on the document"。根据英文中定语修饰的"就近原则",at least(至少)只能修饰紧跟其后的 the number required by the credit(信用证要求的份数)、the UCP600(UCP600 要求的份数),不能修饰 the number stated on the document(单据自身注明的份数)。因此,准确的翻译应为:"当单据自身注明了已出具的正本份数时,提交单据的正本份数须为该单据注明的正本份数",而不是"……须至少为该单据表明的数量",两者差了"至少"两个字。

其次，ISBP745 将 ISBP681 第 29 段拆解为第 A29a 段以及第 A29b 段，根据第 A29b 段"When a transport document or insurance document indicates how many originals have been issued, the number of originals stated on the documents is to be presented, except as stated in paragraphs H12 and J7(c)（除了第 H12 和 J7c 段另有规定外，如运输单据或保险单据注明已出具的正本份数，则该单据所注明的正本份数均需提交）"，当保单自身已表明出具的正本份数（2 份）时，提交的正本份数应为 2 份，而非 3 份，故 M 银行认定不符点不成立的论据 2 也无法成立。

综上，M 银行提出不符点不存在这一论点所基于的论据均站不住脚。

观点二：第三份正本保单为信用证不需要的单据，不应纳入开证行的审核范围，故不符点不成立。这是否有根据？

有人认为，保单自身表明的正本份数为 2 份，M 银行已提交 2 份正本，另外一份正本（third original）应属信用证不要求的单据，根据 UCP600 第 14 条 g 款规定，对提交的未要求单据，不予理会，当然也就不能因此构成不符点。笔者认为，这种观点也站不住脚。理由有二：

第一，信用证要求提交全套保单（insurance policy in full set），开证行就必须要明确保单到底出具了多少正本份数。而出具的英文"issue"，按《朗文现代英语双解大辞典》的解释，是指"to produce(especially something printed and/or official)"，即发行、发布。对于信用证项下单据的出具，则体现为单据的制作、发出与提交。ICC Opinion 470_TA 784rev 对于保单出具的正本份数提供了一个默认的确认标准"the number of originals presented will be considered as the full set（提交的正本保单份数即被认定为全套正本的份数）"。因此，开证行必须首先要确定提交保单的正本份数，从而将第三份正本保单纳入审单的范畴。

第二，在提交一式三份正本保单的情况下，由于三份正本保单无论在内容还是效力上都是等同一致的，信用证既然明确要求提交全套保单（insurance policy in full set），开证行就不能将其中一份正本与其他两份正本割裂而单独审核，第三份保单理应进入银行审单范围。

在实务中存在相似的情况：信用证要求提交 1 份检验证明，受益人提交 2 份不同的正本检验证明，一份为受益人出具的正本检验证明，一份为制造商出具的正本检验证明。其中，制造商出具的检验证明，不存在不符点；而受益人出具的检验证明中货物规格与发票存在矛盾，则开证行是否可以因受益人出具的检验证存在不符点而对外拒付？

我们认为，如果交单人在交单时并未指定哪一份检验证明为信用证要求的单据，开证行就有权按照自身的选择来认定；如果开证行认为，受益人出具的检验证明为信用证项下要求的单据，则不符点存在。但我们还必须看到，既然信用证未规定检验证明的出具人，那么根据 UCP600 第 14 条 f 款，提交任何出具人出具检验证明即满足信用证要求。被拒付后，交单人仍有权告知开证行，制造商出具的正本检验证为信用证要求的单据，而受益人出具的正本检验证为非信用证要求的单据，从而使得开证行所提不符点自然消失。在此种情况下，由于两份检验证明为出具人不同且完全独立的单据，而信用证未规定提交检验证明的出具人和数据内容,交单人将拥有对提交的何种检验证明为信用证要求单据的解释权。

观点三:保单中注明的出具正本单据数量应为"3",但误拼写为"2",属轻微的打印错误,故不符点不成立。此观点成立吗?

还有人提出,提交的正本保单有3份,表明保单正本中注明的"2"是对"3"的误拼写,这种轻微的打印错误,不能认定为不符点。笔者认为,这种观点同样不能成立,理由有二:

第一,ISBP745 第 A23 段确立了对误拼写是否构成不符点的判断原则——误拼写是否影响了单词或其所在句子的含义(即是否会实质性影响单据的使用)。我们知道,保单是保险索赔权凭证,在货物出险时,索赔人只有凭正本保单才能从保险人处获得赔付,而且一套正本中其中一份提交保险人索赔后,其他正本即宣告失效。因此,保单出具及提交的正本份数对保函的使用,具有重要的意义,对于保单中正本份数的拼写错误,理应构成不符点。

第二,退一步说,如果我们认定保单所载正本份数"2"是"3"的误拼写,那么也应有理由怀疑正本份数"2"可能是"4"或"5"的误拼写;如果正本份数"2"是"4"或"5"的误拼,那交单人岂不是少提交了第四正本(the fourth original)或第五正本(the fifth original)?这样一来,保单记载内容就会令人怀疑,严重影响单据作为证据的法律效力。而这显然也是不能被接受的。

通过对上述三个观点的讨论,笔者认为,保单自身注明已出具2份正本,而实际提交了分别注明第一正本、第二正本、第三正本的3份正本保单,构成了保单数据与交单事实之间的矛盾,这种单据中的数据与交单事实的矛盾,其实质应为"与情理矛盾",即与事情最一般的道理和最基本的逻辑相矛盾,而这理应不能被接受。例如,当信用证要求提交副本保单,同时规定全套正本保单已在信用证之外径寄证申请人时,若受益人提交正本保单,便是与情理矛盾。即使 UCP600 第 17 条 d 款规定"如果信用证要求提交单据的副本,提交正本或副本均可",这种与情理的矛盾也不能被接受。

相似的案例不同的结论

在实务中,常见的案例是信用证要求 2/2 set of insurance policy(即出具2份正本保单,且实际提交2份正本,其中分子2对应于提交2份正本,而分母2则对应于出具2份正本),交单人实际提交为一套一式三份的正本保单,同时注明保单出具3份正本。有些开证行以 "insurance policy in 3/3 I/O 2/2(保单出具3份正本,且提交3份正本,与信用证要求出具2份正本,提交2份正本不符。)"作为不符点对外拒付,从而引发纠纷。实务中出现的这种情况与本案例极为相似,不符点是否存在应从三个方面来论述。

首先,根据 ISBP745 第 A29 段 b 款、ISBP745 第 K8 段、UCP600 第 28 条的规定,在保险单据显示了正本的出具份数时,则所有正本必须全部提交。因此,提交一式三份正本保单符合惯例规定。

其次,提交一式三份的正本保单与一式两份的正本保单,均能保障申请人或开证行实现保单下的索赔权,两者效果相同。相似地,如果信用证要求被保险人做成"to order

(凭指示)",提交的保险单据则既可以做成"to order(凭指示)",也可以做成"to bearer(凭来人)",还可以做成"to 受益人"并经受益人背书,这是为什么呢?因为这三者所达到的效果是相同的,都能使开证行或申请人获得保单下完整的索赔权。

第三,根据 ISBP745 第 A29 段 a 款规定:提交的单据正本数量应至少为信用证或 UCP600 所要求的数量,换言之,只要满足信用证或 UCP600 要求的正本数量,多提交正本单据不构成符点。(作者解释:因为根据笔者对 ISBP681 第 29 段的理解和翻译,"当单据自身注明了已出具的正本份数时,提交单据的正本份数须为该单据注明的正本份数"而非"……须至少为该单据表明的数量"。该案例信用证要求 2/2 套正本,实际提交 3/3 套正本,且保单注明正本份数为 3/3 套,满足信用证和 UCP600 要求的正本数量。同时也满足"提交的正本份数(3/3)须为该单据注明的正本份数(3/3)"这一要求。而论点 2 的观点则是提交的正本份数(3 份)与单据自身注明的正本份数(2 份)矛盾。)

综上,如果信用证要求 2/2 正本保单,实际提交了 3/3 正本保单,这并不构成不符点。